生命的思与诗

——冯至的人生与创作

王邵军　著

人民出版社

冯至1930年与散文家梁遇春合影

1933年6月6日与姚可崑订婚时合影

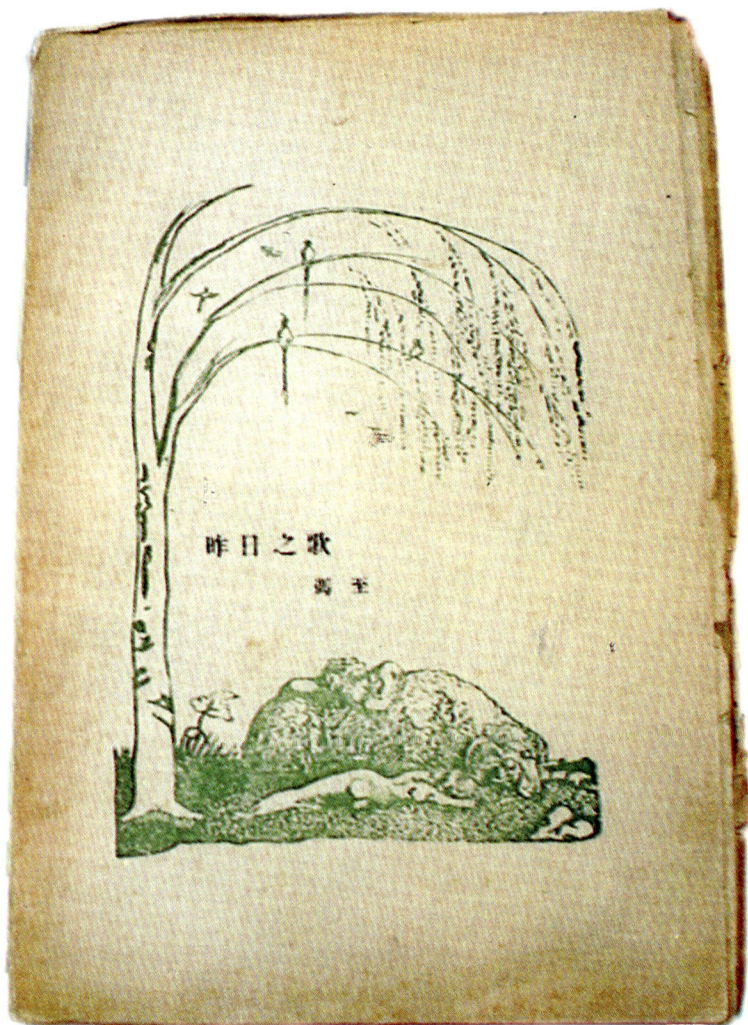

昨日之歌

馮至

冯至1927年出版的第一本诗集

　　1989年与夫人姚可崑（右二），女儿冯姚平（右一）、冯姚明（左二）及外孙龚冯友摄于北京寓中

目　录

第一章　何处是我乡

第一节　孤寂童年

1988 年，83 岁的冯至编成回忆性散文集《立斜阳集》，在引言中讲：

> 20 年代的北京、30 年代前半期德国的海德贝格、40 年代前半期
> 的昆明——这三个城市曾是我的"年华磨灭地"，但它们丰富我的知
> 识，启发我的情思，是任何其他地方都不能与之相比的。尤其是我
> 那时在那些地方结识的人，无论是衷心爱戴的良师益友，或是短途
> 相遇而难以忘却的某个路人，都对我有过这样那样的影响。①

三个年代三座城市，并没有止于简单的怀旧。显而易见，这三座城
市之于冯至的意义，是他乡别处无法与之比拟的，尤其是对于他生命创造
和精神探索，他一生最铭心的回忆、最有价值的思考、最重要的作品，都
与这三个时空坐标息息相关。它们都曾是他心灵的故乡，在那里，他感
受、体验，克服、忍隐，走出了一个有弹性的人生，实现了生命、思想、

---

① 冯至：《立斜阳集》，见张恬编《冯至全集》第 4 卷，河北教育出版社 1999 年版，第
264 页。

诗歌的多次耦合，完成了一个现代知识者独特的精神探寻与蜕变。

他没有提出生地涿州，不但这里没有，几十年来，也很少给它任何赞辞。在许多作家那里说不尽的故乡、童年，在冯至几乎是缄然不谈的，只是在早期的几篇散文以及晚年的回忆文章中，人们能窥视些零零碎碎的片段。不愿提起，并不是说对自己不重要。事实上，童年在故乡发生的一切，成为他一生探索的渊源，终其一生，他都在弥补童年的缺失——因为故乡的封闭、庸俗，才有了不断寻求新的精神故乡的激发和推动；有了童年的孤寞，才有对孤寞的领悟与克服。正如一条永不停息的山泉，他之后的一切忧郁、孤独、坚忍、静默、承担，都由此而来。

1905 年 9 月 17 日，直隶省（现河北）涿州城西丁市口冯家大院内，一个婴儿呱呱落地。这孩子来到世间的第一个宣示，就是特别能哭，他的哭声打破了大院的寂静，压过了诸多人忙乱嘈杂，顽强且不间歇。因为能哭且常哭，家里人都叫他"哭巴精"，父亲冯文澍给"哭巴精"起名为冯承植，字君培。冯至是中学时他自己起的名字，后来发表作品，大多署名冯至。

伴随着"哭巴精"的降生，冯家大院日常平静打破了，私下不少嘀咕、议论随之而来：这孩子这么能哭，是鬼魂缠身了吗？是家族不祥的预兆吗？"好哭""能哭"似乎成了小冯至的原罪，除了父母，在家族其他人眼里，这孩子是不受欢迎的来客。被忽视、遭歧视，自然成了贯穿冯至童年的记忆。

孩提最初的记忆是昏暗而沉闷的。小冯至的父亲常年在外，奔于生计，累于案牍，来去匆匆。大部分的时间里，母亲总是焦灼地思念病在南方的父亲。一家人的生活全凭母亲一人操持，因而她没有多少时间爱抚子女，逗他们玩，未能给予小冯至细腻而又充分的母爱。所以，他印象中的母亲，是抽象而模糊的，"她怎样复杂地计划家中琐事，我不知道，她怎样地爱我，我更是不知道；她在我面前不过像是能够说话，能够动作，能够给我吃穿，给我讲读的，一座美丽的石像罢了"①。

---

① 冯至：《黄昏》，见张恬编《冯至全集》第 3 卷，河北教育出版社 1999 年版，第 330 页。

六七岁时，他已感到了寂寞。黄昏时分，母亲和仆人们忙着准备晚饭，他经常独自坐在门槛上，等待定夜的钟声。钟楼上那"紧十八，慢十八，不紧不慢一百〇八"的钟声终于响了，小冯至双手托腮，两眼望向灰色的天空，问一声"当王八不当？""当！"钟声似乎作出回答，就这样跟随着钟声，由快而慢，由慢而快，不厌其烦问来答去，打发着寂寞时光，直到钟声远去，星光乍现，映衬着幼小的身影，寂寥无声。

幼时的冯至心理纤细、胆怯，时时有被忽视的感觉，这种感觉，在弟弟出生后就更明显了。3 岁那年，母亲生了弟弟，他感到大家对他更淡漠了，担心本就无多的关爱会转到弟弟身上，心理上的落差，使他更加无助，只能加倍地哭，因此更感到彻骨的孤单了。他后来在《乌鸦——寄给 M 弟》中记下了这样的场景：

十八年前风雪阴森的 12 月的一晚，也就是我的记忆开始的那一页。父亲在辽远的、辽远的南方。家业已经倾荡得像是一只经过暴风浪的难船。母亲抚养着我同兄姊在十目所视，十手所指的大家族里讨着生活。你也是在那个阴森的冬夜半，灯火莹莹的境况中诞生。那晚，在我眼前一天比一天更见清晰了的那晚，我同兄姊睡在另外的一间房子里，他们都睡得香香的，我却无缘无故地醒了，在朦胧中听到你的哭啼，自己并不觉得奇怪。风声很大。风声中渐渐听出谈笑的声音，身边却不见了那长夜伴我睡眠的 G 妈。——最后她进来了，她见我两眼怔怔地躺着，于是说着，"去看看小弟弟吧！"把我抱起，抱到外间的屋里。

母亲是病了一般地躺在床上，身旁坐着女仆们。一个生疏的老太婆盘腿坐在床的中央，抱着蒙在红色的被里的你。一切都是静悄地，你也停止了哭泣，一任茶几上的灯光淡淡地渲染了人人的面貌。

——这小孩多么安静呢，将来一定是个乖小孩。女仆们都异口同音地赞美着，母亲也是微微地，微微地笑。

我非常的羞惭，因为我向来是享有盛名的"哭巴精"。我即刻觉得大家都对我淡漠起来；并且预感到把我当作谈话材料的，将来都要移到你的身上了。我小小的灵魂悲悼着，我是"过去"了，母亲面前的世界怕是要被你分去一大半……①

在孤寂的日子里，母亲是他的慰藉和依靠。母亲性格温和，会识文断字，夏天在院子里听母亲讲故事，总是冯至童年近乎奢侈的欢乐时刻，温暖的母爱支撑着他捱过苦涩时岁，也创造了他性格中天真、厚朴的元素。但美好的日子总不会持久，9岁那年，1913年的暮春，母亲不幸病逝，永远地离开了他们。当时情景对冯至是刻骨铭心的：

> 一天，暮春的早晨，她把你叫到床前，你瘦削的身体比床高不了多少；她尽力地握着你的手，满眼含了泪，似乎要弥补她那对于你眼看就要成为永久了的遗憾。种种方面都不能再允许她，她深深地知道，无情的运命的神已经可怕地开始践踏着这小小房子里的人们。——那一幕父亲哭了，哥哥嚎啕地哭了，我也哭了。——她的眼睛睁得非常之大，你已经被她紧紧地抱着，抱在她的怀里。——M弟，这些事你还记得起来吗？母亲是神圣的，比世上的一切的感化都伟大，我相信她那次的拥抱于你是永久地存在，所以我也相信你永无堕落与沉沦的那一天!! ——她抱着你，吻着你，晚上你便睡在她的病床上边了；直到……

> 一夜的匆忙，过得非常之快。鸡鸣与犬吠又统领了这个世界时，我们的乐园的门是永久而确凿地关闭了。等到要把母亲的胸部还有一些微温的尸体移到临时支起的死床上时，他们才发现了你还在母亲的脚下很甜美地睡着。②

---

① 冯至：《乌鸦——寄给M弟》，见张恬编《冯至全集》第3卷，河北教育出版社1999年版，第246—247页。
② 冯至：《乌鸦——寄给M弟》，见张恬编《冯至全集》第3卷，河北教育出版社1999年版，第247—248页。

　　幼时便遭丧母之痛，让小冯至陷入孤哀和痛苦的思念。母亲在时，并没有感到其对自己的重要，一旦失去，那失去至亲身心庇护的失落感才骤然而来。十几年后，冯至回忆起当时的情景，仍感伤万分，哀凄不已：

　　　　现在想起，那真是我最苦厄的一年，虽说当时我并不曾意识到。能说能笑的，美丽的母亲凭白地躺在那臃肿而恐怖的黑棺里；笼子里的鸟儿一个个地死亡；三只花猫有两只半身上生遍了癞；走到学校中是同学的欺凌；回到家内又是堂兄姊们的歧视；尤其是在野地里捉来的两条绿色的大肉虫子，一自变了蛹后，总没有脱化成蝴蝶的希望，一天不知怎地，猫儿寻到了，咬去大半，剩下的小半又被蚂蚁拉走了。自夏徂秋，万象皆非，从学校回来，把小小的一个身子安放在一个又大又空旷的院子里。走进庭堂，在母亲灵前说上三两句话后，便出来立在廊檐下，背了手儿靠着窗台，风吹也好，雨淋也好，反正是没有人过问了的身体，就是自己也是看不起，值不得珍重的。望着天上的云形，把这朵比作靴形的意大利，把那朵又看成两个大三角形的南北美。一会儿悠悠荡荡地南北美又把意大利吞并了。有时远远地响两声鸽铃，有时面前喳喳地飞来几只麻雀，有时一直到了蝙蝠都回了家，老女仆蹒跚地走来，说："还不吃饭去吗！人家都快吃完了。"我才慢慢地走开。①

　　压抑、悲伤与自卑随着母亲的逝去，吞噬了小冯至的内心。没有人来找他玩耍，他因此更加沉默，终日躲在自己的影子里，看到父母健在的堂兄妹嬉笑玩耍，而自己像是被上帝抛弃了，与他们相差太远，"在这样过程中生长起来的我们，没有一点儿骄傲可以向人夸耀，在许多人的欢笑的中间，我们只抱着我们唯一的沉默。我们深沉在黑暗的国里，母亲的微

①　冯至：《黄昏》，见张恬编《冯至全集》第 3 卷，河北教育出版社 1999 年版，第 330—331 页。

笑时常在缥缈的云际向我们招展，我们却长留在父亲的悲苦身边。父亲从此像负了磔刑，率领着我们，望着母亲的微笑向那不知何时能以终了的人间地狱走去！"①

昏暗、沉闷、寂寞、歧视、沉默、困厄、悲苦，都是冯至回忆童年文章里的关键词，这种灰色的基调与情绪以及对此的体验与抗拒贯穿了冯至童年的心路历程。1992年1月，冯至答《现代诗报》提问"童年值得回忆的是什么"时，只单单讲了一个词——"寂寞"。

如果探究冯至童年对其一生的影响，不可避免要提及家庭没落给他带来的心理起伏与冲击。家族与家庭的没落之于人的成长关系是现代文化研究的一个重要课题。近代以来，中国社会发生了一系列变革，旧式家庭的破落是一种很重要的现象，影响了一大批现代知识分子的精神养成。如鲁迅，他在《呐喊》自序中深刻揭示了这种沉痛对自己的影响，"有谁从小康人家而坠入困顿的么，我以为在这途路中，大概可以看见世人的真面目"②。正是因家庭破落所带来的沉痛，让鲁迅成为孤独的勇猛坚韧而不妥协的斗士，将自己的形象写入现代文明进程之中。对于冯至来讲，由家庭破落带来的特殊心理落差和沉痛体验，被当作"座右铭"写在"人生"这本大书的扉页上：

那时，我们都还分不清楚人世间所谓的朋友与仇敌。那年我们家里宣告破产了：往日的亲戚立刻变为仇人；往日以金钱来信托我们的立刻都把我们当作骗子手；往日的贵宾依然坐在客厅里，但已变为坐索的债主了。

父亲在他的悲苦之余每日还要腾出一点光阴来同这些债主招呼应酬。一天父亲同债主谈天，我同你还把他当作从先哄着我们玩耍的宾客，也在那儿肆无忌惮地游戏。忽然他的脸色变青了，可怕的

---

① 冯至：《乌鸦——寄给M弟》，见张恬编《冯至全集》第3卷，河北教育出版社1999年版，第249—250页。

② 鲁迅：《呐喊》，《鲁迅全集》第1卷，人民文学出版社1981年版，第415页。

手恶狠狠地指着我们的父亲说:

——卖了孩子也要还账!

M弟,你那时是一个不满六岁的小孩子,你吓哭了;但你除了恐怖以外并不曾想到旁的方面。我却全身发冷,仿佛懂得了人生;直到现在我还把那句话写在"人类"这本大书的第一页上边,当作motto呢![1]

冯至所经历的家庭变迁,使他对人生的体验,孤寂之外又多了些冷峻、透彻与淡然,组成了他性格及审美观念的重要构成基因,或多或少影响了他精神历程路向的选择。

第二节 家族与地理环境

坐落在涿州西丁市口的冯家大院,至冯至出生时,虽已家道中落,但仍有一定的规模和气势。这是一个有几十间房的大院落,分东院和西院。在冯至记忆中,"庭院相当大"[2],"空空旷旷地"[3]。

这曾经是一个显赫的家庭,有着相对强固的家庭传统。冯家先祖明朝正德年间由山西解州迁往天津,靠经营盐业而致富,鼎盛时,仅动产就值百万两银之多,经营范围遍及京津冀,一度风光显赫。道光末已巳年,因"遗误正课(涉税案),致被参奏",全家被迫迁往涿州。冯家迁往涿州后,多年惨淡经营,家业虽有起色,但已难现昔日辉煌。至冯至祖父这一代,家族资产经营早已微乎其微,难以供养整个家庭成员。这个大家庭虽

---

① 冯至:《乌鸦——寄给M弟》,见张恬编《冯至全集》第3卷,河北教育出版社1999年版,第250页。

② 冯至:《儿时的庭院》,见张恬编《冯至全集》第5卷,河北教育出版社1999年版,第75页。

③ 冯至:《乌鸦——寄给M弟》,见张恬编《冯至全集》第3卷,河北教育出版社1999年版,第249页。

是四世同堂，名义上并未分家，但已各自独居，分散着过日子，每房都有一进庭院，各个小家庭自谋生计。

留给冯至童年记忆中的，大多是家族内部为争财产和利益的钩心斗角，各有各的算盘，面和心不和，以及轻视冷眼、互相倾轧。在冯至后来文章里，除了缅怀父母和回忆个别与他亲近之人，很少谈及故乡和家族其他人。

承接家族传统并给予冯至重要影响的是父亲。虽然在许多回忆文章中，冯至反复提及母亲，描述了母爱给予他的慰藉，那是他灰暗生活中的一缕暖阳，唤起了他对温情和光明的渴求。但父亲的言传身教，从社会学与心理学的视角来看，更多影响了冯至的成长以及格局，帮助他养成了认真、淡泊、不事喧哗、坚守的品性。

在这个大家庭里，自曾祖父一代始，字辈排为"守""学""文""承"四代。冯至父亲冯文澍，属"文"字辈，冯至在"承"字辈的堂兄弟中，排名第四。

冯文澍是个读书人，冯至祖父期待儿子能够"知足安分，可望起色"，但"知足安分"是有了，事业却难有起色。冯文澍在外地学校和机关做点文牍之类的工作，常年在外，也常常失业。23岁时，有位在涿州做官的安徽望江人，将女儿陈惠许配于他，次年得长女冯承棻，25岁时得长子冯承棨，28岁时得次子冯至。

父亲处境甚为尴尬，自始至终处在矛盾之中：既为人父，却因生计所迫，不停地到外地谋生，不能居家教子；渴望亲情，却只能远离亲情，常年漂泊在外，不能享受天伦之乐；本是读书人，羞于谈"富"言"商"，却不得不为稻粱而谋，担着抚儿育女的负担，不堪于生活的艰难；他颇有见识主张，可当面对家族中的尔虞我诈，既感到"不齿""寒心"，又只能任其自然；不善争抢、天性容厚的他，一时的谦卑忍让与舍弃，却被家族视为窝囊、没出息。如此这般，显然让他身心疲惫，与同龄人而言更显衰老，但淡泊、执着的性格却始终没有改变：

虽然如此，父亲的性格却很淡泊。几十年来，受了不少的家庭的倾轧，亲属的奚落，他从不曾为了这个自苦过，至多也不过觉得人世有些伤心罢了。对于家中你争我夺的所谓"遗产"，从不曾置问，后来为了他的子女们不能不到四方奔走衣食，除了最低的家中生活费外，也从来没有一点额外的储藏。我记得有一天我向他说：

"爹爹，我们买一点田，好不好？"

"还是好好地自己努力吧，不要想那样的事呀！"

父亲很从容地说，说得我非常惭愧；这句话有十年了，我永久不能忘记，——至今想起，我还是惭愧着。

同时父亲对我很随便。从前对于学校的，如今对于职业的选择，以及朋友，爱情，从未曾像许多人似的摆出作父亲的架子而加以干涉。十二岁时曾经听见父亲对他一个朋友说过：甚至于嫖赌，我对于我的儿子都不愿意绝对地禁止的。①

可以看出，冯至对父亲表现出深深的认同，父亲自身的价值观和性情深刻影响了冯至精神世界的选择。淡泊、包容、自由、不干涉，在那个年代，这种民主式的包容品性，对那些封建式大家庭的家长来讲，可谓少之又少而更显弥足珍贵。

不但如此，冯文澍还是一个认真、细致，善于引导、启发的教育家。在冯至的记忆里，父亲的怀表从早到晚总是在响，声音轻而动听，里面有什么秘密呢？冯至经常盯着怀表出神。父亲对小孩子这种探知欲并未置之不理，而是看在眼里，等到闲暇时，便拿出怀表对他讲："你来，我给你看看是什么在响。"

没有请求，父亲就自动给我看，我高兴极了，同时我的心也加

---

① 冯至：《父亲的生日》，见张恬编《冯至全集》第 3 卷，河北教育出版社 1999 年版，第 353 页。

　　紧跳动。父亲取出一把小刀，把表盖拨开，在我的面前立即呈现出一个美丽的世界：蓝色的、红色的小宝石，钉住几个金黄色的齿轮，里边还有一个小尾巴似的东西不住地摆来摆去。这小世界不但被表盖保护着，还被一层玻璃蒙着。我看得入神，唯恐父亲再把这美丽的世界盖上。但是，过了一会儿，父亲终于把表盖上了。父亲的表里边真是好看。①

　　里面的一切引发了冯至的好奇，激发了他探索求知的欲望：为什么要将这小蝎子的尾巴放在这里面呢？为什么还要蒙上一层玻璃呢？是怕它跑出来吗？从心理学角度来讲，小孩子的好奇，是他探寻这世界的开始，这也成为冯至后来探究人生和创作诗歌的原动力。

　　除了家庭与父亲的影响，在分析冯至早期性格基因构成中，还有一个不可忽视的因素，是他出生的地理环境，即他故乡涿州及周边的环境构成的地理空间。在这里，有必要引入文学地理学一些概念，以便更好地理解家乡之于冯至的意义。

　　根据美国著名地理学家杰弗里·马丁所著《所有可能的世界：地理学思想史》中的提炼和归纳，地理学所要关注和回答的三个核心问题是："它在哪里""它是什么样的""它意味着什么"，这一理论，成为新兴起的文学地理学的重要支撑。有人从中耦合和重构为"版图复原""场景还原"与"精神探原"，作为文学地理学理论建构的三大支柱。

　　版图复原是基点，是一个作家出发的零公里处；"场景还原"意指发生了什么很大程度上取决于在哪里发生；"精神探原"则立足于文学地理的意义追问。换言之，文学地理的意义追问强调的是回归生命现场，而从"版图复原""场景还原"走向"精神探原"，还原作家生成背景和生命现场，终极目标在于生命之意义的追溯与追问。

---

① 冯至：《向儿童说我童年的故事》（二），见张恬编《冯至全集》第 3 卷，河北教育出版社 1999 年版，第 471 页。

在后面的叙述中，我们会回到冯至称之最怀念的地方——20年代的北京、30年代前半期的海德贝格、40年代前半期的昆明，挖掘其之于冯至形成的意义。在这里，我们不妨在文学地理"三原"理论的视域下，试着分析一下，这个冯至极少谈及的故乡涿州对他究竟意味着什么。

涿州地处华北冲积平原边缘地带，少山多丘陵，境内永定河、白沟河、小清河等多条河流蜿蜒而过，素称"幽燕沃壤"，因地理位置的重要，清帝乾隆曾御封为"天下第一州"。历史上，这里曾出过不少帝王将相、名人志士，如三国时期的刘备、张飞，北魏地理学家郦道元，"苦吟诗人"贾岛，宋太祖赵匡胤等等。

这些当地人耳熟能详，会反复念叨的名字，冯至几乎没有提及过，故乡的这些历史人物是否对冯至有影响，也没有资料可以证实。分析冯至与故乡地理空间的关系，找出他精神之旅的起点，可以关注以下两点：一是涿州虽处京畿重地，但相比北京、上海、绍兴、嘉兴、绩溪、桐城等著名文化地而言，文化积蕴并不深厚，尽管宋朝前出过不少名人，但从明清到近现代，名流屈指可数，地域文化特色也不鲜明。通常来讲，一个地方的文化积淀深厚，作用应该是双向的，一方面，它能孕育和盛产作家文人，如北京之于京派，上海之于海派，绍兴之于周氏兄弟等；另一方面，文化历史锚重会成为新生代前行探索的负累与枷锁，难以萌生开放度高现代性强的文化。因此，文化积淀的缺乏与历史留白，为冯至预留了未曾开垦的文化土壤。二是涿州城相对封闭，处在京津冀边缘地带，特别是山水平庸，缺乏秀丽景色，像冯至自己讲的："那里没有奇山异水，看不见绚丽的花木，儿时望着西方远远的一脉青山，仿佛是可望而不可即的仙乡。"① 对冯至来说，家族生活的压抑，故乡文化的平庸，寡淡无趣的山水，从反面催动了冯至走出去的欲望与冲动。

而冯至上高级小学时，也特别喜欢地理课，哥伦布和探险家们的故

---

① 冯至：《在联邦德国国际交流中心"文学艺术奖"颁发仪式上的答词》，见张恬编《冯至全集》第5卷，河北教育出版社1999年版，第196页。

事让他神往，他觉得当一个探险家很有意思。可以说，山那边的世界，吸引着他一步步走出封闭平庸的圈子，去探索未知的世界。

　　现代文学史上有两种作家，一种对家乡充满眷恋，难以忘怀，像沈从文之于湘西，像臧克家之于乡村，欣赏沉浸一切哪怕丑陋的；一种对家乡充满理性审视，像鲁迅对家乡的反思，像艾青对家乡的告别：

> 我是一个海滨的省份的村庄的居民，
> 自从我看见了都市的风景画片，
> 我就不再爱那鄙陋的村庄了。①

　　家乡对于人生基本情绪的形成和道路的选择非常重要，家乡是个体生存的第一个重要的社会场景，也是个体对社会的初始印象。这种初始印象奠定了个体进行生命探寻的基本框架，这种基本框架在某种程度上类似于原生家庭对人生的影响。如果家乡给个人的感觉是温暖的，这一温暖就构成了个人在世生存的底色，即使离开家乡，家乡的感觉亦会温暖游子的心情；反之，如果家乡给人的感觉是冷峻的，这一冷峻也会构成个人对世界的初始印象，个人会以冷峻的心态面对其所生存于其中的世界。上述两种作家，也会形成两种不同的思想追求与创作风格：在思想追求上，前者倾向于寻找归属感，渴望融入温暖的集体；后者则倾向于寻找超越感，渴望战胜命运的冷峻。其创作正反映了这两种不同的思想追求：前者倾向于在创作中表达家乡情结和作者的归属感，后者则倾向于在创作中表达世界的荒野感和作者的孤独感。相比来讲，后者更接近于现代的探寻。因为在后者主动或被动地在心理上隔离了自我与家乡、亲人的联系，在任何时候都会独自面对世界。这种独自面对世界的态度，正是现代个体的典型心态。冯至正属于后一种作家——渴望从文化贫瘠的故乡走出去，去寻求真正的心灵栖息地。这也是冯至追寻生命意义的零公里处和起点。

---

① 艾青：《村庄》，《艾青诗选》，人民文学出版社 1979 年版，第 206 页。

第三节　早期教育与北京四中

冯至最早的启蒙教育，是从父亲开始的。冯至幼时，父亲有时短暂失业闲居家中，零零碎碎教冯至看图识字、描红。8 岁时，他曾到叔叔创办的私立小学读过一阵，学校停办，又回到家，在父亲指导下，读《唐诗三百首》《古文观止》等。9 岁时，转入涿州初级小学学习，很快又入高级小学。

关于这段时期的学习，冯至有详细叙述：

暑假后，我升入初小四年级。一天，校长来到课室，又把我和另外几个同学一起抽出来，又是不加解说，把我们送到高小一年级。半年前我从高小降至初小，如今又从初小越级升入高小，校方自有把我抽来抽去的理由，而我则糊里糊涂，听由摆布，也不问底细。后来还发给我一份奖品，说是上半年学习好，我自己也不明白好在什么地方。奖品不外乎是笔墨和练习本，我接受下来并不觉得怎么荣幸，可是拿到家里，父亲却很高兴，认为我学习好，有出息。他不无感慨地说，"可惜你娘只知道你降级，没能看到你升级。"他说着说着便把奖品摆在母亲的遗像前，叫我对着无言的慈母鞠了三躬，告慰她的在天之灵。

到了高小一年级，跟初小时大不相同。初小同班的同学一般比我岁数大，但大不许多，一般能和平相处。可是在高小一年级，同学的年龄有了很大的悬殊。几个最年长的同学竟至十七八岁，比我大一倍，而且有的已经结了婚。他们多半是乡间土财主家的子弟，住在学校的宿舍里，校内校外，他们好像知道很多，因而也就能支配班里的是是非非。他们干些什么，我不清楚，他们中间谈些什么，我听不懂。他们常拿我取笑，他们不以十七八岁还上小学为可耻，反而把我的年幼"无知"看作是一个弱点，可以任意欺侮。其他年龄比他们小却又比我大的同学，慑于他们的"权势"，大都尾随着他们，不屑于理我。那时我有三重被人蔑视的身份：一、年幼；二、丧母；三、家业衰败。我终日独往独来，当时还不晓得这就是孤独和寂寞。

可是这三重身份之外，还应增添一重，学习成绩平平，因为我历届学期考试的结果都是名列丙等，我在高小三年从来没有品尝过乙等、甲等的滋味。其实，这也是咎由自取。对于学校里的各门课程，我缺乏全面观点。我最感兴趣的是国文和地理；觉得枯燥无味的是"修身"，这门课向小学生讲些不切实际的大道理，每篇课文后还附录一句格言叫学生背诵；至于手工、体操、唱歌，由于我笨手笨脚，喉咙不善于运转，经常是不及格的。这样，把各门课考试的成绩一平均，只有永居丙等了。

国文课本是用文言写的，内容有关于爱国主义、辛亥革命、历史人物的叙述，也有荷兰童子双手护堤、英国儿童乘气球等外国故事，都能开阔眼界，增长知识。课本里兼或有两三篇清代名家的散文，如龚自珍的《病梅馆记》、薛福成的《巴黎蜡人馆记》，很能启发我的思路。老师有时还从《古文观止》和唐诗里选些名篇，如《桃花源记》、《前后赤壁赋》、《茅屋为秋风所破歌》、《琵琶行》等，油印发给学生，他讲解，我似懂非懂，却觉得比课本里的文章精美得多，很快就能背诵。上作文课，也渐渐有的说，有的写，不那么提笔不知所云了。记得有一回老师出了个作文题"松柏后凋说"。我略加思索就写："松柏非不凋也，特后凋耳，新叶已出，旧叶始落也。"老师称赞我这句"破题"破得好，把我的作文读给全班同学听，这是我高小三年内仅仅享受过的一次"殊荣"。这位老师姓尚，常常当我不在时，向同学们夸奖我，说我有希望。

可是我辜负了尚老师对我的期望，我常在上别的课时丢丑。我最怕修身课。这门课一向由校长讲授，他板着脸讲些空话，一节课五十分钟，一秒一秒真不容易挨过，也不敢回头看墙上的挂钟，看离下课的时间还有多久。有一回，他正在滔滔不断地宣讲、我的头脑正在开小差不知想些什么时，他突然把我叫起来，叫我背诵某篇课文后的格言。格言不过二十几个字，我却背不出来，他不让我坐下，罚我站，还嘲笑我。下课后，同学们都散走了，我一人在空荡荡的课室里站了许久。①

依然孤独、寂寞，依然被排斥，学业平平，喜欢国文、地理，不喜欢"修身课"，认为枯燥，都是些不切实际的大道理。从中可看到这个时期的冯至不循规蹈矩、善于思考辨析、喜欢探索的个性已开始形成。

母亲去世的第二年，冯文澍又与朱氏结婚了。这就是冯至，总是在某个时点遇到关键的人。继母生在京城，见识多，思想较开通，很关心冯至，时常过问他的学业。12岁时，他从涿州高级小学毕业，继母克服经济困难，力排家族其他成员的非议，送他进北京读中学。

由半天能绕一圈的涿州城，来到大得走不到边的北京，视野一下扩大了。尽管北京城给他的第一印象是灰蒙蒙的，宫廷建筑沉重得让人害怕，但冯至还是喜欢它。新的环境有利于克服他从涿州带来的狭隘和短识，尤其是使他有机会去感受日益到来的新思潮，这至关重要。

入读的学校是北京四中，它是北京历史较久的中学，创办于清末，原名顺天府府立中学，民国初年才改称京师公立第四中学。冯至印象中，1916年的四中是死板而沉闷的，校门黑漆漆的，台阶很高，一进校门，首先是一座朝南的房子，是校长办公和教员休息的地方，房前许多花木，中央有一座小亭，匾额写着"漱石"两字。但学校远没有这两字讲的那样空灵、活脱，教室单调呆板，一行摆开，两排分割为三四十间的宿舍，住着家属不在北京的教师和来自外县的学生。

---

① 冯至：《这样一个小学生》，见张恬编《冯至全集》第5卷，河北教育出版社1999年版，第83—85页。

最初几年，因为冯至年纪尚小，生活不能全部自理，继母就特意安排他住在自己弟弟朱受豫家走读。舅父待他如亲子，经常找书给他看，还传授一些绘画方面的知识。这里生活方便，但很寂寞，他常在黄昏时独坐在那间半明半暗的房里，诵读柳子厚的《封建论》、庾子山的《哀江南赋》诸如此类的书籍。黄昏的遥想，日下的凝思，与这些作品的情调交织在一起，使人感到孤寂而凄凉。

他羡慕住校生的那份自由，三年级时，便说服舅父母，搬到学校去住。这并没使他的心境好多少，他不善交际，怯于在人多的地方讲话，同学中只和陈展云、戴昌霆少数几人交往。

中学时代，他给人们的印象是天性敏感、忧郁内向；另外，有些事也表明，他已善于自我反省。一次，上"手工"课时，他发现陈列室门上的锁坏了，就推门进去，拿走了一件学生自制的玩具，但这玩具并未给他带来任何乐趣，反而让他陷入了深深的自责，总有一种排斥不掉的犯罪感。几天后，他将这事告诉了陈展云，陈认为这事不好，便陪他一起将玩具送回。若干年后，冯至重提此事①，仍内疚于心。

外部世界在不停地变化，第一次世界大战、军阀混战、张勋复辟，都激不起学校的一潭死水。开学、考试、放假，一切按部就班地进行，教师们照本宣科，毫无变化地沿袭几年不变的课程。幸运的是，教国文的潘云超先生似乎与众不同，常在课堂上讲一些新思想，对一些传统内容的文章，也喜欢评头论足，加以褒贬。有一学期，他专门给学生讲《韩非子·难》，讲时捎带着讥讽孔子、孟子等圣者。《难》共四部，每部都是先列出事例，然后根据事例辨析是非，一些过去正统正确的观点反被韩非批驳，这种思维方式对冯至有不少启发。潘老师思想开放，知识范围广，带学生们涉猎不少课本外文学作品，即便是传统教育中排斥的诸如司马相如、鲍照等人的辞赋，潘先生也常常拿来读给学生听。他的思想，尽管偏激、乖张，但对听惯了传统教义的冯至来说，无疑是耳目一新，由此开始

---

① 冯至：《记陈展云》，见冯至著《立斜阳集》，工人出版社1989年版，第163页。

知道什么是传统，什么是反传统。

1919 年 5 月 4 日那天，是星期日。仍住在校外舅父家的冯至，次日走进校门，就被热腾腾的场面吸引了，各个角落贴满了"打倒卖国贼""废除二十一条""收回青岛"等标语口号。年轻人的思想情绪瞬间被点燃，在群情激昂气氛的感染下，他迅速加入了上街游行、演讲的行列。风潮渐渐过去，事件本身并没有给冯至留下多深的印象，明显的变化是国文老师易人了，潘先生因在《益世报》发表支持学生的署名社论，被当局逮捕。在他的推荐下，他的学生施天侔替他代教国文课。

施先生很年轻，思想活跃，但不似潘先生那样偏激。他懂得许多西洋文学方面的知识，像"写实主义""象征主义"等名词，冯至最初就是从他那里获知的。施先生提倡写简洁明晰的文章。一次，冯至写了一篇文章，反复删改，按照施先生的教导，去掉若干过渡，很满意地交上去了。不料，作文簿发下后，先生的评语批为"写得上气不接下气，什么事催你这样急？"回头仔细琢磨，发现确实如此。潘、施二先生，是冯至进入文学殿堂的最初引路人，他们影响了他毕业后学文还是学理的选择。

"五四"给予冯至的影响，更多是在精神上的。一大批宣传新思潮、新文艺的报刊相继出现，不胫而走地进入了学生宿舍和课堂。前所未有的观念、意识、情感方式，给他们如梦方醒的感觉。从 1919 年夏到 1920 年，除了应付学校的学业，冯至就是一本接一本地读那些雨后春笋般出现的报刊，最先看到的是《新青年》，以后陆续看到了《新潮》《晨报》《少年中国》等。从《新青年》上，冯至看到了鲁迅的短篇小说《药》，看到了署名唐俟的《随感录》，它们给了他巨大的冲击，感到既惊异又亲切。同班同学戴昌霆告诉他，鲁迅、唐俟是一个人，戴的父亲和他同在教育部共事。有一天，戴昌霆还推荐鲁迅发表在《晨报》上的《一件小事》给他看，冯至读后很长时间忘不掉"车夫"那"愈走愈大"的身影，忘不掉"我"勇于自新的否定精神。之后，凡是鲁迅的作品，都每见必读。

这期间，冯至开始接触到了新诗歌，胡适、康白情、俞平伯等人的作品，摒弃了传统中重复了若干年的陈腐意象，词语多从生活中直接获得经验和感觉，形象清新、鲜活，充满了对世界的感怀、留恋和憧憬，充满了新的宇宙情思，使冯至第一次有了"新诗"的概念。

梦醒了，就要有所行动，一些学校出了自己的刊物，如北京高级师范附中出版了《少年》；北京师范学校组织了"觉悟"社，也办了刊物；四中的同学也跃跃欲试。冯至与陈展云几人一商量，于1920年寒假间，筹办了一个刊物《青年》。印刊物没有钱，便向老师募捐，拿募捐本找校长，校长签了4元，其他老师拿了2—4元不等，只有施先生拿了10元，他的薪水其实是最少的。

刊物取名《青年》，是因为他们觉得，青年是一个指导行为的标准，作为青年，就必须反对旧礼教，不能坐人力车，不能向任何势力妥协，青年是社会的希望所在。《青年》在内容上仿袭《新青年》，每期发一些文艺作品，另附上几条随感录，偶尔也发一些长篇评论。刊物出版后，河南二中的同学来信，说他们办的刊物也叫《青年》，创刊在四中之前，建议他们改换刊名。大家一商量，觉得已出了几期，不好全改，便在"青年"后边加了"旬刊"两字。《青年》到第四期就停了，内容总的说不够成熟，较为幼稚，但却是冯至新文艺的最初尝试。

第四节　觉　悟

1920年下半年，冯至中学毕业，没有直接进大学，而是回到家乡涿州城暂住。在这里，没有朋友可以交流，除了踽踽地到处游荡，就是将自己关在屋里，读那些能见到的新书刊，但这样的机会显然不多。百无聊赖之际，他买到一本上海亚东书局出版的《三叶集》，一下被其吸引，在孤寂的时刻，终于找到了精神的伴侣。

《三叶集》是田汉、郭沫若、宗白华三人的通信集。当时田汉和郭沫若在日本留学，宗白华在上海编《时事新报》副刊《学灯》，宗有意让郭、田两人携手做"东方未来的诗人"，便介绍他们通信，这本书就是他们三人情感、思想、艺术观的记录。它热情洋溢，海阔天空，既有少年的幻想和忧郁，又有对前途命运的期待，还有对诗的全身心的拥抱，郭君讲"我想我们的诗只要是我们心中的诗意诗境的纯真的表现，命泉中流出来的Strain，心琴上弹出来的Melody，生的颤动，灵的喊叫，那便是真诗、好诗"①。宗君讲"我们心中不可无诗意诗境，却不必一定要作诗"②。这些对艺术、对生活的新的感受和浪漫主义的情怀，感动了冯至年轻而敏感的心，从他们那里，他还知道了歌德和他的《少年维特之烦恼》，找来后反复诵读，维特的苦闷和烦恼，在他心中引起了共鸣，觉得维特仿佛就生活在自己身边。

当他在狭隘、窒闷的小城读到郭沫若的《女神》，读他如何向世界上一切崇高的事物祝贺"晨安"，向古今中外的"匪徒"倾注热情的歌颂时，被压抑的心灵终于得到了解放。他常将自己关在属于自己的两间旧房里，领悟诗人对新生活的热爱、对未来的忧伤和憧憬，让惆怅的心、兴奋的心，颤动不已……他的诗心终于觉悟了，开始在笔记本上涂写些诗样的东西。

中学时期，冯至开始了诗歌创作，写了若干新诗。被冯至视为"真正""开始"的是《绿衣人》，它尽管发表于1923年，实际上写于上大学前：

> 一个绿衣邮夫，
> 低着头儿走路，
> 也有时看看路旁。
> 他的面貌很平常，
> 大半安于他的生活，
> 不带着一点悲伤。

---

① 宗白华等著：《三叶集》，安徽教育出版社2006年版，第11页。
② 宗白华等著：《三叶集》，安徽教育出版社2006年版，第11页。

> 谁也不注意他
>
> 日日的来来往往。
>
> 但是在这疮痍满目的时代，
>
> 他手里拿着多少不幸的消息？
>
> 当他正在敲人家的门时，
>
> 谁又留神或想，
>
> "这家人可怕的时候到了！"①

关于《绿衣人》的创作，诗人这样叙述：

> 远在 1921 年，我是一个没有满十六岁的青年，从一个四年制的中学毕了业，不知道将来要做什么，看不清面前的道路。那时的北京城是一片灰色，街头巷尾，到处是贫苦的形象和悲痛的声音，我们爱说当时青年们口头上的一句话："没有花，没有光，没有爱。"傍晚时刻，我常在一条又一条的胡同里散步。……一天，我又在散步，对面走来一个邮务员，穿着一身绿色的制服，他的面貌是平静的，和这沉寂的街道一样平静，他手里握着一束信件，有时把信件投入几家紧紧关闭的门缝里。我看着这个景象，脑里起了幻想，我想这个多灾多难的国家，不是天灾，就是兵祸，这些信又给那些收信的人家送来了什么样的不幸的消息呢？这些信会使那些收信的人家起些什么样的变化呢？我当时根据这点空洞的、不切实的想象写下了我青年时期第一部诗集里的第一首诗。②

这是冯至作为一个诗人最初的觉悟和开始。

---

① 冯至：《昨日之歌》，见刘福春编《冯至全集》第 1 卷，河北教育出版社 1999 年版，第 3—4 页。

② 冯至：《西郊集》，见刘福春编《冯至全集》第 2 卷，河北教育出版社 1999 年版，第 131—132 页。

　　读书和写作，使他孤寂的心多少得到了点抚慰，但不幸又在叩他的命运之门。1921 年春夏之交，一个平静的日子，给予他若干关怀和抚慰的继母又去世了。16 岁的冯至在 6 年内失去了两位母亲，他愈发感到自己已被亲人扔在了这漠漠如沙的世界上。如果生母的去世，还可以认为是自然故亡，能够接受的话，继母的去世，则让他感到了生命的无常与难以抗拒，这怎能不让他绝望呢？他仿佛一下长大了许多，邻里村人，都讲他成熟了，但谁又知其心中的苦闷与孤苦？一次，他一个人跑到城外旧城墙边散步，发现墙根外，有一丛丛野生杂草，一条溪流断断续续地蜿蜒着……他想，这广大的绝不会开放的花朵，这将要枯死的河流，不正象征着自己的生命吗？ 16 岁，他已经受了一般同龄人没有经受的寂寞和痛苦，蛰居家乡的一年，更让他领略了封闭和庸俗的滋味，涿州城平庸的风景，乡党们总是自以为是的目光，家族在温和外表下掩盖着的冷漠，他已看够了。

　　他的孤苦无人能解，他的精神漂泊不定，到哪里去寻找真正的"故乡"呢？

第二章　年华磨灭地

第一节　梦绕北大

北京东城沙滩的红楼建筑，是北大文学院的所在地。1921年暑假后，16岁的冯至考入北京大学预科文科部，两年后转入本科德文系，在这里开始了6年清寒然而充实的大学生活。

北大的前身是京师大学堂，创办于1898年，1912年蔡元培任教育总长时，始改称北京大学校，并推荐严复任校长。蔡元培辞去教育总长后，过去的积弊又开始沉渣泛起，校风腐败，学生以前清举人、秀才居多，来此的目的多是寻做官发财之门路，并不知学术为何物。北大发生质变，是在1917年蔡元培执任校长之后，蔡校长标举学术，倡导自由与民主，采取了一系列改革措施，才使学校日新月异，呈现出新的风貌。冯至入校时，正值北大鼎盛期，经蔡校长几年治理和五四运动之洗礼，它已由过去培养官僚的腐朽机构，蜕变为以民主、科学为追求的新型大学，成为中国新文化的摇篮。

北京大学是我国近代最早设立预科的教育机构。蔡元培任北大校长后，对预科制进行了改革，主要是：预科两年，本科四年，预科分文理两部；预科主要课程由本科主要教师兼任；课程分三类，共同必修课、分部必修课、选修课。预科选课比较自由，实际上是本科开始前的一种通识教育。

冯至几乎是怀着仰视的心情跨入北大校门的，虽是第二次进京，但与之前的一次已有不同。前一次，是被动地接受家人安排，这一次，却是心神向往已久，自己主动创造的机会。他当时还不会意识到，这次选择，将提供给他一次人生的重要"转移"，使他在这个现代文化的中心，不断受到激荡、撞击，从而激发情感、智慧的潜能，这是他生命最终获得辉煌闪现的重要一步。

甫一入校，他就深深地被北大独特的气质与氛围吸引了。

北大少长咸集，人才毕至，它以博大的胸襟，容纳了若干文坛英才和宿将。冯至惊喜地发现，自己一向钦佩的《新青年》《新潮》等著名刊物的撰稿人，很多都在这里任教。常有高年级的同学指着三三两两的人群，向你介绍，这人是谁，那人是某某。日子久了，他开始熟悉起来，原来那留短胡须、矮身材、不苟言笑的是鲁迅；那蓄浓髯、戴大绒帽，总是披马夫式大衣的是周作人；那脚穿鱼皮鞋，颇有江南名士气派的是刘半农；……当时师生中有所谓"卯子号名人的说法"。"卯子号"是北大文科教员的预备室，后来成了北大名家精英汇聚的场所，当时被称为"卯子号名人"的，除上面两三位外，还有陈独秀、胡适、钱玄同、朱希祖等。冯至内向羞怯，怕拜见名人，不像别的同学会利用各种机会与之接近，但能亲睹先驱们的风采，也就心满意足了。他们如此年轻，就创了世纪勋业，成为新文化运动的"弄潮儿"，怎能不让他惊羡、恭敬呢！

在老一代北大人的心中，总是有着浓浓的沙滩情结，著名的北大红楼就坐落在沙滩，这里也是新文化运动的策源地。沙滩附近，既是文学院的所在地，又靠近闹市，最热闹，也最活跃。

红楼是北大的中心。登上红楼的四层，让冯至充满了憧憬与兴奋，他感到进入人生的新境地，一个崭新的不可知的未来展现在面前：

在北京城里，你若是登在高处向下望，会把它当作一座大花园；尤其是在夏去秋来，树荫尚浓的时节。除去远远的山峦同眼下的绿树外，是望不见灰尘与褴褛；除去经过一层静化的市声外，是听不见叫喊与呻吟的。如果你更含有一种沉醉的情怀，也会将一望无边的树顶看成碧海，随着那悠悠的停云，飞翔的鸟翼，船帆一般地幻想到远远的，迢迢的彼方。你把憎消灭在什么所在，又把爱安置在那里，那都可以按着你的心意安排，正如棋手安放他的黑白棋子。——我们在大学校的四层楼上，也正是这样。它位在北京城的中央，四围大的建筑，教堂，饭店，医院，都高高地矗立起来，说是要同它比美。它一点儿也不客气，很骄傲地存在着：笼罩着许多青年的梦。从外面看来，它虽然也具有一种在风雨中历尽兴衰的老态，但凋亡的气象并还没有随着现在的北京的一切显著出来。学生是今天顾不了明天地上着课，可是每逢一步步走上楼梯时，内心中也时常刹那地闪出向上的希望。他们从公寓，宿舍，或是庙里，从那乱纷纷的下边走上来，到四层楼上，真仿佛衣上的灰尘都没有了，把窗子打开，深深地吸一口清凉的空气。天气晴朗，南望是天坛蓝色瓦的祈年殿浮在远远的茫茫中，北方的钟鼓楼上生遍荒草，保留着中世纪的风光。最好是向下寻找自己的寓所，寻找自己的寝室，呆对着那寝室的屋顶回想你昨夜在室内想了些什么，方才在那室内又做了什么事。更能设想出现在的你已经不是方才的你了，方才的你还依然在那屋里想着，梦着。或者，觉得室内的主人已去，室内空空地该又是什么景象？那是更耐人寻味了，你会在默默中望见"运命"那个可怕的东西暗地里又为你摆布什么，在你那生命的酒杯中又加上了什么味的汁浆，有如坐在飞机上边隔着一层大气去探望敌人的埋伏。①

学校的"哲学会""政治学会""音乐会"等组织，常在这里举办各种讲座。主持讲座者，有校内师生，也有社会名流，听讲者也很杂，

---

① 冯至：《望》，《沉钟》第9期（1962年12月11日）。

校内校外都有。遇到大家感兴趣的题目，马上会有若干小型讨论会跟上，掀起阵阵风潮。逢星期天，这里喧闹着报童的叫卖声，各种时尚的周刊——《每周评论》《语丝》等，几个铜板便可买一份。刊物的撰稿人，以本校师生居多，他们谈论人生，抨击社会，言辞激烈而又生动有趣，像鲁迅之老辣、深沉，周岂明之平和、雍容，同一血脉，风格竟如此截然不同，令冯至惊讶并沉浸其中，也因此看到了人生之激烈与冲淡的两面。

学校当时有一项不成文的规定，允许跨系听课和校外生旁听，这构成北大一大特色。有段时间，沙滩一带住满了来自全国各地的旁听生。沈从文就曾是其中的一员，沈曾十分缅怀当时的盛况：

> 这种年轻人在红楼附近地区住下，比起东西二斋的正规学生大致还多数倍。……学校大门也全面敞开，学校听课十分自由，影响实格外深刻而广泛。这种学习方面的方便，以红楼为中心，几十个大小公寓，所形成的活泼文化学术空气，不仅国内少有，即在北京别的学校也希见。……一切，都呈出一种大文化之气象。①

从狭窄、守旧的涿州，进入博大、开放的中国最高学府，冯至颇经历了一段兴奋。兴奋过后沉静下来，他很快为学校内浓厚的学术气氛所感染。蔡校长当时提倡通才教育，允许跨系听课，冯至乐此不倦，常去听国文系的课。即使转入德文系后，这个习惯也一直保持着。比较喜欢的是张凤举的"文学概论"，鲁迅的"中国小说史"，以及沈尹默关于诗的讲座，黄晦的"南北朝文学"等。

张凤举是冯至在北大最先结识、交往最久的教授，他是讲授《文学概论》的年轻教授。张从预科时，就发现了冯至在文学方面的潜能，对其鼓励有加。张很年轻，没有架子，对学生以朋友相待，学生喜欢叫他"凤

---

① 沈从文：《忆翔鹤》，见《新文学史料》1980 年第 4 期，第 148—149 页。

举先生"。他不但在课堂上关照冯至，还常邀其到寓所，一起欣赏音乐，谈论文学。1923 年上半年，冯至拿自己写的一组诗给他看，他觉得不错，就推荐给上海的《创造季刊》，诗后来发表在该刊 2 卷 1 期上，总称《归乡》，共 16 首。这是冯至首次发表诗作。

鲁迅的课，最值得回味。他当时担任北大国文系兼职讲师，每周讲一次"中国小说史"。他的课在北大很受欢迎，冯至后来回忆道：

> 鲁迅每周一次的讲课，与其他枯燥沉闷的课堂形成对照，这里沸腾着青春的热情和蓬勃的朝气。这本是国文系的课程，而坐在课堂里听讲的，不只是国文系的学生，别系的学生、校外的青年也不少，甚至还有从外地特地来的。那门课名义上是"中国小说史"，实际讲的是对历史的观察，对社会的批判，对文艺理论的探索。有人听了一年课后，第二年仍继续去听，一点也不觉得重复。①

冯至本人就曾先后两次听鲁迅的"中国小说史"。鲁迅学贯中西的渊学，和对事物敏锐的观察，使他每讲什么，哪怕是极平凡的小事，都有一种大的胸襟和洞见，它们如一束束智光，将冯至心中许多模糊不清的东西给照亮了。冯至后来回忆道：

> ……我第二次听这门课时，鲁迅一开始就向听众交代："《中国小说史略》已印制成书，你们可去看那本书，用不着我在这里讲了。"这时，鲁迅正在翻译厨川白村的《苦闷的象征》，他边译边印，把印成的清样发给我们，作为辅助的教材。但是鲁迅讲的，也并不按照《苦闷的象征》的内容，谈论涉及的范围比讲"中国小说史"时更为广泛。我们听他的讲，和读他的文章一样，在引人入胜、娓娓动听

---

① 冯至：《笑谈虎尾记犹新》，见张恬编《冯至全集》第 4 卷，河北教育出版社 1999 年版，第 197 页。

的语言中蕴蓄着精辟的见解，闪烁着智慧的光芒。对于历史人物的评价，都是很中肯和剀切的，跟传统的说法很不同。譬如谈到秦始皇，他说，"许多史书对人物的评价是靠不住的。历代王朝，统治时间长的，评论者都是本朝的人，对他们本朝的皇帝多半是歌功颂德；统治时间短的，那朝代的皇帝就很容易被贬为'暴君'，因为评价者是另一个朝代的人了。秦始皇在历史上有贡献，但是吃了秦朝年代太短的亏"。谈到曹操时，他说，"曹操被《三国演义》糟蹋得不成样子。且不说他在政治改革方面有不少的建树，就是他的为人，也不是小说和戏曲中歪曲的那样。像祢衡那样狂妄的人，我若是曹操，早就把他杀掉了。"①

1923 年下半年，北大经济系教授陈启修被学校派往苏联考察，他推荐郁达夫代他授课。冯至虽怯于拜见名人，但听说郁为人率真、热情，没有架子，尤其很愿意接待爱好文学的年轻人，就下决心去认识他。他先按照学校注册公布的郁达夫授课时间、地点，准时走进课堂，听完了郁的课；然后尾随他走进教员休息室，向他做了自我介绍。这位《沉沦》和《采石矶》的作者，也许是从这位小老弟身上发现了与自己相像的东西——敏感、纤细、内向，很喜欢他，常在下课时，约他一起去散步、逛旧书店。有时冯至也去郁的住所，一起谈论文学和人生。从郁那里，他知道了海涅的《哈尔茨山游记》、斯特恩的《感伤的旅行》、王尔德的《道林·格莱的画像》等作品。这些作品，虽然不是文学史上的显赫之作，但注重内在精神体验和哲理探索，培养了冯至的文学偏好。

郁是 20 年代的文坛浪子，行为怪异，纵情不羁，这很为"五四"时期的青年所倚重。在一个晚春的夜里，外边断断续续地下着迷蒙小雨，郁达夫引导冯至几人在前门外的酒馆中间，出出进进，喝罢这家入那家，开

---

① 冯至：《笑谈虎尾记犹新》，见张恬编《冯至全集》第 4 卷，河北教育出版社 1999 年版，第 197—198 页。

怀畅饮，纵谈古今，放浪性情。郁达夫即兴吟诵他的旧作——"生死中年两不堪，生非容易死非甘……"，直到子夜，大家才意犹未尽地散去。这情景深刻印在冯至脑海里，近 40 年后——1962 年，他还曾在朋友赠的《郁达夫诗词抄》上题诗纪念这位畏友师长："……寒风凛冽旧书肆，细雨氤氲冷酒边。"①

　　冯至是内向的，这种内向使他很难对一般人敞开心扉。入学之初，理解他的朋友很少，只有卢季韶、清独几位。1922 年春，经卢季韶哥哥卢伯屏从中联络，开始与在济南山东第一女子中学教书的顾随（字羡季）通起信来。

　　顾随比他大几岁，河北清河人，1920 年毕业于北大英文系，曾以顾随、葛茅、苦水等笔名在《浅草》《沉钟》上发表过作品。他的诗根底很深，却不喜显山露水。两人性情相投，书信往来频繁，冯至常拿顾随的信叫个别好友看，顾有时也将冯至的信读给学生们听。他有时在寒假回家探亲前，绕道前来北京，冬夜围炉絮语。1924 年夏，顾辞去济南教职，准备到青岛脐澳中学教书。冯至受邀来到济南，然后一起赴青岛。

　　两位燕南赵北人，第一次见到了大海。海的博大多变，山木之清秀葱郁，建筑之典雅别致，令他们感到进入了一个新鲜的世界。晴天一起去海滨游泳，雨时在房中读书谈天，有时也到青岛周围的山里远游。一次，他们登上了太平山顶，山叠葱翠，天地顿开，不觉在石壁上题诗作咏。一年后，顾随在一首诗中写道："一自故人从此去，诗酒登临，都觉得情趣，怕见太平山上路，苍苔蚀遍题诗处。"青岛一月，是冯至大学时代唯一放松过的时期。

---

① 冯至：《立斜阳集》，见张恬编《冯至全集》第 4 卷，河北教育出版社 1999 年版，第 317 页。

第二节　初次审美历险

进入北大，仍没使冯至从童年的不幸中摆脱出来。尤其是这一时期，他一向关心的弟弟由于不堪家乡的封闭和压力，离家出走，一直没有音信，这更加深其苦闷和忧郁。他感到孤单和寂寞，但又不喜欢热闹，时常落落寡欢，孑然独处。他曾一度搬出学生宿舍，到校园附近的普度寺去住，对着孤灯呆坐，听寺里沉重的钟声，也常沿着北河沿无边际地走，感受那柳絮的寂寞与孤独。敏感多思，多愁善感，甚至一件小事都会使他心神不宁，感思良多。

一天晚上，他正在读书。这时，一个弹三弦的女子推门进来，问："先生听曲不听？"他正沉在书里，随口说道："不听。"那女子又讲："二十个子儿一个曲儿，听不听？"他干脆侧过身去，不再理她。女子蹰蹰离去，弦声由近渐远。她离去时无助的神态，深巷里寂寞的弦声，把冯至一下从书的世界中拉出，他自责，感到对她不起，眼眶不觉氤氲了，书也读不下去。

正是在这样的心境下，他开始写一些诗歌、小说、散文，借稿纸倾诉自己心灵的寂寞和忧伤。

这自然也影响了他读书的选择。那些充满幻想和忧郁，色调比较低沉、悲凄的作品，很对他的趣味。

中国文学中，他喜欢读唐、宋两代流传下来的诗词。在那里，山水花木那样多情，悲哀那样可爱，离愁别绪那样哀婉动人，像李长吉之凄苦，义山之悒忧，温庭筠之浓丽的伤感，都让冯至感动不已。一段时间里，他还读了不少明清的笔记小品，如《浮生六记》《影梅庵忆语》等，这些作品，多为悼亡之作，所写虽是些日常生活琐事，但在平淡中又笼着浓浓的悲剧气氛。他从中看到了一个凄楚的美丽，一种哀哀的被破灭的美。

　　由于所学专业，冯至较早接触到德国浪漫派文学，很快沉醉其中。在谈到 20 年代诗歌创作时，冯至曾讲，是在"唐宋诗词和德国浪漫主义的影响下开始新诗的习作"[①]。德国浪漫派文学，盛行于 18 世纪末和 19 世纪初，是欧洲浪漫主义的先导。由于当时德国现实黑暗，如一潭死水，作家们只好到幻想中寻求寄托，作品多写森林、骑士、中世纪的浪漫故事，格调凄切，有一种病态的伤感。如诺瓦利斯歌颂黑暗和死亡，喜欢写梦中的幻境；歌德的《少年维特之烦恼》，激起了德国感伤主义风尚；蒂克甚至在童话《金发的埃克贝特》中，生造了一个德语单词——Die wald-einsamkeit（林中的寂寞），以抒发其对大自然寂静、渴望和内心孤独的感觉。德国浪漫派特别强调要创造有别于现实世界的另一世界，另一可能。诺瓦利斯就讲："这个世界必须浪漫化，这样，人们才能找到世界的本意。浪漫化不是别的，就是……把普遍的东西赋予更高的意义，使落俗套的东西披上神秘的外衣，使熟知的东西恢复未知的尊严，使有限的东西重归无限，这就是浪漫化。"[②] 这些，自然契合了冯至的心境，以至于沉浸在这些作家的作品中难以自拔。1924 年，他在给朋友的一封信中讲："我一天总要看一两点钟浪漫派的小说，什么尼庵呀，骑士呀，森林呀，我完全沉迷在那里边。"[③]

　　德国的谣曲，他也很喜欢。谣曲将叙事性、抒情性和戏剧性熔为一炉，多在冥冥的威力制约下展开一个悲剧性爱情故事。冯至叙事诗的创作，很大程度上是受歌德、席勒、海涅等人谣曲的影响。从他的《绣帷幔的少尼》中少尼的愁惨，可以想到席勒《托根堡骑士》中修女的孤冷，《寺门之前》那出家人讲述的惊心动魄、令人惊悚的故事，颇似歌德《科林斯的新嫁娘》里那位外乡客人度过的恐怖而又癫狂的一夜。《蚕马》《吹

[①]　冯至：《在联邦德国国际交流中心"文学艺术奖"》，见张恬编《冯至全集》第 5 卷，河北教育出版社 1999 年版，第 196 页。

[②]　[德] 诺瓦利斯：《片段》，《古典文艺理论译丛》第 2 辑。

[③]　冯至：《致杨晦》，冯姚平编《冯至全集》第 12 卷，河北教育出版社 1999 年版，第 37 页。

箫人的故事》中那种不可解脱的神秘气氛，也与德国谣曲不无关系。

1925 年暑假的一天，冯至去看望本家叔叔冯文潜。冯文潜只比冯至大 9 岁，两人一直保持亲密联系。1922 年至 1928 年赴德国留学，学习哲学、文学与历史，1928 年回国后，历任南京中央大学讲师、副教授，南开大学教授等。1925 年暑假他回家省亲，在他的书桌上摆着里尔克、盖欧尔格和荷尔德林等人的诗集。叔叔介绍了这几位诗人的情况，他们都很悲观，文字却很有力，在德语国家已很受一般神经质的青年的爱戴，但在远东还不甚知名。他还读了荷尔德林的小说《徐培利昂》中的《命运之歌》：

> 可是我们命定了
> 没有地方得到安息，
> 苦难的人们
> 消失着，陨落着
> 盲目地从一个时辰
> 到另一个时辰，
> 像是水从巉岩
> 流向下边的巉岩
> 长年地沦入无底。①

尽管诗不容易懂，冯至还是被它沉郁的旋律深深打动。这是一种他无法抗拒的美，是一种全新的审美历险。他开始用不很熟练的德语读荷尔德林，并把《命运之歌》翻译、发表。当然，里尔克、荷尔德林对他的更深的影响，当在 1930 年赴德留学以后了。

在北大开阔的文化胸襟里，在忧郁、伤感的个人感受中，冯至思考

---

① 冯至译：《命运之歌》，韩耀成编《冯至全集》第 9 卷，河北教育出版社 1999 年版，第 62 页。

着，吸收着，渐渐向世界张开了自己的翅翼。春花灿然，落叶纷纷，北大生活是多么充实多彩、让人魂牵梦绕呀。若干年后，他回忆起"彼时彼地"，仍感到有一种回味不尽的"乡愁"①。

第三节　从"浅草"到"沉钟"

组诗《归乡》在《创造季刊》发表后，引起了林如稷、陈翔鹤等浅草社成员的注意，他们邀请冯至加入浅草。

浅草社成立于1922年，社址在上海。发起人林如稷，成员有陈翔鹤、邓均吾、陈炜谟等，共十几人。1923年3月，他们创办了《浅草季刊》，由上海泰东书局印行，在创刊号的"卷首小语"上写道：我们力量太小，但愿做农人，在沙漠和荒土中，精心培植文艺浅草。

加入浅草社的第一个活动，是参加茶会。1923年暑假伊始，在京的浅草社成员，在中央公园（即现在的中山公园）后河沿举行茶会。专程从上海赶来的林如稷，在茶会上谈笑风生，介绍了浅草在上海的情况。会开得并不很成功，但冯至有独到的收获，他在会上结识了陈炜谟，他们虽是北大同级同学，但以前并不熟悉。通过林如稷的介绍，他还开始与当时在复旦大学读书的陈翔鹤通信。

开学后，他由预科转入德文系。在张凤举教授家中，结识了对他一生影响最大、亲如兄长的杨晦（字慧修）。杨晦于1920年北大哲学系毕业，刚由厦门集美中学转到北京孔德学校任教。冯至一见到他，就有一种亲切感和依赖感，两人很快成为挚友。

杨晦是这样一种人：在一般人面前，沉默寡言；遇到憎恶之人，神情枯冷，厌形于色；而在朋友中间，他则像一团火，对他们关怀，事无巨

① 冯至：《但开风气不为师——记我在北大受到的教育》，见冯至著《立斜阳集》，工人出版社1989年版，第231页。

微，细心而周到，很有长兄气度。对于忧郁、敏感的冯至来说，杨晦的友谊至关重要。在很长一段时间里，杨晦是真正的知己，是他心灵的倾诉者和慰藉者。

孔德学校位于北京东华门内北河沿，与北大文学院毗邻。杨晦住在学校，居室的窗子正对着文学院操场。傍晚，冯至常到操场散步，有时将他的窗子敲开，一内一外，两人便靠着窗子交谈。天色将晚而谈兴未尽，便越窗而入，继续谈到很晚。杨晦虽教"国文"，但也大量阅读欧洲的戏剧，冯至最初的一些西方戏剧知识，大多是从杨晦那里得来的。[1] 后来，杨晦到外地任教，他们的友谊并未因此中断，通过通信，两颗心继续互相倾诉。在《冯至全集》收录了冯至1924年1月至1933年12月写给他的信件达100余封，可见联系之密切。从冯至致杨晦的大量信件中，可以看出他对杨是多么倚重和眷念：

> 灯下的慧的相片呀！可怜我只有这么两滴泪珠，怎能表现我心里的难过呢！……读书读倦了，抬头看见慧兄；夜半失眠了，望着慧兄；将来或者更要怀里藏着它，到那些太值得回忆的地方去更真切地念怀慧兄！
>
> ……
>
> 我在寂寞中得到不寂寞了：你最近来的两封信，真使我百读不厌；在我好像是一首很长的叙事诗似的，如同《圣经》内的"哀歌"，《诗》里的"蒹葭"诸章。[2]

> ……夜里又梦见你！
>
> 还是同暑假前一样。我在庙中，你在孔德似的。礼拜六的晚上，

---

[1] 冯至：《立斜阳集》，见张恬编《冯至全集》第4卷，河北教育出版社1999年版，第282页。

[2] 冯至：《致杨晦》，见冯姚平编《冯至全集》第12卷，河北教育出版社1999年版，第32—33页。

> 我若是不到你那儿去，你一定要给我打电话。我因为同清独喝醉了，就睡在他那里。你东找西找总是找不到我，一直到了礼拜日的黄昏，后来，我听见你叫我，我看见你了——却仿佛是在青岛的森林中。①

这种情感，尤其是这种情感的表述方式，今天的青年人大概觉得难以理解。但在20年代的青年尤其是知识青年中，友谊可以胜于一切。冯至当时特别欣赏王尔德《狱中记》中的一段话——我的朋友请客时，不请我，没有什么，但有了悲痛不允许我共享，我就感到是一种苛酷的屈辱。确实，在那黑暗、悲怆的时代里，谁不需要友情的慰藉和支持呢！冯至自小失去母爱，心境寂寞，杨晦的友谊，除使他获得理解与支持外，那兄长般的亲情，更使他感到近似母爱的温暖。冯至甚至已把他当作自己的"第二母亲"②。

与杨晦结识不久，陈翔鹤也放弃了复旦大学的学习，前来与北京的朋友相会。冯至从中牵线，杨晦、冯至、陈翔鹤、陈炜谟成为无话不谈的朋友。

这时，浅草社由于创办人林如稷忙着出国，渐渐失去了最初的活力。第四期《浅草季刊》拖了又拖，直到1925年才印出。以浅草社名义在上海《国民日报》副刊开辟的《文艺旬刊》也停了。浅草社已名存实亡。

冯至在《草浅季刊》《文艺旬刊》上先后发表过小说《蝉与晚祷》、散文《交织》、梦幻剧《河上》、叙事诗《吹箫人的故事》、抒情诗《残年》等。另外，还发表过海涅、歌德等人的译诗。浅草社存在时间不长，但却以独特的心灵表现方式，展现了"五四"狂潮过后青年知识者的忧郁、梦幻和痛苦的心灵搏斗。对冯至来讲，"浅草"是他文学的真正起步，"浅草"对爱与美的追求，对心灵的倚重，对启发他文学的自觉有一定的意义。

维系友情的刊物没了，需要新的替代。《沉钟》周刊在这样的背景下

---

① 冯至：《致杨晦》，见冯姚平编《冯至全集》第12卷，河北教育出版社1999年版，第35—36页。

② 《〈北游及其他〉序》，《华北日报》副刊，1929年5月13日第四版。

开始孕育。陈翔鹤在《关于"沉钟社"的过去现在及将来》一文中，讲了
《沉钟》周刊最初创办的缘由：

> 这是 1925 年的初秋，那时陈炜谟兄刚从南京旅行回来。冯至兄
> 新从故乡重返北京；而我呢，亦刚才在北京附近的西山，渡过了整整
> 一暑假，如像这样极辛苦、极寂寞的生活：清晨到溪涧边去洗脸漱
> 口，并且顺便自己提了一壶溪水回来，作为一天的饮料；每到中午或
> 黄昏时，又到一个农家里，同苍蝇一起吃饭。至于杨晦兄，他那时
> 似乎为一种奇异的幻想所驱使着，——或者也可以说是在想磨炼自
> 己——他以为应当将英文学得如一个真正英国人一般的好，所以他
> 竟不惜每天跑到一个英国人家中去补习英文，而且将所有的工夫都
> 消磨到作课本的练习上去。但是，朋友们到最终来，还是于离群索
> 居后，悲喜交集的，聚在一块了。自然，据炜谟兄说，他是因为很
> 想念东安市场的五分钱一块的冰激凝，才提前地跑回北京来的。不
> 过，他究竟因为些什么，这除他自己而外，又有谁能知道呢？因为
> 那时我们都不大肯明白地说出谁想念谁的，以为这是"浅薄"。但总
> 而言之，大家都是莫名其妙地互相想念着，吸引着，愿意彼此早早
> 地聚在一块来……既然重新地聚在了一起，又正当彼此的心情，都
> 曾经因为生活的变迁，而起过一番波动之后，由于大家想要联合在
> 一起，好作出较生活更为有意义一点的工作的共同需求，所以，"沉
> 钟周刊"的产生，也就于这时决定。①

办刊的事情就定下了，起个怎样的名称呢？

一天傍晚，他们四人坐在首次开放的北海公园的水边，讨论着办刊
计划、刊物的名称。想了半日，名称仍没结果。暮色渐渐苍茫，高高的参
天古木上，吹透下一阵凄清、萧瑟之气。突然，天际有一颗巨大的流星滑

---

① 陈翔鹤：《陈翔鹤选集》，四川人民出版社 1980 年版，第 420—421 页。

过，随后从远处传来几响钟声。冯至一下想起刚读过的德国戏剧家霍普特曼写的童话象征剧《沉钟》，便说：叫作"沉钟"如何？大家想不出更好的名称，就接受了这个建议。

童话剧《沉钟》写的是一个艺术家的悲剧。钟师亨利想铸造一座悬挂在高处、能把周围沉睡的山峦都唤起回声的钟，用了很大气力，钟终于铸成了。但在运往山上教堂的途中，钟被狡猾的山妖推入湖底。亨利在绝望中离开了妻子，来到山上，与象征艺术的林中仙女罗登德兰相爱。他恢复勇气，决心重铸一座钟。但他十分想念山下的妻子，便下山探视，却遭到世俗的嘲弄。当他再回到山上，发现罗登德兰由于喝了魔浆被水怪扣在井里，亨利也在喝了魔浆后死去。他虽然死了，但仍没忘记钟，决心死后也得在水底用自己的脚敲出洪大的钟声。

沉钟社的宗旨即蕴于此。《沉钟》意在宣称：从事文艺工作，必须有献身精神，忘却家庭与世俗的生活，努力将沉入湖底的钟敲响。

1925 年 10 月 10 日，《沉钟》周刊第 1 期面世，刊头用英国作家吉辛的一句话作题词：

> 而且我要你们一齐都证实……
> 我要工作啊，一直到我死之一日。①

刊物用 16 开本，每期 8 页，系自费印行，托北新书局代售。由于当时北新书局刚创办，人手不足，使《沉钟》周刊印出后长期被搁在书局里。于是出第 4 期时，便收回，由沉钟社自办发行。刊物的印刷费用主要从杨晦的教学工资中支付，冯至和陈翔鹤负责校对，陈炜谟负责翻译些稿件。那种工作时的辛苦、牢骚、乐趣，叫人难以忘怀。

通常是，冯至和陈翔鹤忙着校对，清数张页，或抄写寄邮地址，陈

---

① 冯至：《立斜阳集》，见张恬编《冯至全集》第 4 卷，河北教育出版社 1999 年版，第338 页。

炜谟在屋内的藤椅上颓坐着，吐着浓浓的烟雾，不时发着牢骚："你们老是封它做什么，寄出去也没人看，实在太无聊了。君培，我看你还是去买点什么东西来吃吃。"陈炜谟说归说，真干起活来，却敏捷而纯熟，冯、陈时常出题逼他当面翻译交卷。只要让他高兴一点，哄小孩般赞他几句，或者让他坐舒服的藤椅，他就会干得忘记早晚。他热情而忧郁，多才多艺，叫人一见就能留下深刻印象。若是杨晦从外地赶了回来，便更热闹了。他们逼他掏钱逛公园，到东安市场吃茶点。杨晦也会不客气地教训这个帽子戴得不正，劝告那个不要太贪睡。大家也会为了刊物的约稿或设计发生争吵，但吵后谁也不在意。这份刊物，凝结着他们共同的信念：人生并无什么真确的目的，活着有数不尽的苦闷而且无聊。唯有工作，既可以拯救目前，而且使将来有光明的时日。

大家付出了最大的努力，但刊物还是难以维持，到第 10 期，只得暂停。在这一期上，杨晦撰写了《无题》，作为刊物的代启示："有人说：我们的社会是一片沙漠。——如果当真是一片沙漠，这虽然荒漠一点也还静肃，虽然寂寞一点也还会使你感觉苍茫。何至于像这样的混沌，这样的阴沉，而且这样的离奇变幻！"

半年后，1926 年 8 月，改刊的《沉钟》半月刊又由北新书局代印出版。次年 1 月，由于北新书局总店移沪经营，致使《沉钟》半月刊到 12 期后，不得已中断出版。5 年后，杨晦等由于得到了出国归来的林如稷协助，于 1932 年 10 月又出版了《沉钟》半月刊第 13 期（复刊号），复刊后的《沉钟》，于 1934 年出到第 34 期后最终停止。

1930 年，冯至去德留学。所以，复刊后的《沉钟》半月刊，他未参与，只是不时从德国寄点稿子回来发表。冯至 30 年代前写的稿件，除少部分发表在《浅草季刊》《新中华报》副刊和《华北日报》副刊[①] 外，大部分发表在《沉钟》周刊和《沉钟》半月刊上，这些作品包括小说《仲尼

---

① 1927 年秋，《沉钟》半月刊中断出版后，杨晦在 1928 年至 1929 年间，先后编辑过《新中华报》副刊和《华北日报》副刊，此时，沉钟社成员的作品大多发表在这两个刊物上。

之将丧》（1925）、散文《秋暮》（1925）、《记克莱恩特的死》（1925）、《乌鸦——寄给 M 弟》（1926）、梦幻剧《河上》（1925）、《鲛人》（1926）、诗《吹箫人的故事》（1923）、《绣帷幔的少尼》（1924）、《别友》（1925）、《在郊原》（1925）等。另外，还翻译发表过荷尔德林的诗《Hyperion 的运命歌》、歌德的《掘宝者》、莱瑙的《芦苇之歌》等。

除办刊物外，沉钟社还出版过沉钟丛书 7 本，其中有杨晦译的《悲多汶传》、陈炜谟的小说集《炉边》、陈翔鹤的小说集《不安宁的灵魂》以及冯至的诗集《昨日之歌》（1927）和《北游及其他》（1929）等。

在《沉钟》周刊、《沉钟》半月刊的创办过程中，甚至早在《浅草》时期，鲁迅先生一直给予肯定和支持。1926 年，他在文章《一觉》中写道：

> 我忽然记起一件事：两三年前，我在北京大学的教员预备室里，看见进来了一个并不熟识的青年，默默地给我一包书，便出去了，打开看时，是一本《浅草》。就在这默默中，使我懂得了许多话。啊，这赠品是多么丰饶呵！可惜那《浅草》不再出版了，似乎只成了《沉钟》的前身。那《沉钟》就在这风沙澒洞中，深深地在人海的底里寂寞地鸣动。
>
> ……
>
> 是的，青年的魂灵屹立在我眼前，他们已经粗暴了，或者将要粗暴了，然而我爱这些流血和隐痛的魂灵，因为他使我觉得是在人间，是在人间活着。①

冯至和陈翔鹤等，曾多次拜访过鲁迅。鲁迅总是关心地问及刊物的情况，还敦请陶庆元先生为《沉钟》半月刊设计了封面。李霁野在《忆在北京时的鲁迅先生》一文中说："沉钟社的杨晦、冯至、陈翔鹤、陈炜谟，

---

① 鲁迅：《一觉》，见《鲁迅全集》第 9 卷，人民文学出版社 1981 年版，第 224 页。

他都经常提到，很喜欢他们对于文学的切实认真的态度，不过他也觉得他们被悒郁沉闷的气氛所笼罩。"①

1935 年，鲁迅为上海良友图书公司编选了《中国新文学大系·小说二集》，里面选了《浅草季刊》和《沉钟》上的一些小说，并在序言里给沉钟社以高度的评价：

> 但在事实上，沉钟社却确实是中国最坚韧，最诚实，挣扎得最久的团体。它好像真如吉辛的话，工作到死亡之一日；如"沉钟"的铸造者，死也得在水底里用自己的脚敲出洪大的钟声。然而他们并不能做到；他们是活着的，时移世易，百事俱非；他们是要歌唱的，而听者却有的睡眠，有的枯死，有的流散，眼前只剩下一片白茫茫白地，于是也只好在风尘澒洞中，悲哀孤寂地放下了他们的箜篌了。②

沉钟社产生于"五四"低潮。这时候，青春"女神"式热烈的破坏、歌颂，业已止息。知识者陷入新的苦闷、彷徨，"五四"时高唱的"学术觉醒""政治觉醒""伦理觉醒"显示出其软弱无力。在这种情况下，沉钟社的作家们，以其敏感之心感受到了时代的苦闷，感受到了现实对个性的压迫。他们以文学的方式，显示了对"人的觉醒"与"文的自觉"的新的更内在的呼唤。

在内容上，他们的作品都有一种强烈的孤独感。对他们来说，觉醒就是痛苦，追求就是幻灭，这种意识已渗透到其心理空间，形成一种现代型的悲剧意识，像陈炜谟的小说，冯至的诗，已超越了一般意义的人生苦闷和烦恼，在更深的层次上，揭示了人的觉醒过程和醒来的痛苦。

在形式上，沉钟社作家们更注意内向化和主观心灵色彩。他们善于

---

① 李霁野：《忆在北京时的鲁迅先生》，《文艺报》1956 年第 13 期。
② 鲁迅编：《中国新文学大系，小说二集·序言》，第 6 页。

用浓烈的个人感受去组织、叙述故事，去表达情感。如陈翔鹤作品中反复出现的"沙漠""逃遁""不安宁的灵魂"等意象，如冯至始终难以摆脱的彻底的悲剧型抒情基调，显示了他们对时代的独到体验，以及用一种新的方式去表叙这种体验的努力。

可以说，沉钟社从更内在的角度，揭示了中国知识者现代意识觉醒的痛苦、曲折的心灵历程。对于冯至来讲，他既以自己的创作充实和推动了沉钟社的美学原则，同时也在这团体的影响下，形成了自己的创作风格，他是群体中的个别。

第四节　地狱之行

6年的大学生活就要结束了。1927年六七月间，冯至面临着人生重要的选择，何去何从呢？仍在青岛教书的顾随希望他到青岛去，也有早先毕业的陕西同学约他到那里去。在犹豫不决中，冯至给正在广州中山大学任教的鲁迅先生去了信，表示了希望去广州的意愿。

回信很快到了，鲁迅希望他慎重考虑，广州和北京没有什么两样。他周围仍是让人深恶痛绝的"正人君子"，他自己也打算尽快离开。孔德学校的负责人有意聘请冯至，他征求杨晦意见，杨晦来信讲："这是个好学校，但对你没有好处。你需要认识社会，在那里你认识不了社会，你应该到艰苦、甚至黑暗的地方去，好好地锻炼锻炼。"经过反复考虑，他听从杨晦的建议，决定到哈尔滨第一中学教书。

离开生活了近10年的北京，离开朝夕相处的朋友，自然依依难舍。杨晦、顾随、陈翔鹤、陈炜谟等，前来车站送行。杨晦——对冯至一直倍加关照的长兄，想到这位小老弟就要一人北上，既欣慰又放心不下。他认真地替冯至办好了行李票，在火车上找到了合适的座位，又有意无意地将一本罗塞提（Rossetti）画集放在手提箱中。

火车慢慢启动，冯至的失落惆怅之感涌上心头。旅途漫漫，不知前面等待他的是什么。他不由自主地打开日记，写下了当时的感受：

> 我想，不论我的运命的星宿是怎样暗淡无光，但它究竟是温带的天空里的一颗啊；不论我的道路是怎样寂寞，在这样的路上总是常有一些斜风细雨来愉悦我的心情的。从家庭到小学校去，是母亲用了半夜的工夫为我配置好了笔墨同杂记本，第二天夹在腋下走去的；从故乡到北京的中学校去，又是我那勇于决断的继母独排众议把我送去的；入大学的那年，继母也死去了，是父亲给我预备了一切，把我送上火车……这次呢，我要到人生的海里去游泳了——"挂帆沧海，风波茫茫，或沦无底，或达仙乡"——送我的是谁呢？我应该仔细想想，这中间有怎样重大的意义呀！……①

这样写着，他与朋友们一程比一程远了，一程比一程荒凉了。北京启程时，他还穿着夏布长衫，进入黑龙江区域，凄风冷雨袭来，便不得不从行箧里取出夹袍穿上。这人世间的冷暖季候差别多大呀，他一阵伤感，两行清泪不觉落在新穿的夹袍上。

虽是中国的领土，哈尔滨却充满了异乡的情调。冯至觉得像是进入北欧文学中常读到的庞大灰色的都市。在哈尔滨第一中学一幢公寓楼里，他安置下自己的行囊，独立窗前望去，但见秋雨绵绵，天空阴晦，远处传来瘦马的悲鸣和汽车的吼叫。从温暖的区域转入这荒凉的所在，他感到自己像一个无知的孩童，被戏弄在一个巨人的手中，不知怎样求生，如何寻死。

初步安顿下来后，才发现，哈尔滨比初次的印象还糟。它不东不西，犹太人的银行，希腊的酒馆，白俄的妓院，与中国大腹便便的市侩，珠光宝气仍缠着小脚的姨太太，耀武扬威的政客，混杂在一起。大街上，充弥

---

① 冯至：《北游及其他·序》，见刘福春编《冯至全集》第 1 卷，河北教育出版社 1999 年版，第 122—123 页。

着打麻雀牌的呼叫和咖啡馆的淫曲。天空总是欲雨不雨，阴气沉沉，似乎跟想象中的地狱没什么区别。一次，冯至被邀参加一家的宴会，宴会上乌烟瘴气，男的大声喧哗，女的尖声嬉笑，不是谈如何发财，就是讨论怎样讨女人欢心。一个赭色面庞的家伙还冲他叫："你从北京来，请给大家唱一曲慷慨淋漓的京腔！"卑俗难忍，冯至只得不辞而别，在冰冷的月光下，深深地呼吸，吐出那抑人的污浊。

学校的教书，更不顺心。同事间钩心斗角，沉闷而污浊。一个训育员，也是北大毕业，表面上对冯至十分客气，拿他做招牌，背后则说三道四，圆滑卑劣。薪水老是发不下，找校长，总是明天推后天。冯至真想一走了之。

寂寞，难捱的寂寞。走在哈尔滨冰冷的街道，就像穿行在地狱之中。在寂寞中，唯一的盼望就是北京朋友们的来信。最早接到的是杨晦的信——"人生是多艰的。你现在可以说是开始了这荆棘长途的行旅了。前途真是不但黑暗而且寒冷。要坚韧而大胆地走下去吧！一样样的事实随在都是你的试炼、证明。……此后，能于人事的艰苦中多领略一点滋味，于生活的寂寞处多做点工，那是比什么都要紧、都真实的。"① 这些话，给寂寞中的冯至以温暖和抚慰。

聊以打发寂寞的，是几本歌德、叔本华等人的书。来哈尔滨不久，他在一个俄国人办的小书铺里，买到了一部版很好的、皮装的《歌德全集》，还买到了俄国作家陀思妥耶夫斯基的一些相片。陀氏阴冷、痛苦、充满内在灵魂搏斗的品格，很适合此时冯至的心境。他将相片放在桌前，经常看着它陷入沉思。

在书也看不下去的时候，冯至就约个别朋友到小酒馆里喝酒，谈论京津的友人。有时在月夜里雇一只小船划到松花江心，向空茫的四周发泄自己的郁愤。甚至在冰最厚、雪最大的冬日夜晚，独立在寒风刺骨的街心，反省自己是否沉沦。

---

① 《沉钟社通信选》，《新文学史料》季刊第 36、37 期，1987 年 8 月 22 日，11 月 22 日。

哈尔滨的经历，让冯至收获了独特的心路历程，过去、现在、未来，涿州、北京、哈尔滨，家庭、朋友与路人，爱情、亲情与背叛，高尚与卑微，生与死，全都交织在一起。在这样的景况下，一度沉寂的诗心又被唤醒了。他利用 1928 年新年放假的三天时间，一行行一段段地写出了新的抒情长诗——《北游》。诗表达了半年来亲历现实的感受，里面贯注了他对生活新的思考和探寻。诗刚写成，正好收到了未名社寄来的鲁迅翻译的《小约翰》，像是在混沌黑暗中看到了星辰，他不禁把其中的最后一句"他逆着凛冽的夜风，上了走向那大而黑暗的都市，即人性和他们的悲痛之所在的艰难的路"作为新作的题词。

1928 年春节，冯至回到北京。分别半年后，杨晦、冯至、陈翔鹤等又聚在一起了。在杨晦的寓所里，他们几个，加上当时居留在北京的冯雪峰，在一起兴奋地谈着诗。冯雪峰善于朗诵，他读了不久前发表在《莽原》上的诗作，十分感人。冯至也读了自己的新作《北游》中的一些段落，大家都觉得《北游》与以前不一样了，有新的气象。寒假过后，冯至仍返哈尔滨。不过，这次有陈炜谟随往任教。

总算有了可以交流的朋友，但陈炜谟到哈尔滨不久就病倒了，面庞一天天消瘦下来，多方诊治，也不见好转。这使冯至的景况更恶化了。两个孤苦的灵魂，在四周环境的压力下，愈感到了生之无聊与烦闷，从冯至致杨晦的信中，可以见到他们的情绪糟到了极点：

　　这里的气候非常不适于炜谟的健康，我望着他阴沉的面貌一天天地消瘦，我真是饱含了眼泪地替他难过！我几次想握住他的手说：我们俩到大连去，去投到海的怀里去吧！同时我脑里便幻想出一幅大连海湾的景象：码头上来往着行人，我们沿海走上一个没有一人的岩石上，正当夕阳西下的时候，同它一起沉下去……

　　昨天洗了两张像，仿佛是预备"后事"一般，打算在人间留一遗像，用着惨淡的心情在那上边题了荷尔德林的诗句："没有人能够从我的额上取去悲哀的梦吗?"①

这时候,冯至最想念的是北京。那里有他熟悉的校园,熟悉的街衢,有他思念的女子和知心的朋友,有他不能磨灭的心痕脚迹。它的亲切、熨帖,多么令人神往。

地狱之行总算熬到了头,1928 年暑假,在经历了一年的屈辱、磨炼后,冯至终于回到他日思夜想的北京。他受聘到孔德学校任教,同时兼任北大德文系助教。

第五节　回到北京

回到北平,才发现,这里也并非天堂。

旧日的好友分散而去,陈炜谟回家乡长期养病,很有一番从此将一蹶不起的光景。陈翔鹤去外地教书。杨晦仍在,但忙于编《新中华报》副刊和《华北日报》副刊,频繁往来的热烈已成记忆。而现实呢,仍然灰暗、迷蒙,叫人不舒心。恶劣环境中臆想和美化了的"北京"的幻影渐渐消失,平淡无聊又开始吸噬他寂寞的心。

看到旧日的湖水,旧日的街衢,旧日的天气,旧日的爱情又发芽了。尽管他知道这种发芽不会有什么结果,但还是十分想重新见到 E 君,那位曾给予他渴望和温馨的她。

如 E 仍在北京,大街上自然有相遇的可能。遇到她怎么办,且不去想,偌大的城市,怎么会那么凑巧呢? 希望淡如秋云,但仍是常去漫步,这多少也是一种破除寂寞与空虚的方式。

去 E 学校的接待室里,访看别的朋友,机会自然多了。坐在旧日甜

---

① 冯至:《致杨晦》,见冯姚平编《冯至全集》第 12 卷,河北教育出版社 1999 年版,第 91—93 页。

美坐过的凳上，梳理着过去的话语，想象着 E 随时从人流中出现，那会是什么滋味呢？

他有时想象着，最适宜的相逢地是水边高高的大树下，微风轻吹，树叶儿片片落在身上，E 终于现身于落叶缤纷当中……

黄昏降临了，寂静统治着所有的街市、工厂和田园，所有生命的声音陷入沉寂。躺在房中的藤椅上，将灯捻到模模糊糊的光景，思想便慢慢转了起来，童年的孤寂，中学时代的爱情，世事的变迁，重现在脑海。回顾走过的路程，检讨如今变得患得患失的自己：落雨了，担心靠窗挂着的帽子要被淋坏；为买一个玻璃书柜花几个晚上去算计；这句说出怕伤朋友的心，那段故事又怕不中小姐的意……诸如此类的庸人习气，哪还有自己呢？倒是黄昏的时候，被埋没了的自己才隐隐约约地现了出来。

在回忆和检讨中，冯至渐渐从苦闷、孤寂的境界中挣脱出来，他有意反观自己历程，对过往的一切做一个小结：

> 我将要好好地由我的过去推测我的未来，努力把一切的纷扰抛开，既不要求，也无所施与，珍重地燃起一支蜡烛，沏好一壶清茶，展开一本好书，认清一点自己，度过了黄昏。度过这不太黑暗，也不太光明，同烛光，茶色，书香都和谐在一起了的黄昏。①

通过自我反观和艰涩的蜕变，冯至心理渐渐平衡起来。终于又想干点什么了。恰好这时，废名约他一起办个周刊，于是便愉快地答应了。

废名，即冯文炳。1929 年毕业于北大中文系，是周作人最得意的学生。曾搬进周作人的寓所八道湾，与周朝夕共处。已出版《竹林的故事》《桃园》等集子，风格朴纳，平淡中有意味。冯至重回北平后，旧友散去，便与废名交往渐多，一定程度上受废名及所属文人圈子风气的感染，他很欣赏废名身上的那种唯美主义气息，觉得他仿佛正住在乱石堆积，前代遗

---

① 冯至：《黄昏》，见张恬编《冯至全集》第 3 卷，河北教育出版社 1999 年版，第 332 页。

留的壁垒的残墟中间，独自一人纺织着"那梦中的花毡"。①

废名提议办的周刊，叫《骆驼草》。其含义是说，骆驼在沙漠中行走，任重而道远，有些人的工作也像骆驼那样辛苦，尽管力量微薄，不能当骆驼，只能充当沙漠地区生长的骆驼草。

《骆驼草》虽是废名提议办的，但其背景更为久远。它实则是《语丝》的一种继续，周作人在其中起了重要的影响。早在 1924 年，周作人和张凤举等，就想筹办一份纯文艺杂志，取名《骆驼》，因各种原因，到 1926 年 6 月才出了一期。刘半农曾写过一篇《骆驼颂》，登在《语丝》118 期上，其中有这样两句：

> 祝颂你永远慢拖慢拖地向前来
> 背上永远担负很重的担子。

周作人及其追随者们以"骆驼"自居，实则是在提倡一种"雍容""坚忍"的文化精神，以抵抗当时文坛上开始泛起的浮躁之气。

对"骆驼草"之意旨，冯至当时是比较欣赏的。他和废名积极投入刊物的筹划组织工作，一段时间后——1930 年 5 月，小型文艺周刊《骆驼草》出刊了，头一天就在北大卖出了 100 多份，较受欢迎。这重新激发了冯至的热情，想恢复当年创办《沉钟》时的精神，办好这刊物。在致杨晦信中，他吐露了自己的想法："我和废名都兴高采烈地弄这件事，我请废名当吉色德先生，我愿意当他的 Sancho Pansa②。我们的周刊如果能演出《吉色德先生》那样的两大本，那真使我们心满意足了。人数不多，除我们外，有周（周作人）、徐（徐祖正）二位先生。编辑由废名，事务由我。希望你们寄点文章，也寄点钱来。我很高兴，为想恢复当年办《沉钟》时的精神起见，我想到市场上去买一顶学生便帽了。这刊物如果能办

---

① 冯至：《西郊遇雨记——寄给废名》，见张恬编《冯至全集》第 3 卷，河北教育出版社 1999 年版，第 333 页。

② 吉色德，又译吉诃德，Sancho Pansa 是他的侍从。

得有声有色，我德国都不想去了。"①

　　然而，《骆驼草》创办不久，就受到了一些作家包括鲁迅的指责，加上沉钟社同人也不以为然，冯至最后还是打消了办刊到底的念头，中间退出，于9月份离北平赴德国留学。后来，冯至谈到《骆驼草》时，颇多否定之辞。其实，冯至当时加入《骆驼草》，并非偶然。他由浪漫的青春幻梦，一下跌入现实的荒原，在稍作沉积、回味后，很容易转入内心，重新寻求一种能够帮他承担自己、超越现状的力量，"骆驼草"倡导的雍容、坚忍的品格，自然契合他此时的需求。从某种意义上讲，《骆驼草》是冯至性格由敏感、怯懦转向静默、坚忍的一个不可忽视的中介。

　　算上废名独立编辑的，《骆驼草》共出了20多期，很快停刊了。刊物上发表过不少有影响的作品，像周作人、俞平伯、梁遇春等人的散文，废名的小说等。它体现了京派高层文化界的一些品味和追求。但脱离现实，确实是它重要的缺陷，这也是刊物最终没有产生更大影响的原因。值得一提的是，通过办刊物，冯至还结识了一些新朋友，其中最难忘的是当时在北大任助教的梁遇春。

　　梁遇春比冯至晚一年进北大预科，后来读英文系。大学时，冯至就常见他，当时梁年轻聪颖，走路时头部向前稍探，有独特的风姿。1927年后，他在《语丝》《奔流》等刊物上发表过一些漫话絮语式散文，风格美丽凄冷，有独特见解。冯至与梁遇春真正相识，是在编《骆驼草》之后。梁常来送稿子，渐渐熟识起来。有一次，梁送来三篇关于爱情的稿子——《她走了》《苦笑》《坟》，写得哀婉而美丽，其中有的话——如"我觉得这一座坟是很美的，因为天下美的东西都是使人们看着心酸的"，引起冯至的惊讶，许久排遣不掉这凄冷的意象。

　　他们性情相近，都内向、敏感，热烈且怯懦，都不喜欢四平八稳。冯至曾向梁遇春谈起张岱《陶庵梦忆》中的一句话"人无癖不可与交，以其无深情也；人无疵不可与交，以其无真气也"，梁很赞同，也讲了这样

---

① 《沉钟社通信选》，《新文学史料》季刊第36、37期，1987年8月22日，11月22日。

一个故事——宋朝有个宰相，一生官运，既无其他爱好，也无深情，告老还乡后，倒说了一句真心话："一辈子逢人就做笑脸，只笑得满脸都是皱纹。"他们不单性格、见解相投，连喜好也相近，都认同这样一句话——"六朝文章晚唐诗"，常一起沉浸在六朝文章的超凡脱俗和晚唐诗的凄婉美丽中。

梁遇春的家，在北池子附近，是租赁的房子。一次，冯至前去拜访，梁的妻子已出满月。依南方习俗，她煮了美味的汤圆招待他，梁还抱来新生的女儿给冯至看，说："在这'曾是年华磨灭地'，听着婴儿的啼声，心里有一种难以形容的又苦又甜的滋味。"

两人的交往，时间并不长，但由于建立在性情相近的基础上，彼此在内心已打上了深深的烙印。

1932年夏，冯至在德国读到了里尔克的《杜伊诺哀歌》和《致奥尔弗斯十四行诗》，感到其中有不少与梁遇春相似的思想，便想写信与他讨论。不料，在国内邮来的报纸上，看到了梁遇春去世的消息。冯至在惊愕之中感到摘心似的痛苦，为了排遣哀思，他到德国东部的吕根岛上做了一个星期的旅行，一路上，难摆脱逝者的影子。冯至对梁遇春的怀念，一直潜藏在他心底，以至40年代初，他在昆明遇见梁遇春的叔叔，看到他随身带的梁的女儿的照片，仍"端详许久，舍不得放下"，"那样神不守舍"。①

他后来还写诗，纪念这位早逝的朋友：

> 我如今感到，死和老年人
> 并没有什么密切的关联；
> 在冬天我们不必区分
> 昼夜，昼夜都是一样疏淡。
> 反而是那些乌发朱唇

---

① 冯至：《谈梁遇春》，《立斜阳集》，工人出版社1989年版，第50页。

　　常常潜伏着死的预感；

　　你像是一个灿烂的春

　　沉在夜里，宁静而黑暗……①

　　总之，从 1928 年到 1930 年，冯至的性格和创作都处在一种矛盾和转变中。浪漫的抒情渐渐退逝，诗也写得生涩且越来越少。旧的东西已感厌倦，新的风格尚未形成。在经过了情感的抒发和现实的亲历后，他开始了新的选择，越来越回到内心——柔弱的性情寻求着坚忍的支撑，狭窄的心灵呼唤着大的宇宙。

---

① 　冯至：《给亡友梁迂春》，见《冯至诗选》，四川人民出版社 1980 年版，第 128 页。

第三章　心灵履痕

第一节　浪漫者的悲剧

冯至 20 年代的诗歌创作，主要体现在《昨日之歌》和《北游及其他》两部诗集里。

《昨日之歌》是冯至第一部诗集，出版于 1927 年 4 月，它是作为"沉钟丛刊"之一在北新书局出版的。在书里，他在扉页上引用了德国诗人 Richard Dehmel（1863—1920）的诗句作为题词：

个人的痛苦和别人的怨诉，将来都成为美好的传说。

可以将这两句诗作为《昨日之歌》的底色和基调。

全书收录了冯至 1921 年到 1926 年的诗作 52 首，包括 6 首叙事诗和梦幻剧。

冯至 20 年代的诗歌创作，以 1927 年为界，分前后两个时期。前一时期的内容多表现幻与美的悲剧、爱的渴望与渴望未得的忧郁、青春式忧时伤世的苦闷等，主要体现在《昨日之歌》中。1927 年之后，诗的风格有了变化，视野更开阔，除了抒情，多了许多对现实的思考和理性的内容，主要体现在《北游及其他》中。

幻与美的悲剧在早期 6 部叙事诗和梦幻剧中得到集中展示，包括叙事诗《吹箫人的故事》（1923）、《绣帷幔的少尼》（1924）、《蚕马》（1925）、《寺门之前》（1926），梦幻曲剧《河上》（1925）、《鲛人》（1926）。它们呈现的，是一个非现实世界，多在迷离空幻中展开一个虚构的爱情故事，在幻美、凄凉的悲剧气氛中，展示作者心灵的探寻和对人生悖论的理解。

《吹箫人的故事》，写得叫人伤痛欲绝。在不确切的年代，一位吹箫人独自登上山腰，"身穿着一件布衣，还带着一支洞箫"。春去秋来，年复一年，他都不曾留意，一心在隐居的洞中，"把苍芳的冷调轻弹"。一个夜晚，他仿佛听到了一位姑娘的箫声，"把他的心扉轻叩"，于是着魔似的奔向喧杂的人间，去寻找吹箫的女郎。不顾山长水远，跋涉辛苦，终于在松下池边窥见一位窈窕少女在吹箫，诉说衷曲。他不由自主地也吹起来：

> 月光把他俩的箫声
> 溶在无边的夜色之中；
> 深闺与深山的情意
> 乱纷纷织在一起。①

然而，好事多磨。姑娘病重，他将洞箫劈作两半，煮成汤药，治好了她的病。这种牺牲感动了姑娘的父亲，同意两人成婚。但失去自己的洞箫，吹箫人抑郁难欢，积忧成疾，姑娘又用自己的箫拯救了他的生命。爱得到了，心灵的另一宝贵东西——艺术，却失去了，于是：

> 剩给他们的是空虚，
> 还有他空虚的惆怅——
> 缕缕的箫的余音

---

① 冯至：《昨日之歌》，见刘福春编《冯至全集》第 1 卷，河北教育出版社 1999 年版，第 92 页。

引他们向着深山逃亡。①

萧和爱不能两全，吹箫人必须失去如同自己生命一般的洞箫，才会换得如生命般的爱，在两难选择中，人生难以圆满。

这种缺憾，不是性格的，而是命运式的，似乎冥冥中有什么东西支配着他们。《绣帷幔的少尼》，写一位17岁的姑娘，由于偶尔听到别人的议论，将来同她结婚的那个人"是一个又丑陋、又愚蠢的男子"，因而，对爱情的憧憬破灭了。为不致掉入痛苦的深渊，她离家出走，情愿削发为尼，埋葬这本该属于爱的青春。后来，她听说自己的未婚夫是一个多情少年，因为自己不嫁，竟决定终身不婚。于是，她为自己这不可挽回的过失绣了长长的帷幔。幸福失之交臂，一次误信人言，便断送终生的幸福。少尼残酷的命运，使人觉得仿佛有一只无形的手在操纵这一切。

表面看，冯至的叙事诗和梦幻剧，写的是爱情悲剧，但深层理解，又不仅仅是表现爱情，而有一种更普泛化的东西。可以说是作者认知人生的符号。由于童年的不幸，和由此形成的内向自卑的性格，他怯于掺入外界现实，只是缩进自我精神世界中，做各种幻梦。在他眼中，外部世界，必然是被夸大了的，成为他幻想、理想实现的异己力量和对抗物，使他必然悲剧式地理解人生，认为人生矛盾重重。一方面感到人生应该有追求、有理想，同时又觉得人生是虚幻的，永难如愿以偿。梦幻剧《河上》，实际上写的是一个理想主义者的精神漫游。在寂静凄清的河边，一幕悲剧正在发生。狂夫从小时起，就向往母亲童话中"海棠花一般妖媚，玫瑰花一般忧郁"的女郎。剧本开始时，他已经忘情地追逐了好久，美丽迷人的少女，时而在彼岸，时而在水中，闪烁不定。狂夫追逐着这若有若无的幻影。爱丈夫的妻子因担心而劝阻，狂夫在幻觉中听见少女歌声的召唤，狂喜地荡舟而去，终于触礁而死。美丽的少女，实际上只是一种幻象，是一

---

① 此段在后来出版的《冯至诗选》和《冯至选集》中改为："我不能继续歌唱，/他们的生活后来怎样。/但愿他们得到一对新箫，/把歌声唱得更为嘹亮。"这种改动已失去原先意境的完整性。

种可望而不可即的东西，狂夫的追求在一开始就注定了要破灭。梦幻剧《鲛人》将这种人生的矛盾与缺憾表现得更残酷。海女三爱上了远方而来的鲛人，被他无爱的哭泣和冰凉的唇打动。两人一见倾心。鲛人由于得到爱情，不再哭泣，嘴唇也不再冰凉，由于失去这些，海女亦不再爱他。鲛人因无爱而哭泣，得到了爱，因爱而停止哭泣，却又失去了爱。海女追求绝对、圆满，这追求本身就是不可能的、悲剧的。这是人生残酷的悖谬。

《蚕马》取材于《搜神记》，是一个神话故事：

> 旧说，太古之时，有大人远征，家无余人，唯有一女，牡马一匹，女亲养之。穷居幽处，思念其父，乃戏马曰："尔能为我迎得父还，吾将嫁汝。"马既承此言，乃绝缰而去，径至父所。父见马惊喜，因取而乘之。马望所自来，悲鸣不已。父曰："此马无事如此，我家得无有故乎？"亟乘以归。为畜生有非常之情，故厚加刍养。马不肯食，每见女出入，辄喜怒奋击，如此非一。父怪之，密以问女，女具以告父，必为是故。父曰："勿言，恐辱家门，且莫出入。"于是伏弩射杀之，暴皮于庭。父行，女与邻女于皮所戏，以足蹙之曰："汝是畜生，而欲取人为妇耶？招此屠剥，如何自苦？"言未及竟，马皮蹶然而起，卷女以行。邻女忙怕，不敢救之，走告其父。父还求索，已出失之。后经数日，得于大树枝间，女及马皮，尽化为蚕，而绩于树上，其茧纶理厚大，异于常蚕。邻妇取而养之，其收数倍。因名其树曰桑。桑者，丧也。由斯百姓竞种之，今世所养是也。言蚕桑者，是古蚕之余类也。案天官辰为马星。《蚕书》曰：月当大火，则浴其种，是蚕与马同气也。《周礼》校人职掌"禁原蚕者"，注云："物莫能两大，禁原蚕者，为其伤马也。"汉礼，皇后亲采桑，祀蚕神，曰："菀窳妇人，寓氏公主。"公主者，女之尊称也；菀窳妇人，先蚕者也。故今世或谓蚕为女儿者，是古之遗言也。①

---

①　（晋）干宝：《搜神记》，汪绍楹校注，中华书局1979年版。

　　冯至将故事诗化，通过一个青年在他热恋的姑娘窗前歌唱，来叙述这个美丽的传说，那匹帮姑娘救出被掳掠父亲的骏马，因其父未履行诺言将女儿嫁它，竟然"用马皮裹住了她的身体"：

> 一瞬间是个青年的幻影，
> 一瞬间是那骏马的狂奔；
> 在大地将要崩溃的一瞬，
> 马皮紧紧裹住了她的全身！①

　　诗中的蚕马已经成了诸多陷入苦恋中的青少年的化身，现实中无法满足的心愿终于以另一种方式实现。

　　这类作品，表现了冯至作为一个理想主义者对人生的悲剧性感受和思索；在这里，主人公面临的每一次美妙的召唤，都是一种可怕的诱惑；每一个向往，都是一种命定的绝望。从某种意义上讲，冯至的叙事诗和梦幻剧集中体现了他这一时期的精神探索，即对现实世界的深深失望和对自我追求的怀疑与迷茫。《吹箫人的故事》《绣帷幔的少尼》《河上》《鲛人》和《蚕马》都有一个相似的主题：表达了一个绝望的追求：主人公所追求的东西注定是不可能得到的；或者说，他们追求目标的代价正是追求目标的消失，如吹箫人的箫、鲛人因爱因消失的嘴唇、河上与蚕马中的少女。冯至通过这几部作品，集中展示了对追求的拷问。这种拷问集中体现了他这一时期的精神探索，即对现实世界的深深失望，以至于逃避与告别；对梦幻世界的执着和追求，这是冯至精神世界对现实世界的否定，这种否定是冷艳的、决绝的，有一种失去不可复得的悲哀与遗憾。

　　在形式上，冯至深受德国浪漫派的影响，注重在冥冥的威力制约下展开故事，注重叙事与抒情的结合。这些作品，都极善于制造情境，在叙

---

① 冯至：《昨日之歌》，见刘福春编《冯至全集》第 1 卷，河北教育出版社 1999 年版，第 109 页。

事中，善于暗示氛围，使客观景色与主观情绪融为一体。如《蚕马》，一方面客观地叙述人和马之间发生的爱情故事，一方面又辅之循环出现浓烈的抒情语句：

> 只要你听着我的歌声落了泪，
> 就不必打开窗门问我，"你是谁？"①

在这种循环往复的抒情语句的点化下，诗的故事、意象就获得了统一的流向，使诗在整体上更显凄迷、哀绝。

无论从突破"大团圆"结局的悲剧结构上，从抒情、意象与叙事的融汇结合上，还是从情、理交融的现代感知上，冯至的叙事诗和梦幻剧都达到了相当高度。朱自清称赞冯至早期在叙事诗方面"堪称独步"②。也有人认为，冯至叙事诗是初创期"影响最大，思想倾向性也最有代表性"③的作品。

歌吟爱情，表现爱的寻求与失落，是此期冯至抒情诗的主要内容，这些诗代表了 20 年代冯至抒情诗的最高成就，它们大都发表于 1924 年到 1926 年间，如《我是一条小河》《蛇》《在郊原》等，这也是鲁迅称他为"中国最为出色的抒情诗人"的重要原因。

冯至写爱情，与别人有所不同。最初，他写了许多介于友情、温情和爱情之间的诗。也许由于此时还未经受纯粹的爱情，也许由于对流行的恋爱方式看不入眼，总之，冯至初期的爱情诗，所咏叹的爱情，要么是友情和母爱的泛化，要么只是一种虚拟化的情调。

友情和母爱的泛化。在致杨晦的信中，他曾提到很赞同清独的话"现在的恋爱，都是三四等以下的；至若心灵上的感应，无非是诗人的梦

---

① 冯至：《昨日之歌》，见刘福春编《冯至全集》第 1 卷，河北教育出版社 1999 年版，第 104 页。

② 《中国新文学大系·诗集》诗人条目中冯至条。

③ 《论中国现代叙事诗》，《文学评论》1985 年第 6 期。

幻罢了。"① 在他与杨晦的友情中，就寄托了一种一般恋爱中缺乏的真诚、理解和慰藉。《怀友人 Y.H.》，写得那样婉转动情：

> 我傍着窗儿痴等，
> 但是窗儿呀总是不开，
> 一直等到了冷月凄清，
> 朋友呀，你那时在哪里徘徊？②

如果不是注明写给杨晦，很难说它不是一首思念爱人的情诗。

冯至从小失去母亲，上大学前不久，慈爱的继母又离他而去。母爱的缺陷，使他不自觉地寻求母亲的替代。《最后之歌》中结尾部分出现的那位"聪慧的姑娘"，可看作他为自己创造的母爱的替代。在主人公望着那缕象征柔情与圣洁的"柔波"即将永逝的时候，她从寂寞的桌边出现，引导他"骑着骆驼，赶着灯蛾，去追逐残余的那缕柔波！"在这里，母爱神圣化了，它像一颗遥远的无所不在的星象，在需要的时候，慰藉着他的心灵。

对象的虚拟化。初期的爱情诗中，多出现梦中的歌女，路遇的蓝帽姑娘，海水浴场的异乡女郎等意象，都有强烈的虚幻色彩。《在海水浴场》写奇幻的女郎在海边跳跃、歌唱，浴衣衬着肌肤，金发披在双肩，她为失去的爱情发愁、疯癫。而"我"以一个局外人的身份看待这一切：

> 我可是在什么地方
> 好像是见过你的情郎？
> 他夜间在阴森的林里

---

① 《沉钟社通信选》，《新文学史料》季刊第 36、37 期，1987 年 8 月 22 日，11 月 22 日。
② 冯至：《昨日之歌》，见刘福春编《冯至全集》第 1 卷，河北教育出版社 1999 年版，第 59—60 页。

望着树疏处的星星叹息！①

　　这并不是在描述一个真实的爱情故事，而只是抽象地写了一种爱的失落与忧伤。《我是一条小河》，写的是一位热烈追求爱情的男子，和一位彩霞般的姑娘邂逅，很快心心相印，两情依依。但好事难成，他们的美梦被狂风厉浪所击碎，使"你那彩霞般的影儿／也如幻灭了的彩霞一样！"与其说写的是一次恋爱经历，不如说是一种"落花流水春去也"的伤感。这种虚拟化的爱情抒发，可视作冯至当时的一种自恋方式。在无爱的寂寞中，使自己在作品中经历一番伤痛，然后在伤痛中自恋自艾，以此来咀嚼一种"悲哀的味调"。

　　写于1926年初的《蛇》，是由泛爱情诗到纯爱情诗的过渡。它创作的缘起，起初是由于毕亚兹莱的一幅黑白线条的画。冯至在《外来的养分》一文中讲：

　　　　1926年，我见到一幅黑白线条的画（我不记得是毕亚兹莱本人的作品呢，还是在他影响下另一个画家画的），画上是一条蛇，尾部盘在地上，身躯直立，头部上仰，口中衔着一朵花……它那沉默的神情，像是青年人感到的寂寞，而那一朵花呢，有如一个少女的梦境。于是我写了一首题为《蛇》的短诗。②

但诗里面体现的内容，已有了纯爱情的性质：

　　　　我的寂寞是一条蛇，
　　　　静静地没有言语。
　　　　你万一梦到它时，

①　冯至：《昨日之歌》，见刘福春编《冯至全集》第1卷，河北教育出版社1999年版，第47页。
②　冯至：《谈梁遇春》，《立斜阳集》，工人出版社1989年版，第188页。

千万啊，不要悚惧！

它是我忠诚的侣伴，
心里害着热烈的乡思：
它想那茂密的草原——
你头上的、浓郁的乌丝。

它月影一般轻轻地
从你那儿轻轻走过；
它把你的梦境衔了来
像一只绯红的花朵。①

尽管它是静静的，阴冷的，但内心却"害着热烈的乡思"（"乡思"在这里是"相思"的谐音），相思的对象是"茂密的草原"，——姑娘浓密醉人的乌发，和少女多情的梦境。在这里，"我"和"少女"被具体地突出出来，呈露出作者深的寂寞和相思之苦。

1926 年左右，冯至似乎经历了一次真正的爱情，它给予他对爱情的真切感受和体味。在他的诗中，泛泛的虚幻的爱为真挚炽烈的爱情所取代，情感的具体性加强了，烈度也加大了：

泪从我的眼内苦苦地流；
夜已经赶过了，赶过我的眉头。
它把我面前的一切都淹没了；
我问你——
你却总是迟迟地，不肯开口。②

---

① 冯至：《昨日之歌》，见刘福春编《冯至全集》第 1 卷，河北教育出版社 1999 年版，第 77 页。
② 冯至：《北游及其他》，见刘福春编《冯至全集》第 1 卷，河北教育出版社 1999 年版，第 133 页。

你怎么总不肯给我一点笑声，

到底是什么声音能够使你欢喜？

如果是雨啊，我的泪珠儿也流了许多；

如果是风呢，我也常秋风一般地叹气。

你可真像是那古代的骄傲的美女，

专爱听裂帛的声息——

啊，我的时光本也是有用的彩绸一匹，

我为着期待你，已把它扯成了千丝万缕！①

　　这类诗，后来大都结集在《北游及其他》中，除上面两首外，还包括《湖滨》《桥》《雪中》等，也都写于1926年。

　　无论是普泛化的爱情，还是真正的爱情，在冯至的视界里，都是悲剧型的，要么是永远可望而不可即，要么是暂时得到后转而复逝，这使这些诗作都带有凄苦、哀绝的色调。

　　在艺术上，冯至的爱情诗，善于用意象收敛情感，使情感客观化，这开了中国现代诗用意象抒情的先河。他的爱情诗，不像湖畔诗人那样表达"质直单纯的恋爱"，而更倾向于表达"缠绵委屈的恋爱"②。在他的诗里，很难直接感受到情感升降起伏的变化，而往往将情感注入进情景合契的意象里，获得委婉、曲折、蕴藉的表达。这使他笔下的爱情既热烈又凄苦，似断又连，欲走还住。如《我是一条小河》，便是借"小河""彩霞""花冠"等意象，将爱的幽怨化为呜咽的小河，化为流水落花般的伤感：

　　我是一条小河

---

① 冯至：《北游及其他》，见刘福春编《冯至全集》第1卷，河北教育出版社1999年版，第140页。

② 朱自清在《惠的风》序中讲汪静之歌咏的多是"质直单纯的恋爱"，而非"缠绵委屈的恋爱"。

我无心从你身边流过，
你无心把你彩霞般的影儿
投入了河水的柔波。

我流过一座森林，
柔波便荡荡地
把那些碧绿的叶影儿
裁剪成你的衣裳。

我流过一片花丛，
柔波便粼粼地
把那些彩色的花影儿
编织成你的花冠。

最后我终于
流入无情的大海，
海上的风又厉，浪又狂，
吹折了花冠，击碎了衣裳！

我也随着海潮漂漾，
漂漾到无边的地方；
你那彩霞般的影儿
也和幻散了的彩霞一样！①

可以说，摄像捕物，诗化情感，构成了他爱情诗内在的美丽。

---

① 冯至：《昨日之歌》，见刘福春编《冯至全集》第 1 卷，河北教育出版社 1999 年版，第
55—56 页。

　　青年人是属于浪漫的一群，他们对人生、对社会充满着美好的理想、幻想和期待。但现实呢？现实能让他们如愿以偿吗？20年代的北京，是一个灰色、黑暗的世界，冯至和当时的青年常在口头的一句话是："没有花，没有光，没有爱。"以冯至的敏感，他比一般人更强烈地感受到了这种荒凉和寂寞，因此，漂泊不定的人生，彷徨无所的迷惘，感时伤世的凄哀，成为他此期歌吟的另一重要内容。

　　"暮雨""孤云""别离""徘徊"这些明显带有孤独、忧郁气息的意象，纷纷进入他的诗来。最能代表冯至当时心态的是《畅观楼顶》中体现出来的情绪：

> 天上沉寂，
> 人间纷纭——
> 这里又怎能供我
> 长久徘徊！
> 怅惘，孤独，
> 终于归向何处？①

　　诗人不知道要向哪里去，也不知前面等待他的是什么，但悲大于喜、哀大于乐，自是无疑的。因为，当他用悲观的眼光看世界时，世界自是到处充满不祥的暗示：心湖的深处，有一只小船停泊，但它的主人一去无音信，"风风雨雨，/ 小小的船篷将折"②；风吹着人的苦闷，空气中流动悲切的军笳，归帆终于传来新闻"有只船儿葬在海心，/ 在一个凄清的夜半！"③诗人展现给我们的，是黄昏苍苍和三弦凄凄的世界：

---

① 冯至：《昨日之歌》，见刘福春编《冯至全集》第1卷，河北教育出版社1999年版，第15页。

② 冯至：《昨日之歌》，见刘福春编《冯至全集》第1卷，河北教育出版社1999年版，第21页。

③ 冯至：《昨日之歌》，见刘福春编《冯至全集》第1卷，河北教育出版社1999年版，第50页。

　　　　黄昏以后了，
　　　　我在这深深的
　　　　深深的巷子里，
　　　　寻找我的遗失。
　　　　来了一个瞽者，
　　　　弹着哀怨的三弦，
　　　　向没有尽头的
　　　　暗森森的巷中走去。①

　　面对人生，冯至惊悚着，将自己隐藏在心的一隅，感受外部世界的风风雨雨。

　　他还将这些感受升华为对生命和时间的感伤。"春""花""光""飞絮""夕阳""流水"等意象，在表现青春苦闷的诗作中，比比皆是。面对孤云，只有"凄惶欲泣"，因为它是从北方那座灰色城市来的，在那里，"事事都成陈迹"②；去年这样的风夜，曾将生命酿成美酒，"我今宵静息在秋星下，/ 如船板飘聚到海湾，/ 它们再也挡不起海上的汹涛"③……岁月悠悠，物是人非，都会激起心的涟漪，发出感时伤世的吟叹。冯至伤怀时间的流逝，但它还不是一种形而上的恐惧，他对幻想的破灭是悲观的，但还不曾绝望。因而，他诗中的伤感、忧郁，只是作为一种淡淡的情绪。他既排斥它，又品味它，既怨尤它，又欣赏它，就像诗中讲的——

　　　　朋友，你仔细地餐
　　　　餐这比什么都甜

————————————

①　冯至：《昨日之歌》，见刘福春编《冯至全集》第1卷，河北教育出版社1999年版，第35页。

②　冯至：《昨日之歌》，见刘福春编《冯至全集》第1卷，河北教育出版社1999年版，第54页。

③　冯至：《昨日之歌》，见刘福春编《冯至全集》第1卷，河北教育出版社1999年版，第82页。

比一切都苦的美味吧！①

当时，冯至认为生活和艺术是矛盾的，认为艺术的产生，须以生活的悲苦为代价。因而，他诗中之忧郁、哀伤，既源于现实的压抑、生活的缺憾，也有一定的"为赋新词强说愁"的成分。这便是他觉得"悲苦"既苦又甜的原因，便是他为自己营造的梦中温柔乡。

这温柔乡，多半是在校园里想象和感悟的，当真正面对现实时，便会很容易退去其梦幻的温柔色彩。

第二节　中国的"荒原"

从一种自艾自恋式的伤感与忧郁，转入真正的人生体验，是在大学毕业投入真正的人生之海游泳之后。这种体验主要体现在出版于1929年8月的《北游及其他》中。这是冯至第二本诗集，诗集分为三辑，第一辑《无花果》，收抒情诗19首，主要是写于1926年秋至1927年夏，这是冯至赴哈尔滨之前的作品，内容和风格可以说是《昨日之歌》的延续；第二辑《北游》；第三辑《暮春的花园》，收抒情诗17首、译诗8首，这辑作品大多写于到哈尔滨之后，风格变化较大，尽管多为情诗，但少了哀伤、绝望，多了明朗、理性和"思量"。

写于1927年岁末的《北游》，就将他的体验上升到真正的人生、生存层面。这首500多行的抒情长诗，是冯至心灵转变的里程碑。这首诗的内容，依次为这样几个层面：

首先是对现实的否定。在《北游》中，冯至不再只是写个人的哀怨与苦闷，而将锋芒指向一个畸形繁荣的现代都市及其人生状态。这里充

---

① 冯至：《昨日之歌》，见刘福春编《冯至全集》第1卷，河北教育出版社1999年版，第32页。

满"怪兽般的汽车""白俄的妓院",西洋人、东洋人在中国的土地上,巧取豪夺,恣意欢笑,传播毒菌。适应现代资本主义经济掠夺的需要,出现了市侩、买办和卖淫的妓女,也出现了种种病态的、令人恶心的穿着、仪容,"姨太太穿着异样的西装","纸糊般的青年戴着瓜皮小帽"……这是一个道德沦丧和人性泯灭的地方:

> 这里有人在计算他的妻子,
>
> 这里有人在欺骗他的爱人,
>
> 这里的人,眼前只有金银,
>
> 这里的人,身上只有毒菌,
>
> 在这里,女儿诅咒她的慈母,
>
> 老人在陷害他的儿孙;
>
> 这里找不到一点真实的东西,
>
> 只有纸作的花,胭脂染红的嘴唇。
>
> 这里不能望见一粒星辰,
>
> 这里不能发现一点天真。①

由对现实的否定,冯至又转向从人性、文化的角度,批判现代文明,因而使作品具有厚实的现代性。面对这地狱般的一切,诗人感到:

> 啊,这真是一个病的地方,
>
> 到处都是病的声音——
>
> 天上哪里有彩霞飘扬,
>
> 只有灰色的云雾,阴沉,阴沉……②

---

① 冯至:《北游及其他》,见刘福春编《冯至全集》第 1 卷,河北教育出版社 1999 年版,第 172 页。

② 冯至:《北游及其他》,见刘福春编《冯至全集》第 1 卷,河北教育出版社 1999 年版,第 169 页。

在这"宇宙间最后的黄昏"，他由一个饭馆的名字，想起了古代意大利火山爆发时毁灭了的"Pompeii"（庞贝城），希望这火山，也快快"崩焚"这罪恶的一切：

> 快快地毁灭，像是当年的 Pompeii
> 最该毁灭的，是这里的这些游魂！①

《北游》对现代文明的诅咒，使人容易想起艾略特的长诗《荒原》。《荒原》写于 1922 年，在作品中，艾略特用"荒原"象征战后的欧洲文明，它需要水的滋润，需要春天和生命，而现实却充满了庸俗和低级的欲念，既不生也不死。两部作品在内在精神上是一致的，甚至连一些重要的意象也相同，比如在《北游》中两次用"荒原"这一著名意象来象征现代人生和现代文明的荒芜。

> 我静静地倚靠着车窗，
> ……
> 回头看是一片荒原。②

> 我徘徊在礼拜堂前，
> 巍巍的建筑好像化作了一片荒原。③

冯至写此诗时，《荒原》已传入中国，或许是从中受到启发，又或许是这东西两位诗人对现代文明的理解不谋而合。总之，冯至的《北游》，

---

① 冯至：《北游及其他》，见刘福春编《冯至全集》第 1 卷，河北教育出版社 1999 年版，第 173 页。
② 冯至：《北游及其他》，见刘福春编《冯至全集》第 1 卷，河北教育出版社 1999 年版，第 155—156 页。
③ 冯至：《北游及其他》，见刘福春编《冯至全集》第 1 卷，河北教育出版社 1999 年版，第 169 页。

描写了他孤身一人生活在哈尔滨时的遭遇与心情。当我们回顾冯至的一生，可以发现，冯至少年时在家乡的经历，尤其是自觉与家乡疏离、甚至于要逃离家乡的情绪，使他懵懂地感受到人生的荒野感，并在某种程度上已经奠定了他的情绪基调。在北大与同学朋友相伴共同学习的经历，使他暂时远离了由少年时奠定的这种情绪基调。但孤身一人北游到哈尔滨的经历，则使他全面地与艾略特的《荒原》所描述的世界的荒原感产生了共鸣。荒原感的本质，在于个体意识与环境之间巨大的矛盾。在冯至那里，就是感觉到自己被抛入一个充满恶意的陌生的地方，周围的一切所带给自己的，是一种"恶心"感。荒原感与恶心感，正是现代意识对世界的主要印象。在这里，我们看到，冯至北游的经历，使冯至少年时心理上孤独与寂寞两种成分发生了些微的变化：如果说，其少年时的心理上的感觉更多的是寂寞，北游的经历则加大了其心理上的孤独感。在北游的过程中，冯至尽管也感觉到寂寞，但更多的是孤独，而孤独感正是一种典型的现代情绪。可以说，在这一时期，世界的荒原感、对世界恶心感和自我的孤独感，构成了冯至独自闯荡世界的初始情绪。这一情绪，不仅影响了他其后很长一段时间对世界的认识，也影响了他与相关作品的共鸣感，影响了他对人生意义的思考和对思想的选择。他对里尔克与存在主义作品的共鸣，正来自于他在北游时期亲身体验了这些作品所描述的那些经验。而如何克服孤独，构成了纠缠冯至一生的精神追问。

面对这阴沉的世界，面对这现代的"荒原"，冯至的孤独感愈发强烈，从而必然使其心灵触角变得更加敏锐。他返回内心，思索着自己的过去、现在和将来。他厌弃往日的平淡却又留恋它的温馨，他跃跃欲试要去开始"寂寞无言的经历"，却又难以承受陌生环境中的孤独和凄冷。在这样的矛盾中，他感到了人生的虚无与不确定、生与死的迷惘，以及人生的意义：

> 我望着宁静的江水，拊胸自问：
> 我生命的火焰可曾有几次烧焚？
> 在这几次的烧焚里，

可曾有一次烧遍了全身？

我可曾真正地认识
自己是怎样的一个人？①

望后你要怎么样，
你要仔细地思量；
不要总是呆呆地望着远方，
不要只是呆呆地望着远方空想！②

　　在一片罪恶与庸俗的喧嚣中，他只能把定自己不去随波逐流，只能弃绝现实而固守着孤独。这是一种具有现代感的孤独，思索个体生命的意义，本身就是意义的所在。"因为上帝早已失却了他的庄严"，不再能给予问题以解决。人之为人的真正本质，在于勇敢地决断和选择，而不在于决断和选择什么。这使冯至的思考，超越了生活的具体范畴，而进入到本体的层面。他的苦闷不只是个人的生活苦闷，实际上也是现代人的存在危机和精神苦闷、个体与群体的矛盾。这些思考，使他基本上结束了以前那种浪漫的唯美抒情，而开启了更为现代性的探究与思索。

　　在形式上，由于情感幅度的拉大和理性的掺入，打破了他过去作品中那种淡淡的悲哀及其优美精致的形式。尤其中间每部分都加上"阴沉、阴沉"的循环点化，使形式超负荷地容纳了新的情感和理性内容，有一种巨大的穿透力和张力。

　　《北游》无论从思想上还是形式上，都是超过同期同类诗作的，尤其是一些思想的超前探索，更显示了立于时代峰巅的预见和寻求。它与前一

---

① 　冯至：《北游及其他》，见刘福春编《冯至全集》第 1 卷，河北教育出版社 1999 年版，第 167 页。

② 　冯至：《北游及其他》，见刘福春编《冯至全集》第 1 卷，河北教育出版社 1999 年版，第 174 页。

时期创作的抒情诗、叙事诗一起，构成了 20 年代诗歌独特的殿堂，鲁迅称他为"中国最为杰出的抒情人"①，似乎并不过分。

1928 年冯至暑假回到北京后，与去哈尔滨以前的心境大不相同了。理想主义的浪漫冲动开始消遁，新的路如何迈出，还不知道。收录在第三辑《暮春的花园》中的诗，记录了他这段时间的心路历程。这时期的诗，仍是心灵的矛盾和痛苦。

诗人已开始意识到，必须通过自身"艰难的工作"，才能丰富自己的人生：

> 上帝啊给了我这样艰难的工作——
>
> 　　我的夜是这样的空旷，
>
> 　　正如那不曾开辟的洪荒。
>
> 他说，你要把你的夜填得有声有色！
>
> 　　从洪荒到如今是如此的久长，
>
> 　　如此久长的工作竟放在我的身上。
>
> 上帝啊给了我这样艰难的工作。②

诗人已开始思考、探寻，带着心灵的矛盾和痛苦：

> 在这静静的路上，我只有不停地思索——
>
> "远远的一个行人"，是我思索出来的结果。
>
> 我抬头，天空剩下了一朵无依无靠的流云，
>
> 我再望那远行人，却踽踽凉凉地仍然是我！③

---

① 《中国新文学大系·小说二集》导言。

② 冯至：《北游及其他》，见刘福春编《冯至全集》第 1 卷，河北教育出版社 1999 年版，第 183 页。

③ 冯至：《北游及其他》，见刘福春编《冯至全集》第 1 卷，河北教育出版社 1999 年版，第 194 页。

在艰涩、苦闷的心境中，他进行着自我寻觅和反省，独步街头，苦思冥想，构成此期诗的总体形象。

这段时间，他写得最好的诗，当数1929年的《南方的夜》：

我们静静地坐在湖滨，
听燕子给我们讲南方的静夜。
南方的静夜已经被它们带来，
夜的芦苇蒸发着浓郁的情热——
　　我已经感到了南方的夜间的陶醉，
　　请你也嗅一嗅吧这芦苇中的浓味。
你说大熊星总像是寒带的白熊，
望去使你的全身都感到凄冷。
这时的燕子轻轻地掠过水面，
零乱了满湖的星影。——
　　请你看一看吧这湖中的星象，
　　南方的星夜便是这样的景象。

你说，你疑心那边的白果松
总仿佛树上的积雪还没有消融。
这时燕子飞上了一棵棕榈，
唱出来一种热烈的歌声。——
　　请你听一听吧燕子的歌唱，
　　南方的林中便是这样的景象。

总觉得我们不像是热带的人，
我们的胸中总是秋冬般的平寂。
燕子说，南方有一种珍奇的花朵，
经过二十年的寂寞才开一次。——

　　　　　　这时我胸中觉得有一朵花儿隐藏，
　　　　　　它要在这静夜里火一样地开放！①

　　坐在北方的湖滨而向往南方之夜，是因为北方的湖滨也有燕子、芦苇、棕榈，所不同的是这里还有寒带的大熊星和白果松。南方的温暖、热烈，与北方的凄冷，两组意象暗示了爱情双方心态上的差别。诗在平寂中有热烈，忧郁但不伤感，让人回味不尽。这首诗写得好，不知是否是新的爱情给了他真切体验的缘故。

　　这时期，冯至确实收获了新的爱情。过去他在爱情上有过曲折。1924年9月20日，他在致杨晦的信中曾讲：自己中学混沌时代曾爱过一个姑娘。因为他早期的情诗大多如他暗恋的这个姑娘一样虚无缥缈，充满梦幻特点。1928年下半年，冯至在杨晦家里与北平女子师范大学学生姚可崑相识、相爱，开始了真正爱之旅程，这影响了他诗的创作。

　　经过地狱之行，冯至已否定了最初的自己，并产生对人生进行新的超越的企望，所有的艰涩、苦闷，由此而来。他并不知道，这种艰涩、苦闷，这种对超越的渴求，正构成来日的巨大资富。因为只有在孤独、痛苦中坚忍等待，才会最终有一个"豁然贯通的时刻"的到来。

第三节　审美基调与精神取向

　　德国浪漫派对孤独寂寞的沉吟，与冯至有深深的契合，他将孤独上升为"诗人之所以为"诗人的所在：

　　　　没有一个诗人的生活不是孤独的，没有一个诗人的面前不是寂

---

① 冯至：《北游及其他》，见刘福春编《冯至全集》第 1 卷，河北教育出版社 1999 年版，第 202—203 页。

寞的……无论是 Goethe（按：即歌德）一般的享尽世上的荣誉，或是
薄命的 Keats（按：即济慈）遍遭人间的白眼——任凭他表面上，环
境上，是怎样不同，其内心的情调则有共同之点，孤独，寂寞。

　　没有朋友，没有爱人的尼采在他独卧病榻的时候，才能产生了
萨拉图斯特拉的狮子吼；屈原在他放逐后，徘徊江滨，百无聊赖时，
才能放声唱出来他的千古绝调的长骚；尼采、屈原，是我们人的最孤
寂的人中的两个，他们的作品却永久立在人类的高峰之上，绝非普
通一般人所可仰及。①

　　这种审美选择，影响了冯至诗的创作。20 年代的诗始终贯穿了孤独
与寂寞的色调。只不过《北游》之后有一定变化，前期的幻灭感、悲剧色
彩、惆怅的氛围正在向质地更坚实、色调更明朗方向发展，即使也有孤
独、寂寞，但更有了对孤独、寂寞的克服，这是冯至诗的一次蜕变。

　　除了诗，在冯至这一时期的一些小说和散文中，也可以看到孤独与
寂寞的存在。1921 年至 1926 年，他发表的小说有《蝉与晚祷》《仲尼之
将丧》《狰狞》，散文有《好花开在最寂寞的园里》《秋暮》《记克莱恩特的
死》《乌鸦——寄给 M 弟》等。

　　这些作品，内容主要写忧郁和寂寞，这种忧郁和寂寞，表现了主人
公被社会排斥、疏远和敌对的景况。《蝉与晚祷》，实则是作者的自画像。
"他"8 年前失去生母，两年前慈爱的继母又将他"扔在这漠漠如沙的世
上"。两年来，"他"的心饱受了无情人间的伤害，只好将自己禁锢在屋
里，自我折磨。"病的，不健全的，污浊的""他"，过去没有什么可以回
味，将来也不知如何，只有在年年不会变的蝉声中消磨时日②……主人公
幻灭后的孤独，写得细致而沉重。

　　他有两篇作品专门写到死。《记克莱恩特的死》，写的是德国浪漫主义

①　冯至：《好花开在最寂寞的园里》，见张恬编《冯至全集》第 3 卷，河北教育出版社
　　1999 年版，第 170—171 页。
②　《中国新文学大系·小说二集》。

小说家和戏剧家克莱恩特的自杀。作品将他的死描写得神圣而美丽。死，在这里似乎成了对生之桎梏的厌倦和挣扎，达到了最高的境界。在神秘主义的气氛中，暗示了一种命运的力量。作品发表后，创造社的一位朋友写信告诉冯至：郭沫若读后，认为不错。《仲尼之将丧》中的仲尼，早已没有了"登泰山而小天下"时的气派，一生的宏大意愿没能实现，弟子们纷纷离他而去，有点像鲁迅笔下的后羿："死的死了；散的散了。"在这般落寞的境地里，昔日繁华光景难再，将来更不可知，而死也将至："赐呀，我还有几天的生命呢，天也无边，地也无涯，悠悠荡荡，我种种的理想，已化作一片残骸，由残骸化为灰烬了！后世呀，不可知的后世呀……"晚景多么凄凉，唯有那泰山樵夫的哭声——"泰山其颓乎！梁木其坏乎！"为这凄哀更添些悲凉。①

《乌鸦——寄给 M 弟》写的是一个新的题材：逃遁。1924 年，冯至的弟弟因不堪家乡的压抑，坚忍地在车站给父亲留下三个字：我去了，然后石沉大海般离去。这对冯至刺激很大。在这篇文章里，他沉痛地回忆了弟弟缺少爱的童年，少年时经受的歧视，讲了弟弟"逃遁"的必然，认为他的"逃遁"是对惯常的人的生存环境的挑战，是"一件勇敢而又决绝的行为！"② 文章采用书信方式，意真情笃，显示出对社会的愤激和抗争。

由寂寞、孤独、忧伤，到"死"和"逃遁"，显示了他对现代个体生存处境的思考正逐步加深。寂寞、孤独、忧伤属一种纯精神感受，来源于冯至对现代个体生存处境的体认。北游的经历，使冯至将个体孤独地生存于世上上升到对人类处境的本体认识。在这里，冯至已经开始探讨死亡与逃遁，认为死亡与逃遁是保全其精神个性的方法。因此，他热烈而真诚地赞美克莱恩特的主动选择死亡，悲哀孔子被动地接受死亡，认为对死亡的自我选择和自我决断显示了生命的力量；甚至于认为 M 弟的逃遁是"勇敢和决绝"的抗争。在这里，我们可以感到冯至要超越人类本体的生存处境

① 《中国新文学大系·小说二集》。

② 冯至：《乌鸦——寄给 M 弟》，见张恬编《冯至全集》第 3 卷，河北教育出版社 1999年版，第 245 页。

的努力：既然生命命定是孤独的，每个人都只能独自面对自己的生存，那么，自我决断的死亡与逃遁就是值得赞美的：一方面，它可以将被动的死亡转化为主动，从而使自我逃离命定；另一方面，它又可以在这种决断中显示出自我精神的力量，从而显示生命个体的价值。在这里，我们可以看到冯至对生命的思考已经从个体孤独的生存体验升华到对人类本体处境的认识，并开始思考人类如何在本体的层面上超越这一处境。同时，我们还可以看到，冯至少年时所形成的对世界的否定看法仍多于肯定，他希图用死亡与逃遁、个人决断作为超越人类孤独在世生存方式的方法，显示出其思想中的苦闷，显示出其更多地依赖感性来认识世界。但冯至的上述思考，为他进一步思考人类本体处境和本质超越这一处境的方式提供了新的契机，预示着他对这一内容的哲思将逐步加深，对永恒与普遍等主题将更加关注，为他深入理解里尔克、歌德、雅思贝尔思等人的思想打下了自身体验的基础。

1928 年下半年到 1930 年间，冯至相继写了《拜访》《祈祷》《旅行》《一九二九》《鸦片》《黄昏》《西郊遇雨记》《老屋》等多篇散文。这些散文写于他亲历现实之后，风格不像过去那样过于哀婉、扑朔迷离。

在《鸦片》《黄昏》中，作者回忆了童年的生活。这种回忆，与大学时期的自哀自恋不同，这是在人生之海沉浮过的人对童年的静静回忆。他不再怨天尤人，而能以更超越的态度看待过去。幼时的寂寞，丧母的悲伤，周围人的歧视，环境的迫压，经历时是苦难，回过头看，又是人生的富藏。尽管是一种凄凉的富藏，也比平淡更叫人怀念。冯至甚至想用"赞叹唐代文艺的心情去惋惜那个时代的我的消亡。"[1]

《拜访》《一九二九》，写的是对昔日爱情的缅怀。由哈尔滨回到北京，那段美丽但转瞬即逝的爱情又涌上心头，他寻求着对旧日爱情的"拜访"。当然，这种拜访，是一种不必寻求结果的拜访，既没有焦灼的渴望，也没有灰色的悲哀。在这里，品味多于思念，过程重于结果，它更多的是一种

---

[1] 《黄昏》，《华北日报》副刊，1929 年 8 月 4 日。

自我寻求、自我审视的方式。《拜访》文前，作者引了《世说新语》中王子猷拜访戴安道的故事。①《拜访》文前引用的题词为：王子猷居山阴。夜大雪，眠觉开室，命酌酒，四望皎然。因起彷徨，味左思招隐诗，忽忆戴安道。时戴在剡即便夜乘小船就之，经宿方至。造门不前而返。人问其故。王曰："吾本乘兴而行，兴尽而返；何必见戴！"作为题词，正说明这点。

这些散文，准确地记录了冯至这段时间的思考和他心灵的矛盾。他多么厌倦于生活的平淡、庸常，渴望着变化。《西郊遇雨记——寄给废名》，便涌动着对新生活的渴望。他从废名的住处西山回来，路上遇到暴雨，只得和车夫躲进车篷里。这遭逢使他欢喜，他希望有一个人突然出现，这人既不是寂寞时渴望的朋友，也不是日夜里期待的女子，却是一个强盗。他还希望第二天得一场大病，浑身发烧，住进医院里去，躲在病床上，听窗外蝉鸣，看日光慢慢升起、沉下，这岂不比整日躲在家里有趣。② 这种对奇遇与变化的向往，显示了他追求新的境界和新的超越的努力。

在过去与未来的交接点上，冯至思考着，他的眼光渐渐从狭窄的学生视野中挣脱出来，尽管有些凝滞、艰涩，但已能更平和、从容地看待一切。这同样影响了他散文的风格，忧郁而不哀伤，凝重而平和，娓娓而谈中饱含着对人生的哲思，如《一九二九》一开始就写道：

> 人类真是多事。在同样的地上硬分出许多部分已觉无聊，而对于那无始无终的时间，又要划出些呆板的界限：其实呢，小孩子们的冬天并不见得比老年人的夏天更冷，而在一些人的心境上春天有时反比秋日显着萧索；他们却一定固执地要说，这是春，这是夏，这是秋，冬，几个抽象的名词支配着，欺骗着我们未经世变的年轻的人

---

① 《拜访》，《新中华报》副刊，1928 年 11 月 30 日。
② 《华北日报》副刊，1929 年 7 月 14 日。

们。春来了，在我的梦中幻想锦绣的楼阁；又是秋了，面前不远的地方隐约着清秀的竹篱茅舍。楼阁同篱舍终于是渺渺茫茫，而又不能不在立夏，和立冬的前晚，雨和雪的声中，把它们在渺渺茫茫中毁去。①

可以看出，冯至的作品风格正由梦幻般的忧伤向更从容、沉实的风格转变，其思考也由纷纭、多思向更从容、坚定的方向发展，从中可以隐现些许 40 年代作品的特征。对孤独、寂寞的克服，冯至不但经历了审美风格的转变，更实现了精神探索的第一次否定。

① 冯至：《一九二九》，见张恬编《冯至全集》第 3 卷，河北教育出版社 1999 年版，第 319 页。

第四章　远　泊

第一节　克服空虚

1930 年 9 月底，冯至经过十几天的奔波，抵达德国海德贝格。到时正是清晨，早雾乍散，只见两山对峙，涅卡河一水横流，一片片古老、奇特的建筑铺在山与水之间，使他感到既新鲜又陌生。心想：这就是自己的终点站，要在这里住下去吗？山和水沉默无言，似乎并不欢迎这个异乡游子。

海德贝格是德国巴登—符腾堡州的著名旅游城市，市内的海德贝格大学是全德境内最古老的大学，已有 550 年历史，设有神学、法律、医学、哲学等学院，有不少著名的教授和深厚的学术传统。在 30 年代初，中国了解这所大学的人并不多，冯至选择它，是因为听了一个在北京大学教德国文学的德国朋友的劝告。他说，去德国学习，不要去大城市，大城市太喧闹，人也多，同学与同学、同学与老师间，缺少交流的机会。在较小的城市，尤其是所谓的大学城里，除了大学，没有其他重要设施，城市围着大学转，人们很快就会熟悉起来，既有利于提高语言能力，也有利于增长见闻，更多地了解德国社会。他说海德贝格大学在这方面是最理想的。

这里的中国人极少，冯至似乎一下被置入一个众目睽睽的环境中，乡愁和空寂一下涌上心头。茫茫人流中，最渴望的是友谊、理解和交流。他的运气还不坏，当天就在一个小学教师家中租到一间房子，尤其在这房东家遇到了一个姓戴的中国学生，在读中学。这奇遇真让他惊喜。小戴告诉冯至，这里的中国学生，只有屈指可数的几个，除他外，还有一个姓徐，读文科，另一个姓蒋，学医的。远在他乡，寻求同乡的愿望很强烈，次日下午，冯至就到涅卡河南岸的一个小巷里拜访了徐君。

　　与徐君似乎一见如故，没谈多久，就克服了初次见面的矜持，彼此熟悉起来。徐君告诉他，自己的名字叫徐琥，来德国已经一年多。他讲了一年多在德国的感受，并介绍了海德贝格大学的历史、教授及学科情况。冯至也带给他一些国内的信息。9 月底，学校还未开课，徐琥就利用这个机会，带他游览海德贝格的名胜古迹，熟悉与大学有关的机构和图书馆、教学楼等。远离故土的共同境遇，使他们很快成为好朋友，对徐琥也有了更多的了解，知道他还有一个名字叫徐诗荃。徐曾在复旦大学学习，因在《语丝》上发表《谈谈复旦大学》的文章，揭露学校当局的腐败，遭到校方非议，一气之下来到德国。他年轻气盛，忧国忧民，常流露出一种沉痛、愤激的情绪。他喜欢读清代诗人王仲瞿祭西楚霸王的诗"如我文章遭鬼击，嗟渠身手竟灭亡"，也欣赏南社诗人高天梅拟作的"石达开遗诗"，如"我志未酬人亦苦，东南到处有啼痕"等。在异国他乡，听他读这种壮怀痛烈的诗句，常激起冯至心中一种幽幽的故国之思和悲壮的情绪。

　　徐琥与鲁迅有较深的交往，双方通信频繁。查阅鲁迅日记，从 1929 年 8 月 20 日至 1932 年 8 月 30 日，3 年间，提到徐诗荃有 154 处。徐在德国为鲁迅提供图书、画册及报刊，鲁迅也将国内出版的书刊寄给他。一次，徐琥讲，他给鲁迅写信时，曾提到过"今天下午有某诗人来访"，并没讲名字，鲁迅回信，谈到"某诗人"时，也没提名道姓，只在文字间画了一个小小的骆驼。冯至听后，心情复杂，他知道这是指 1930 年在北平与废名合办的《骆驼草》杂志，鲁迅并没忘记他这位沉钟社的青年朋友，但对《骆驼草》似乎并不怎么赞许。

　　在中国人稀少的海德贝格，能有徐君这样一位朋友，真是幸运。另外的幸运，是几个月后，在这里又遇到了梁宗岱。

梁是 20 年代有名的诗人，曾出过诗集《晚祷》，这次是由柏林的朋友介绍来的。他告诉冯至，计划在海德贝格住两三个月。

徐琥不喜欢谈论自己，交往多了，才能慢慢了解一点他的情况。梁宗岱则不一样，冯至边帮他找房子，边听他讲自己的情况，半天下来，对他了解便有个大概。梁精通英语、法语，是法国著名诗人瓦雷里的弟子，1927 年，曾将瓦雷里的名篇《水仙辞》翻译成中文。他还能用法文写作，把王维、陶渊明的诗译成法文，出版过一本精装的《陶潜诗选》，瓦雷里做了序。让冯至欣喜的是，梁宗岱也喜欢里尔克，曾由法文转译过里尔克的《罗丹论》。梁宗岱对歌德也很有研究，他后来（1936）翻译出版了瓦雷里写的《歌德论》：

> 歌德静观、默察，并且，时而在造型艺术里，时而在自然界里，追求着形体，试去体会那描绘或塑造他所审察的作品或对象的作者的意旨。这个在情感的变幻和诗思的意外的创造里能够显出这许多热情，运用这许多自由的人，很乐意变成一个具有无穷的忍耐性的观察者。①

从中，可以看出与冯至审美的一致性，甚至有些用词都与冯至有深深的默契。

真是太有意思了，在海德贝格短短几个月，结识的两位中国朋友，一个是鲁迅的学生，一个是瓦雷里的弟子。冯至在 20 年代曾多次受鲁迅的教诲，所以与徐琥的交往有一定基础。如今与同样喜欢里尔克的梁宗岱交往，也有了共同语言。他们经常在一起谈论艺术，谈论文学，从罗曼·罗兰到纪德，从荷尔德林到里尔克，以至于中国的徐志摩，他们都谈。在海德贝格，梁宗岱写成了著名的给徐志摩的信《谈诗》，全面论述

---

① 梁宗岱：《诗与真·诗与真二集》，外国文学出版社 1984 年版，第 146 页。

了对新诗的理解，显示了开阔的中西文学修养。写作过程中，梁常来冯至处找一些资料，像李义山的诗集，姜夔的《白石道人四种》等，有些问题也经常与冯至商讨。梁宗岱在著名的《论诗》中，谈到了与冯至的交往：

> 我恐怕我的国语靠不住，问诸冯至君（现在这里研究德国诗，是一个极诚恳极真挚的忠于艺术的同志，他现在正从事迻译里尔克《给一个青年诗人的信》），他也和我同意。①

冯至也将自己在《骆驼草》上发表的诗给梁看，他读后坦率地说，这些诗一般，只肯定其中的一首《等待》：

> 在我们未生之前，
> 天上的星、海里的水，
> 都抱着千年万里的心
> 在那儿等待你。
>
> 如今一个丰饶的世界
> 在我的面前，
> 天上的星、海里的水，
> 把它们等待你的心
> 整整地给了我。②

认为这首不错。他的评价对冯至是有影响的，他后来编诗选，发表在《骆驼草》上的诗，就只收了《等待》，其他一概略去。

认识梁宗岱后，他后来感叹道：

---

① 梁宗岱：《诗与真·诗与真二集》，外国文学出版社 1984 年版，第 43 页。
② 冯至：《十四行集》，见刘福春编《冯至全集》第 1 卷，河北教育出版社 1999 年版，第243 页。

　　　　我每逢感到孤独寂寞，便自言自语，"北平有我的朋友"，用以
　　自慰。殊不知山外有山，天外有天，能人背后有能人。徐琥的聪明
　　才智已经使我惊讶，如今又遇见梁宗岱，也是才气纵横：一个是鲁迅
　　的学生，一个是瓦莱里的弟子。①

　　远离北平，远离过去的朋友，孤独和空虚，时常来造访他。新的环
境也让他窒闷，难以透过气来。

　　首先是住处并不那么叫人如意，在房东这幢三层小楼里住着的，除
冯至和中国学生小戴外，还有两个大学生，一个是匈牙利人，同情共产
党，经常谈论世界大战，另一位戴着花色小帽，看起来像某社团的成员，
整天昏迷不醒的样子，说不出一句有内容的话来。三人虽然整天一起吃早
餐，但内心想法不一样，没有共同语言，实在尴尬得很。小戴年纪又太
轻，与他难以交流起来。

　　外面的世界却热闹得让人担心。30 年代初的德国，经济恶化，工厂
倒闭，失业人口增多，布吕宁为总理的魏玛共和国政府采取种种措施，也
难维持局面。纳粹党利用民众的情绪，投其所好，很快得到发展，共产党
的力量也有增强，各种政治力量的人不断地争辩，从大街到商店、学校，
充满火药味，使人预感到一个大转变即将到来。处在旁观者位置的冯至，
失去宁静的读书环境，感到内心很空虚，像一只断了线的风筝，有上不着
天、下不着地之感。

　　在这种情况下，把握不住自己是极有可能的，但此时的他毕竟不是
青春年少的浪漫学生了，他在尽己所能地进行自我反省和自我努力，在
1931 年 1 月 20 日写给杨晦的信中，他说：

　　　　从前有一个人向苏格拉底谈到某君："他旅行如此之远，回来怎

---

① 　冯至：《立斜阳集》，见张恬编《冯至全集》第 4 卷，河北教育出版社 1999 年版，第
　　407 页。

么还是这样呢?"苏格拉底答道:"他把他自己带去了,那有什么法子呢。"人的最宝贵的固然是自己,人的最纠缠不清的,也是"自己"呀。——慧修,请你放一点心,我极力要同这个"鬼"战斗,它实在早已成了我的日常生活上的敌人。谁败谁胜,很是难说。但是我绝不教人间的丑由我的身上表现出来。①

为了磨炼自己,他开始刻苦读书。冯至学的正科是德语文学,副科是哲学、美术史。差不多每天的日课是,早 8 时起床,9 时出门,晚 6 时回家,继续读书,一月中,只能看到一两次月亮,他读《浮士德》,读《希腊文化史》,读恺撒写的拉丁文作品,每礼拜还写一篇德语作文,请一位德国太太改正。

在礼拜日,冯至也写点散文,寄给杨晦,在《华北日报》副刊上发表。散文的总标题为"礼拜日的黄昏",以排遣自己的寂寞与孤独。在这些文章里,他倾诉了自己内心的忧悒与落寞的情绪:

　　我生长在衰败的国、衰败的家里,免不了的是孤臣孽子的心肠。虽说世界需要进步,人要勇往直前,但想来想去,总不大像是我所能办的事。贫贱的人容易心虚,因为他尽望里边看;望里边看得多了,外边的世界便不是他的了。"徐柏林"飞机在空中飞来飞去;我只想在阴凉的地方念一念十六七世纪欧洲最紊乱的时候,聪明的法国人写的几本书。②

言语中,表现了对精神世界的倚重和对现实世界的抵触。由于此时读书杂,心境也难平静,很难像过去那样沉下来写作,"礼拜日的黄昏"

① 冯至:《致杨晦》,见冯姚平编《冯至全集》第 12 卷,河北教育出版社 1999 年版,第 112—113 页。
② 冯至:《礼拜日的黄昏》,见张恬编《冯至全集》第 3 卷,河北教育出版社 1999 年版,第 361 页。

写了几篇，便停了下来。

在海德贝格，冯至最喜欢听的是宫多尔夫教授的课，他是著名诗人盖欧尔格最得意的门徒，在课堂上讲德国浪漫派文学。他从 16 岁开始，一直处在不断的工作中，性格永久是"一个男孩子"，活跃、有生气，在呆板的德国大学里，很难找到像他这样伟大而没有学究气的教授。

由于宫多尔夫久负盛名，所以全世界不少学生慕名而来。冯至刚入学就选听了他的课，通过宫多尔夫，冯至与歌德又重新有了精神的对接。宫的讲授激发了他对歌德新的兴趣。值得一提的是，在宫多尔夫的课堂上，冯至结识了 F 君和鲍尔。

F 君只有 20 多岁，是犹太人，很聪慧，对新事物很敏感，冯至从他那里知道了不少新东西，如了解了丹麦哲学家基尔凯郭尔和奥地利的思想家卡尔·克劳斯。F 君时常背诵尼采的诗，特别欣赏其中犀利的文句和尖锐的讽刺。他还知道不少关于宫多尔夫的掌故。有一次，他讲到宫多尔夫是一个藏书家，有许多珍本，他曾在一个旧书店里买到一套连载狄更斯某部小说的杂志，上面有叔本华阅读时的批语。喜欢书的冯至，听到这些，真感到神往。

鲍尔是宫多尔夫的崇拜者，冯至认识他时，已从小学教师的住处搬到鸣池街 15 号。因为相距鲍尔的住处不远，两人便经常来往，黄昏时，也常相约一起散步。他们在一起谈论人生，谈论艺术，谈论里尔克及他们的老师宫多尔夫，彼此相交甚笃。后来，鲍尔在宫多尔夫的指导下，做好博士论文，离开了海德贝格，但两人还是经常通信，互赠书籍，友谊保持了很久。在抗战初期，冯至曾邀请鲍尔到上海同济大学附设中学教德语，学校不断迁移，也使他经历了流离之苦。1982 年，在分别 40 年后，他们又在慕尼黑重逢，鲍尔拿出冯至 1931 年到 1947 年写给他的信，给他看，沧桑几十载，看来友情并没有褪色。

这种友谊，构成了他德国留学生活的一部分。

第二节 神 会

离冯至租住的房子不远，横亘着著名的涅卡河。这里异常清静，附近有荷尔德林青年时期学习过的神学院，还有他半神志不清醒时长期居住的小阁楼。在夕阳西下时，冯至常来这里散步，有时坐在河畔的长椅上沉思默想。冯至想，病中的荷尔德林会不会也常来这里散步，也常坐在长椅上冥想呢？冯至又想起叔叔冯文潜给自己推荐的荷尔德林的诗，想起他的《命运之歌》，想起他将这首诗翻译成中文在《沉钟》月刊上发表，想起荷尔德林带给自己的全新的审美体验。

荷尔德林（1770—1843），德国著名诗人，古典浪漫派先驱人物，他从神学院毕业后，当了家庭教师，爱上了雇主的妻子。1798 年，因情场失意，处于精神分裂状态。1802 年，他徒步回到故乡，当了一段时间图书管理员。1807 年，精神全部错乱。1843 年 6 月去世。主要作品有《自由颂歌》《人类颂歌》《徐培里昂》等。

冯至在海德贝格学习时，正是荷尔德林沉寂了半个多世纪后，重新兴起的时期，人们热衷于荷尔德林，他的校刊本全集也陆续出版。冯至开始重新研究他的作品，读他的诗，也读他的小说。

关于荷尔德林的重新被发现、被重视，半个世纪后，冯至这样说：

> 荷尔德林和他的作品是客观存在，是不会改变的，但是他和他的作品在不到两个世纪的时间内，受到的待遇却有这么多的变化，是耐人寻味，值得研究的。从一个诗人的被忽视或被重视、被这样或那样评价，都可以看出时代潮流和社会风尚的不同；反过来说，时代潮流和社会风尚随时都影响着一个诗人在人们心目中的形象。一部作品的产生，像树木之于土壤那样，离不开产生它的社会；一部作品的存在（如果它有存在的价值），更是离不开社会；往往随着时代

的不同改变它的地位，人们从不同的角度分析它，评论它，所谓最后的定论是不会有的。但社会是进步的，分析和评论越来越接近作品的实际，也不是不可能的。①

荷尔德林所以重新风兴，与海德格尔的推举也有关系。作为存在主义大师，海德格尔1934年在柏林大学开了一个学期的荷尔德林研讨课，他提出了一个著名观点——荷尔德林揭示了诗人本质：

　　充满劳绩，然而诗人诗意地栖居在大地之上。②

诗的神启与使命，也正是在这些方面，荷尔德林吸引了冯至吧。

如果说荷尔德林给予冯至一种新的审美体验，而遇见里尔克，则在其心里引起了"极大的震惊"。这是一种宿命式的相遇，让诗人有了更为理性的思考和精神上的超越，成为他创作之路上极为重要的里程碑。

早在1926年秋天，冯至就读到了里尔克早期的作品《旗手》。这篇作品，当时就给了他以意外的、奇异的收获，"色彩的绚烂，音调的铿锵，从头到尾被一种幽郁而神秘的情调支配着，像一阵深山中的骤雨，又像一片秋夜里的铁马风声"③。当时他想，里尔克可能是一个新浪漫派的、充满了北方气味的神秘诗人，并不晓得当时里尔克已观察遍世上的真实，体味尽人与物的悲欢，达到了对人类，对自然妙合神悟的境地。

30年代初，正是德国青年开始迷醉里尔克的时候，在这种气氛的感召下，冯至较多地接触到了里尔克的作品，很快被深深吸引住了。这次吸引，不再只是情调和旋律上的感染，而是在内容上、经验上的重重撞击，心灵上的真正契合，以至好长时间，他都处在里尔克的包围之中，这段时

---

① 冯至：《涅卡河畔》，见张恬编《冯至全集》第4卷，河北教育出版社1999年版，第162页。
② 刘小枫：《诗化哲学》，山东文艺出版社1986年版，第239页。
③ 冯至：《里尔克》，见张恬编《冯至全集》第4卷，河北教育出版社1999年版，第83页。

间冯至致杨晦的信中，差不多每封都提到里尔克：

> 近代诗人 Rilke（里尔克），George，诗是好得很，懂也难得很。R. 已死去，G. 当在人间。这二人的人格与作风都是很有意义的，在群众日趋于烦嚣与无聊的世态中。尤其是 Rilke 的一句话，使我身心为之不宁，他说：诗人最不应该有的，是 ironisch 的态度。因此弄得我冲突、怀疑，我的"礼拜日的黄昏"也羞惭得不能往下写了。①

> 我现在完全沉在 Rainer Maria Rilke 的世界中。上午是他，下午是他，遇见一两个德国学生谈的也是他。我希望能以在五月中旬使你收到一点东西（这是我现在把别的书都丢开，专心一意从事着的），使你知道 Rilke 是怎样一个可爱的诗人！他的诗真是人间的精品——没有一行一字是随便写出的。我在他的著作面前本应惭愧，但他是那样可爱，他使我增了许多勇气。②

> 自从读了 Rilke 的书，使我对于植物谦逊、对于人类骄傲了。现在我再也没有那种没有出息"事事不如人"的感觉。同时 Rilke 使我"看"植物不亢不卑，忍受风雪，享受日光，春天开它的花，秋天结它的果，本固枝荣，既无所夸张，也无所愧怍……那真是我们的好榜样。（因此我想把"冯至"的名字废去，还恢复我的"冯承植"了——请不要笑我孩子气。）所以我也好好锻炼我的身体、我的精神，重新建筑我的庙堂。外边的世界我不知道怎样了，——同时我也像是深一点地知道它是怎样了。③

---

① 冯至：《致杨晦》，见冯姚平编《冯至全集》第 12 卷，河北教育出版社 1999 年版，第 111 页。

② 冯至：《致杨晦》，见冯姚平编《冯至全集》第 12 卷，河北教育出版社 1999 年版，第 117 页。

③ 冯至：《致杨晦》，见冯姚平编《冯至全集》第 12 卷，河北教育出版社 1999 年版，第 121 页。

春天里的一个礼拜日，冯至在书店里意外地发现了一套里尔克全集，共6本，3本诗，2本散文，1本翻译，他踌躇了许久，终于用40马克将它买下。这是怎样珍贵的一本书呀，他反复地研读，品味。每逢下了一番功夫，读懂了几首诗，"都好像有一个新的发现，所感到的欢悦，远远超过自己写出一首自以为满意的诗"①。从这里，他看到了理想的诗，理想的散文，也看到了理想的人生。

里尔克（1875—1926），生于奥地利布拉格，是20世纪初著名的德语诗人，堪与英语文学中的艾略特、法语文学中的瓦雷里比肩。他一生旅行过许多地方，在俄国、西班牙、意大利、德国、瑞士、北非以及斯堪的纳维亚半岛都留下了探寻的足迹，他甚至称俄国为"精神的故乡"。他的创作记录下他一生精神探索的历程，主要作品有《旗手》《祈祷书》《新诗集》《杜伊诺哀歌》《致奥尔弗斯十四行诗》，以及日记体长篇自传小说《马尔特·劳利特·布里格随笔》等。

有一段时间，冯至还特别爱读里尔克的信札，为其内在的精神所打动，从里尔克《给一个青年诗人的十封信》中，他亲切地呼吸着一个伟大的诗人的气息。在这些信里，谈到了诗与艺术，谈到了两性和爱、严肃和冷嘲、悲哀和怀疑，尤其谈到了人的内在精神的生长：

> 没有人能给你出主意，没有人能够帮助你。只有一个唯一的方法。请你走向内心。探索那叫你写的缘由，考察它的根是不是盘在你心的深处；你要坦白承认，万一你写不出来，是不是必得因此而死去……如果你觉得你的日常生活很贫乏，你不要抱怨它；还是怨你自己吧，怨你还不够做一个诗人来呼唤生活的宝藏；因为对于创造者没有贫乏，也没有贫瘠不关痛痒的地方。②

---

① 冯至：《外来的养分》，《立斜阳集》，工人出版社1989年版，第193页。
② 冯至译：《给一个青年诗人的十封信》，见范大灿编《冯至全集》第11卷，河北教育出版社1999年版，第288—289页。

　　让你的判断力静静地发展，发展跟每个进步一样，是深深地从内心出来，既不能强迫，也不能催促。一切都是时至才能产生。让每个印象与一种情感的萌芽在自身里、在暗中、在不能言说、不知不觉、个人理解所不能达到的地方完成。以深深的谦虚与忍耐去期待一个新的豁然贯通的时刻。①

　　这些对冯至真是太熨帖、太有吸引力了，他心中不可名状的忧郁得到了升华，模模糊糊的冲动变得明晰了，他知道了自己将要承担的责任和为此必须付出的努力，他学会了忍耐、等待，在这嘈杂的熙来攘往的世界上。

　　他止不住将这十封信翻译出来，并将其中的附录《论山水》寄到《沉钟》半月刊上发表。此期在《沉钟》上发表的里尔克的译文还有《豹》《马尔特·劳利特·布里格随笔》等。

　　这阶段冯至还接触了荷兰画家凡·高的画。这位画家生在荷兰最贫困、最穷苦的农村，一生视艺术为生命，他一方面用强烈的色彩、火焰般的热情描写风景和人物，另一方面又画出监狱和贫穷农家的阴暗，像《星空》《向日葵》《农民鞋》《食土豆者》等，以或旋转或滞重的心灵映象，表现了画家生命本体的冲动和对存在的叩问，存在主义大师海德格尔曾在哲学课堂上阐释过《农民鞋》等，认为里面包含着存在主义的哲学命题。30年代初，凡·高尚不太显赫——他的真正显赫是在1934年欧文·斯通写他的传记小说《渴望生活》出版和1935年纽约现代艺术博物馆举办他的画展之后。冯至几乎凭着心灵的敏感，认同了这位"生存艺术家"，并且对他的兴趣经久不衰，到晚年仍时常翻阅凡·高的画集。

　　从1930年9月到1931年7月，冯至已在海德贝格度过了10个月，10个月的收获就是几首里尔克的诗、几幅凡·高的画，另外还有几篇尼

① 冯至译：《给一个青年诗人的十封信》，见范大灿编《冯至全集》第11卷，河北教育出版社1999年版，第295页。

采的文，它们给予他的最大启发，是"懂得了一点寂寞同忍耐"。[①]

第三节 在柏林

7月份，冯至尊敬的宫多尔夫教授骤然死亡，打消了他继续留此读书的念头。

宫多尔夫的去世，对他打击太大了，在写给鲍尔的信中讲道："您不能预想到，我现在是多么悲哀，自从我到海德堡以来，这样的悲哀我还没有感到过……几月之久，宫多尔夫以他的讲授鼓舞了我。"[②]冯至本想下学期听宫多尔夫教授关于里尔克的演讲，听他的"德国历史家"课，现在则决定转到柏林大学，那里有关于"浮士德"和"威廉·麦斯特"的课，下步他想把目光转向歌德。

与风光优美的旅游小城海德贝格不同，柏林是德国最大的城市，是首都和政治、文化中心，人口400多万。柏林大学也是当时德国最大的大学，黑格尔、马克思等著名人物都曾在这里工作过。

当时柏林是各派政治力量争斗的中心，纳粹主义风行，大街上时常有冲锋队员横冲直撞，空气很紧张。冯至不喜欢这种气氛，在市里住了一段时间，就搬到柏林郊外的爱西卡卜村居住。这是一块小住宅区，四周为密密的枞树林所包围，建筑不像市内那样呆板、夸张，而显得幽静而有人情味，房子大都是白色的，道路由红沙铺就，冯至每次从沉重、阴暗的市里乘车归来，身心总会有一种难言的惬意。

这里算得上一个世外桃源，住户多为社会民主党，他们希望和平、社会稳定，但由于软弱，力量越来越小，开始为国社党替代。政治上失败

---

① 冯至：《致杨晦》，见冯姚平编《冯至全集》第12卷，河北教育出版社1999年版，第123页。

② 冯至：《致鲍尔》，见冯姚平编《冯至全集》第12卷，河北教育出版社1999年版，第145页。

了，但他们待人仍坦率、和蔼，因而空气相对宽松、自由。

房东太太是一个和善的中年妇女，本来夫妇感情很好，因另一人的介入，受到破坏。其实丈夫与第三者也没结婚的打算，但事后感到对不起妻子，就一个人搬到外边去住。妻子带着一个 15 岁的孩子，靠房租过活。节假日时，丈夫常回来，一家人热闹一番后，总说："住在这里，真舒服呀。"过后，房东太太喜欢将这事重复说与房客们听，并唠叨说："谁让他不能在这里呢？"住在她家的，除冯至外，还有一位 P 君，三十几岁，农业高等学校毕业后，已工作多年，现返回想修读个博士学位。他个子高，胆子却不大，博士论文的题目实际上早已拿到，就是迟迟不敢动笔，总说材料还不够。整天慢慢地洗理，慢慢地吃早饭，慢慢地散步，就是这样，时间白白逝着。但他见闻颇广，无论是教育、艺术、风土人情，大都能讲得头头是道。他喜欢告诉冯至一些本地的人和事，像哪个地方住着一个名作家，哪个地方住着一个开明的牧师等。一天，他说，刚才在车站遇到了挪威前代作家易卜生的女儿，据别人讲，她一到德国境内，耳闻目睹的大都是国社党的到处张扬，感到精神很窘迫，觉得只有在这爱西卡卜村，才有一点自由空气。

环境的变异，并没使冯至放任自己，仍严格把持着。坚持吃素、体操，读艰涩的古德语，不觉一学期又过去了。1932 年 6 月末，他徒步独游了撒克逊群山，参观了撒克逊都城，欣赏到了德国最精粹的画院，并进入捷克境内，南部奇绝的景色、壮观的山脉，令他心胸为之一开。本想行至布拉格，一访里尔克故乡，因钱已花完，未能成行。

在柏林，中国人也不算多，交往较多的是陈铨、蒋复璁、朱偰等，几人常聚在一起谈文学，谈中国国内的事，但友情平淡，算不得知交。印象较深些的一次交往，是夏天里朱自清的造访，他由伦敦学成返国，路过柏林，冯至邀其到郊外住处畅谈，还陪他游览了柏林的名胜，朱不喜言谈，但笃实、情真，二人觉得很谈得来，许多东西需要交流。但几天很快过去，兴奋过后又是寂寞。

好在 10 月里，女友姚可崑来到了德国，给他的生活添加了生气和欢乐。

冯至刚到德国，就与杨晦商量，想让姚可崑也来德国读书，最初杨晦不太赞成，怕两人在一起会妨碍学业。但冯至反复考虑，觉得还是让她来，一是北平的环境与生活对姚可崑的身体与精神没有好处；二是姚可崑是一个有上进心、有理智的女子，到国外走一走，看外国怎样生活，对她的发展有益。

1932年10月，姚可崑终于乘游轮抵达威尼斯，冯至从柏林赶来，与她一起回到柏林，他们一起住在爱西卡卜，但街道不同：

> 冯至住的那条街叫"鸣蝉路"（Zikadenweg）。我到柏林后，冯至为我租了一间房屋，街名"落叶松路"（Larchenweg）。我搬进去，觉得环境幽美，清静宜人。房东夫妻二人，有一个比我小几岁的女儿，家里安静和睦，我住在里边如置身世外。
>
> 我略作安排后，就到柏林大学附设的德语进修班报名学德语，被录取为正式的学生。每天八点到十点准时上课。学生来自不同的国家，年龄悬殊，语言各异，一班约二十人左右。我真佩服那位进修班的教师，面对着这一班不懂德语的学生用德语教学，用种种手势和身态，连说带比画使得学生能了解他的意思。教学进程很快，每天下课时留作业，第二天交。我总是下了课到一栋以黑格尔命名的阅览室去做作业，复习所学的内容。中午冯至来找我，一起去食堂吃午饭。饭后乘高架电车回西郊，我回我的落叶松，他去他的鸣蝉路。①

可以说，姚可崑来柏林后，两人的相处既甜蜜又有节制。姚学习外国文学，冯至仍然苦读他的书。星期日，两人一起到野外散步、游玩。在这平静、充实的生活中，日子仿佛不知不觉间加快了速度。

---

① 姚可崑：《我与冯至》，广西教育出版社1994年版，第20—21页。

在柏林，冯至的视野拓宽了，读书的范围也广了。歌德是他关注的重点，可以说开始了他的歌德研究时代。他曾花 140 马克买了一部 41 卷的《歌德全集》，潜心攻读，在给杨晦的信中，他讲道：

> 我数月以来，专心 Goethe（歌德），我读他的书，仿佛坐在黑暗里望光明一般。他老年的诗是那样地深沉，充满了智慧。但是我不敢谈他：因为现在国内是那样乌烟瘴气地纪念他，我个人，一方面是应当谦虚，一方面应当自爱。①

歌德和里尔克是两个气质不同、处在两个不同时代的诗人，歌德充满生命的跃动，在向外部世界的开拓中，达到生命与宇宙万物的和谐，里尔克孤僻、高古、内敛，善于向内心世界挺进，以此达到对宇宙、生命的洞彻，前者在浪漫主义中有古典的庄严、悲壮，后者在新浪漫主义中，蕴含不少现代主义成分。但冯至还是从他们身上看到了不少共同点：他们都重视观察，歌德《浮士德》里的《守望者之歌》是一首眼睛的赞歌，里尔克则从罗丹那里学会了观看；歌德强调宇宙万物的变化，在晚年的《东西合集》中，一草一木、一道彩虹或一粒黄沙，都是诗人亲见的，却无一不接触到宇宙的本体。里尔克善于思索人的生与死、宇宙的不断变化，在《致奥尔弗斯十四行诗》中写道："向寂静的土地说：我流。／向急速的流水说：我在。"这两位诗人，在对精神的追求、对宇宙本体的探寻上是一致的。冯至从里尔克那里，学会了观察、体验，忍耐和等待，从歌德身上，则理解了人必须不断否定、超越自身，投入到宇宙大化中去。

除歌德外，这时期，冯至还接触到另外几位作家，下面这份读书计划，可看出他的趣味和选择：

---

① 冯至：《致杨晦》，见冯姚平编《冯至全集》第 12 卷，河北教育出版社 1999 年版，第 137 页。

我在这里，除了读书，没有生活。除了 Goethe（歌德）我必须研究外，我的计划是：

1. 19 世纪初期我想深研 Kleist（克莱斯特），Holderlin（荷尔德林），同 Novalis（诺瓦利斯）。这三人是很可爱的。K 于三十岁左右自杀，H 于三十岁左右发狂，N 于三十岁左右病丧。K 是倔强，H 是高尚，N 是优美：可以代表精神生活的三方面。

2. 20 世纪初期的三诗人：George（歌德），Hofmannsthal（霍夫曼斯塔尔），Rilke（里尔克）；这三人的成绩比起他们的祖先来恐怕是有过之，无不及。

3. 还有欧洲在 19 世纪的三个伟大的人，能使人敬仰，使人深省，并且在近代的哲学同宗教发生极大的影响：即尼采，托斯托以夫斯基，还有一个丹麦的思想家 Kierkegaard（基尔凯郭尔）。①

这些作家，或是新浪漫主义的诗意哲学家，对现代文明充满了挑战，对未来充满了神启般的预言，像荷尔德林、诺瓦利斯等；或是具有存在主义色彩的作家，像里尔克、尼采、基尔凯郭尔等，他们都被后人称为广义的存在主义者，无论哪一类，都对内心精神生活的强调胜过对外在生活的模仿，对人类新思想的开辟胜过对传统哲学的依赖，对生命真实的正视胜过对现实的掩饰，对生命本体的探寻与拷问胜过放任自流的麻木和搪塞。从对这些作家的选择上，能看出冯至审美标准的转变，它们使冯至从情绪的发泄、从甜蜜的忧伤转向了真实的体验、忍耐和认真的选择，转向了以一己生命对宇宙对人生苦难的承担。

读书之外，平静下来的时候，往事经常在眼前浮现，远泊在千山万水之外，对过去有了距离感，正好用来观照和反省。由于有了 19 世纪、20 世纪杰出作家们的参照，他的反省来得苛刻，不留情面——

---

① 冯至：《致杨晦》，见冯姚平编《冯至全集》第 12 卷，河北教育出版社 1999 年版，第131 页。

我们的过去在什么地方？除了我们的态度是相当地忠实外，成绩可以说是等于零。我不承认我从前作的诗是诗，我觉得那是我的侮辱，尤其是像《北游》里边《黄昏》那样的油腔滑调，——我渐渐认识了我自己；在我认识了我自己的时候，我很痛苦，因为既无法自慰，也没有理由原谅自己。①

这种自责和反省不一定是准确的、合适的，却反映了他提高自己、升华自己的努力。

有时也会想想北平的事情——留在那里朋友家的父亲、过去的朋友、刚复刊的《沉钟》……想到《沉钟》，便又止不住地想到似乎彗星般永远消遁在故乡的陈炜谟，他那样忧郁，懒散，才华又那样出众……

第四节　重返海德贝格

柏林的气氛越来越紧张了，1933 年，国社党最终占领了政治舞台，大街上冲锋队员耀武扬威。柏林大学的图书馆也被查封，许多作家的书籍，像亨利希·曼，托马斯·曼，茨威格等人的书，一本一本地投入了火焰。柏林已不适宜待下去了。1933 年 4 月，冯至和姚可崑离开了爱西卡卜村，返回了海德贝格。

他仍住在先前住过的鸣池街 15 号。房东太太的丈夫已去世，只有一儿一女住在家里。这个家很清静，女儿天天上班，儿子整天在家闲待着，在风风火火的政治漩涡中，倒显得有些与世隔绝。不过，现在的海德贝格，已没有多少可谈的朋友了，徐琥、梁宗岱已回国，鲍尔在南欧。有时也与几个德国朋友与中国留学生闲谈，但远没有先前的那种气氛和热烈的

---

① 冯至：《致杨晦》，见冯姚平编《冯至全集》第 12 卷，河北教育出版社 1999 年版，第 137 页。

情境了。

　　8 月的一天，冯至有幸访问了宫多尔夫夫人，算得上那个消逝时代里的回光返照。那一天，打电话给她，正逢她在，这是宫多尔夫去世后，她唯一一天在海德贝格，冯至讲要访问她，她答应了。两人在宫多尔夫的大书房里谈了很久，她谈了丈夫的爱好、藏书，还讲她曾拜访过里尔克，讲她喜欢中国的绘画。临别时，宫多尔夫夫人送他一幅在瑞士拍摄的里尔克的照片。这照片，他一直珍藏，回国后，为配合纪念里尔克逝世 10 周年，发表在 1936 年 12 月份的《新诗》月刊上。

　　在海德贝格大学，接替宫多尔夫讲座的是阿莱文教授，冯至参加过一个学期他的研究班，后来，因他是犹太人而被解职。冯至也听过艺术史家戈利塞巴赫的课。收获最大的，是雅斯贝尔斯的哲学讲座。冯至常与姚可崑一起去听他的课，主要有"哲学逻辑""尼采""基尔凯郭尔""从康德到现代的哲学史"等，他的课在当时很受欢迎：

> 　　雅斯丕斯……为人和蔼可亲，讲课深邃洞彻，听他课的人总是挤满了大教室，后边还有人站着听。我经常是早去占座位。听讲时，我有许多地方不懂，笔记更记不下来，冯至比我听懂得多一些，但是笔记也记不全。幸而后来有一位德国同学，名登克曼（Denckmann），他常常友好地把他记得很详细的笔记借给我们参阅。①

　　雅斯贝尔斯当时是与海德格尔齐名的存在主义哲学家，两人分执海德贝格和弗莱堡大学之牛耳。他的哲学被称为实存哲学。所谓实存，是指人的本然的自我存在，它对人来说并不是既成的事实，而是一种存在的可能性。在他看来，人只有在与其他实存的精神的交往中才能达到他的本然的自我。个人要获得充实的生命和真实的存在，只有在"在世"中，在与他物共有中才能实现。这种在空间上和时间上对人的存在本质的探寻与追

---

① 姚可崑：《我与冯至》，广西教育出版社 1994 年版，第 25 页。

究，给冯至重要启示，对此的许多感悟，在他后来的《十四行集》《山水》中，慢慢体现了出来。

除了继续听课、读书外，他开始考虑自己博士论文的选题了。最初他选择的是里尔克的《马尔特·劳利特·布里格随笔》，想以此为题目。这本书是他当时最喜欢的，在给杨晦的信中，他说：

> 我在这里边得到许多的趣味。有许多地方，一般还没有得到相当的解释。有时我因为它不能不翻到 14 世纪的中古法文。——我幻想，尽我的能力把它弄个明白，将来把整部没有一点疑难地译为中文，抄得好好地送给你同如稷、翔鹤读。这该是我的无上的快乐。到那时，我们会觉得我们四周更是虚伪，我们现在的中国人更是没有生活，而是置身于一个好像庄子曾经神游过的世界：在那里 Rilke 在向我们叙说生同死，爱同神，他在那里歌颂着贝多芬，易卜生，古代的情人同巴黎市上的乞丐。到那时你如果问我为什么没有作诗，我的回答是：为了世界上已经有这么一本书。——也正是为了世界上已经有这么一本书，我不能不好好生活，做一点好的事。①

冯至为他付出不少劳苦，读俄国的小说、法国的历史、丹麦的贵族家谱（这位主人公布里格是丹麦人）等。但负责指导此篇论文的教授被国社党免职了，这题目也就暂时放弃了。后来，他又选布克（Boucke）教授为自己博士论文的指导老师。布克教授写过研究歌德文体的著作，熟悉北欧文学。他不同意原定的论文题目，几经商议，定为《自然与精神的类比——诺瓦利斯的文体原则》。诺瓦利斯和里尔克一样，都是冯至最感兴趣的诗人。冯至讲过：

> "论文的对象，若不是我爱好的或敬重的人和事，我是写不出来

---

① 《冯至致杨晦》，《沉钟社通信选》，1933 年 10 月 1 日。

的。"在他 1934 年的日记里，记有"五月六日，至布克家，讨论论文事"。以后他就倾注全力，研究诺瓦利斯，就是在罗迦诺休假时期，他也随身带着一部四卷本的《诺瓦利斯文集》和一部打字机。①

这次返回海德贝格，冯至已不是孤单一人，而是和姚可崑同行的。她也在这里继续学文学和哲学。经过一段时间的交往，他们心心更相印了，常在一起谈论过去和现在的一切，北平的初遇，柏林的重逢，回味不尽。不知多少次，他们在冯至住处的凉台上望着晨雾慢慢散开，落日缓缓西下，也常一起在涅卡河畔的树林里无终点地散步。无聊赖时，就做联诗缀句的游戏，譬如"他年重话旧游地，难忘春城花满枝"什么的。

1934 年 6 月的一天，这是 4 年前冯至向姚可崑写第一封信的时间——6 月 6 日，冯至与姚可崑买了两朵玫瑰和一点饼干，在鸣池街 15 号面对面地订了婚。相识已经 4 年，彼此已感到非常了解，没有什么人证婚，也没有什么人祝贺，他们在想象中邀请了沉钟社的朋友杨晦、林如稷、陈翔鹤几人参加。默默相视，何需海誓山盟，命运已将他们连在一起，共同去迎取未来的风风雨雨，共同承担明天和将来的甜蜜与艰辛。是年，冯至28 岁。

两个月后，他们两人和鲍尔夫妇一起，驱车来到南临瑞士的小湖滨区罗迦诺居住。这座湖区分属于意大利和瑞士两国。尽管居民都说意大利话，可是一方狂热地热衷法西斯主义，另一方却崇尚和平，希冀百余年止息干戈。

正是 8 月夏秋交接的时节，许多久违的动植物，在这里见到了。无边无际的蝉声，窸窸窣窣蝎子出没的声音，以及肥大、鲜美的西瓜、蜜桃，时时唤起冯至的乡思。在这里，他和姚可崑租住了临山靠水的一座小楼。房东是村里有名的富户，祖先在非洲经商，赚足了钱，留给儿孙们享用，所以这家人无所事事，安享时日，冷天到巴黎，天热了回来避暑，实在是

---

① 姚可崑：《我与冯至》，广西教育出版社 1994 年版，第 40—41 页。

优哉游哉。

这里的人与外界联系甚少，外部世界的竞争、干戈，这里风闻不到，就是罗马、伦敦、日内瓦，在他们看也远近一样。你若绕湖也走一走，碰到什么人，随便问他："你是意大利人吗？"他会说"不是。"再问："那么是瑞士人？"他又会摇摇头。在他们心中，他们既非意大利人，也非瑞士人，而是"特精省"人。特精省本属于瑞士，在这里的人看来，却好像超越了国界，是与外界没什么联系的地方。

生活闲舒、悠缓，日出而作，日落而息。无论遇到什么要紧事，永远那样不紧不慢，从容不迫，是这里人的处世风格。起初，冯至对他们，多少有些不信任。一天，他到邮局发信，空阔的邮局里只坐了一个少女。冯至用刚学的生硬意大利语，告诉她要发信，她却听不懂，用手比画着，在一张纸条上写了通讯地址，她才有些明白，从他手里接过信封，随手扔进一只乱七八糟地装满东西的抽屉里，实在叫人放心不下。但几天后，那少女背着一个大大的信袋，带来了一批初次转来的信件。以后又去寄几次，似乎都没遗漏。日子久了，冯至反而觉得自己多疑。

其实这里的邮局，只有一个人，即那少女的哥哥，既当局长，又干邮差，还要午休、喝酒，忙不过来，就叫妹妹来帮忙。渐渐地，邮差的职务便成了妹妹的，他只干个清静的局长。一次，倒是哥哥亲自送信来，问他妹妹呢，他说，家里生了一头小牛，她在家中忙碌呢，随即邀请冯至与姚可崑去看小牛。看小牛时，他们发现牛棚外有一大片番茄地，熟得正是时候，就摘了满满一篮，付了钱，满载而归。以后，兄妹俩不但供应给他们番茄，还不时送些其他蔬菜和水果来。

在罗迦诺村住了一段时间，相互间很快熟悉起来，大家不必客套，甩掉皮鞋，穿上便鞋，也不必戴领带，不必戴手表，循着日出日落的时间，度过了一天又一天。这种生活，冯至是欣赏的，没有大都市的匆忙、呆板，而只有乡村的幽静、闲舒，尽管懒散，并不误事；尽管固执，但没有欺骗，不像别处，社会文化文明对人、对自然、对生活有那样强的制约力，他们从被大部分人忽视了的另一角度，理解生存，青山默默，水流缓缓，自然、人、生物，在一个共同的环境里，和谐生息，彼此不相妨碍。

第五节 诺瓦利斯研究

转眼间，冯至到德国已经 5 年了。

1935 年 6 月，在布克教授指导下，他以论文《自然与精神的类比——诺瓦利斯的文体原则》获得博士学位。

诺瓦利斯（1772—1801），是德国早期浪漫派诗人。代表作品有《夜颂》（1800）、《圣歌》（1799）等。他还写过长篇小说《海因里希·冯·奥弗特丁根》，书中以蓝花作为浪漫主义的憧憬象征，他也因此被誉为"蓝花诗人"。他喜欢黑夜，憎恶白昼和日光；他宁取疾病而不要健康；他崇尚逸乐、荒诞、孤独和神秘，"做任何事情，总是倾其全力以赴。最深沉、最放纵的感情就是他的原则"。[①]

著名文学史家勃兰兑斯曾指出，研究和理解诺瓦利斯的意义：

> 参观矿山的旅客随着一个提灯笼的人，蜿蜒地走进了地下的坑道，借助摇曳不定的灯影在深坑里左顾右盼。我想邀请读者也来做一次同样的旅行，如果他信任我的向导和我的火把的话。我们想走下去的坑道，就是德国人的心灵，这个坑道几乎像任何坑道一样深邃而黑暗，一样独特，一样富于贵重金属和垃圾。我们将会看到，这种心灵在浪漫主义时期具备什么性质，它在浪漫主义者中间那个首先称得上心灵诗人的人身上，即在诺瓦利斯身上，具备什么形式和气质。[②]

① 勃兰兑斯：《十九世纪文学主流·德的浪漫派》，刘半九译，人民文学出版社 1981 年版，第 165 页。

② 勃兰兑斯：《十九世纪文学主流·德的浪漫派》，刘半九译，人民文学出版社 1981 年版，第 179 页。

而今在浪漫主义者身上，心灵发生了这样的变化：歌德所谓的"灵魂的热"变成了达到沸点的炽热，用烈焰烧光了一切坚固的形式、形象和思想。浪漫主义诗人的光荣就在于他内心燃烧着的最炽烈、最激昂的感情。诺瓦利斯做任何事情，总是倾其全力以赴最深沉、最放纵的感情就是他的原则。①

《自然与精神的类比——诺瓦利斯的文体原则》分导语、诺瓦利斯风格详述、结语三部分。"导语"对诺瓦利斯对世界的理解做了梳理，第二部分"诺瓦利斯风格详述"，分析了诺瓦利斯对"光—颜色""火""流体：水、海、河、泉"等 11 个方面现象间的相互联系与互通。结语是对前一、二部分的总结。论文对诺瓦利斯的研究，可以说是冯至与诺瓦利斯的一次心灵对话。在论文中，冯至指出了诺瓦利斯与其他浪漫主义作家的不同：

诺瓦利斯既没有像年轻的弗里德利希·施莱格尔那样在内心深处感受到理智与情感、理想与现实的分裂，也没有像蒂克那样经历过巨大的幻灭。诺瓦利斯并未囿于浪漫主义的一个基本特征即浪漫主义的反讽。在当时的志同道合者中，他是一个使一切都统一和谐的纯粹诗人和独一无二的神秘主义者。②

冯至深刻体味到了浪漫主义者诺瓦利斯的使命：

他的使命是构建一个原初的世界，对一切科学都追溯到最终统一性的源头，召唤黄金时代的到来，并建立一个新的宗教。所有这一切皆依凭于他诗意的"心灵"的力量。诺瓦利斯的全部作品都交

① 勃兰兑斯：《十九世纪文学主流·德国的浪漫派》，刘半九译，人民文学出版社 1981 年版，第 180 页。

② 冯至：《自然与精神的类比》，见范大灿编《冯至全集》第 7 卷，河北教育出版社 1999 年版，第 9 页。

织和渗透着诗意，是诗意的想象和创造。因此，无论在形式的选择上，还是在内容的处理上，我们首先要把他的作品视之为诗。①

"视之为诗"的本质在于万事万物的彼此关联、相互接近和互通：

打开诺瓦利斯的作品，我们处处可以看到，他把万事万物都解释或设定为相互关联的。他的诗歌如同一个世界，在这里一切界线都消失了，所有的距离都相互接近，所有的对立都得到融合。"同在性"是浪漫主义特有的和最常用的表述，它也为诺瓦利斯所信奉。在他看来，自然中没有什么东西"比伟大的同在性更值得注意"的了。陌生的同时也是熟悉的，遥远的同时也是亲近的。②

神秘主义逻辑的概念不是派生的，而是来源于事物循环的生命的基本形式。在这里，以往那些总是彼此对立的概念和阶段，如白昼与黑夜，光明与黑暗、精神与肉体等都被结合在一起，构成一个圆环。白昼与黑夜，黑夜与白昼相互包容，一切极端的东西在永恒的循环中都彼此应和，息息相关。③

这就是精神世界和有机世界的同一性，也就是冯至总结的自然与精神间的类比特征，这种观念深深影响了冯至以后的创作。

---

① 冯至：《自然与精神的类比》，见范大灿编《冯至全集》第7卷，河北教育出版社1999年版，第4—5页。
② 冯至：《自然与精神的类比》，见范大灿编《冯至全集》第7卷，河北教育出版社1999年版，第5页。
③ 冯至：《自然与精神的类比》，见范大灿编《冯至全集》第7卷，河北教育出版社1999年版，第8页。

第六节 归 国

7月，冯至与姚可崑去了法国。巴黎，这欧洲大陆上最大的城市，风情浓郁，且有强烈的文化气息，令他们感到浪漫，感到适宜，正好北大读书时的教授张凤举先生在这里，便请他做主婚人兼证婚人，两人在这里悄悄结婚了。依然是没有欢宴，没有祝贺的人群，但心的相印，并不必在意形式，结婚也如他们的人，质朴、简单，注重本质，沉重的撞击是在心的远景里。

作为蜜月旅行，他们又转道去了意大利。罗马众多的教堂、历史古老的建筑、藏量丰富的博物馆让他们体味了什么是历史、什么是艺术。更难忘的是威尼斯，它依然保持着往古的特点、往古的浪漫，雅致富有古意的建筑、流动不息的城中河道、浪漫活跃的威尼斯男女，让他们感到一种浪漫的情调。后来，冯至还写了一首十四行诗，纪念这座著名的水城：

> 我永远不会忘记
> 西方的那座水城，
> 它是个人世的象征，
> 千百个寂寞的集体。
>
> 一个寂寞是一座岛，
> 一座座都结成朋友。
> 当你向我拉一拉手，
> 便像一座水上的桥；
> ……①

---

① 冯至：《十四行集》，见刘福春编《冯至全集》第 1 卷，河北教育出版社 1999 年版，第 220 页。

8月中旬，由威尼斯，他们踏上了归国的路途。望着一眼望不到边的海，冯至颇有感慨，当年赴德，孤身一人，迷惘而又孤独，而现在与心爱的人一起，背着从异国他乡收获的行囊，充实而又从容。他不知道未来等待他的是什么，但无论是什么，他都会忍耐、克服，认认真真地去做，这一点是坚定了的，他没有别的选择。

经过半个月的海上旅行，9月初，冯至夫妇抵达上海。迎接他们的是曾在柏林学习过的张贵永，他是中央大学历史系教授，蒋复璁恰知他有事到上海，便恳托他照顾一下冯至夫妇，并嘱他转告冯至，上海现有不少留德的同学与故友，希望他们能够在上海待一段时间。

冯至最急于见到的，是因家庭发生变故，只身在上海的杨晦。

当晚，他们在一起谈到很晚。杨晦现已转到上海同济大学附设高中教历史。他的耿介、疾恶如仇的性格，总使他在人群中容易受到排挤，虽不得已换了不少学校，但秉性依然未改。他仔细听冯至讲了德国留学的情况，然后提醒道：你要睁眼看看中国的现实，不要再做脱离现实的梦了，有多少人在战斗、在流血、在死亡！

次日下午，他们一起去拜访了鲁迅先生，见面地点是在内山书店附近的一座小咖啡馆里。鲁迅正在病中，脸色憔悴，比几年前苍老了许多。他专注地听冯至介绍了希特勒当权后德国的情况，比如冲锋队怎样在大街上横行，图书馆里的图书怎样被焚烧，还有德国市民中流传的一些政治笑话。鲁迅听后说：暴政统治下在人民中间最容易流传这类的讽刺。鲁迅也谈了一些国内的情况，尤其沉痛地提到韦素园的弟弟韦丛芜，说他在鄂豫皖根据地红军撤退后，竟给 CC 头子陈立夫上条陈，为其"围剿"红军出谋献策。另外，鲁迅还告诉他们，他为良友图书公司编选的《中国新文学大系·小说二集》已出版，里面选了《浅草》和《沉钟》上的一些小说，其中有冯至的《蝉与晚祷》与《仲尼之将丧》。他们一直谈到屋里的光线变得晦暗。听鲁迅谈起中国文坛的情况，不知怎的，冯至顿时有一种"时移世易，百事俱非"的感觉。

回国后干什么呢？这个问题摆在冯至面前，蒋复璁希望冯至到南京去，干什么可自己选择，但杨晦还是建议去北平，他认为北平比南京还是多一点自由，少一点官僚气。冯至夫妇听取了杨晦的建议，决定还是去北平，他们到南京礼节性拜访了一下蒋，于 1935 年 9 月 12 日乘火车到了北平。这个时点，距上次离开的 1930 年 9 月 12 日整整过了 5 年。

第五章　居于幽暗

第一节　飘　摇

到北平后，"百事俱非"的感觉更甚。风雨前夕的北平，杨晦称它为"危城"，只能给人暂时住留的漂泊感。文坛沉寂，经常出现的，只是周作人几个闲适文人。"浅草""沉钟"的朋友大都星散各地。在北平的近一年，冯至基本是在落寞孤寂中度过的。

好在生活中有温情和友谊的支撑，尽管没有像杨晦那样的挚友，但也有了新的可以交流的朋友。

到北平后，冯至夫妇在西单新平路租了一所四合院，算是安家了。冯至在国外期间，父亲一直寄居在北平、天津的亲戚家，过着孤单、清苦的生活。冯至一直挂念父亲，安顿下来后，立即将他接来同住，也算了结了一桩心事。父亲来后，小院里开始洋溢着天伦之乐。次年6月，女儿冯姚平出生了，这里更像一个家了。

朋友们逐渐多了起来，顾随有时来访，在海德贝格相识的梁宗岱、朱自清也经常见面晤谈……

战乱年代，人如蝼蚁。30年代中期的北平，真正难以放下一张平静的书桌了。冯至没有固定的收入，日常生活的维持也难以为继，为了养家糊口，不得已还向胡适求援过：

冯至听说胡适掌管中华教育文化基金董事会的大权，里边设有一个编译委员会，组织人力翻译西方名著，每月支付译者一定的生活费，等到书成后，再总结算。胡适惯例每逢星期日上午接见来访者。冯至在十月下旬一个星期日去拜访了胡适。胡适初见冯至，似曾相识，冯至提到十多年前给他抄过书，他才想起来确有其事。冯至向他说明了来意，他并不反对，只说要看看译文如何。11月18日冯至把自己翻译的《维廉·麦斯特的学习时代》前两章作为"样品"请他审阅。他同意冯至翻译歌德作品，每月预支稿费一百五十元。1936年暑假后，冯至有了正式工作，有固定工资，写信给编译委员会，请他们停止预发稿费，他们同意了。这一"停止"，好像没有人催稿，缺乏推动力，翻译也进行迟缓了，直到抗日战争时期，拖拖拉拉，完成了前五部和第七部一半，便中止了，六、八两部及第七部的后半都是我继续译完的。译文我们很不满意，不肯拿出来付印，在箱里放了几十年，直到1988年才交给人民文学出版社，由责任编辑关惠文整理出版。①

"有了正式工作"是指蒋复璁推荐他到上海同济大学任教授，同时兼任附设高级中学暨德语补习班主任。对这次到上海就职，冯至父亲很支持，他讲：

看形势，平津非久留之地，我们现在是"燕巢于飞幕之上"，而且你们为了照顾我，长期分居，我有所不忍。你赶快走，去上海，我在北平还有别的子女照顾，你们每月给我寄生活费就行了。将来条件成熟时，我到南方找你们去。②

---

① 姚可崑：《我与冯至》，广西教育出版社1994年版，第52页。
② 姚可崑：《我与冯至》，广西教育出版社1994年版，第55—56页。

到上海后，冯至一家租住在上海市郊吴淞镇的一座小楼房里，离同济大学附中不远。

同济大学的前身是一位德国籍医生于 1907 年在上海创立的同济德文医学堂，1912 年增设工科，名同济医工学堂。第一次世界大战后改为国立同济大学，仍是只有工学院和医学院，1936 年又建立了一个小规模的理学院。由于学校的传统，德语为第一外国语，德籍教师很多，讲授用德语。为了学生能掌握德语，设有附设高级中学暨德文补习班。这学校属于朱家骅的势力范围，冯至能到那里工作就是蒋复璁通过朱家骅给推荐的。朱家骅希望到同济去工作的人能为他培养"人才"，将来供他使用，并拟在大学里筹备文学院。可是冯至辜负了他的希望，没有按照他的"精神"去做。①

在同济附中期间，因缺乏政治头脑，为人正直，同情和爱护聪明有为、爱国进步的学生，特别是又邀请杨晦来任历史教师——杨晦政治立场鲜明，敢讲话，深受学生欢迎。这些自然引起了一些人的不满，许多人联合起来排挤冯至。所以在同济附中的这段时间，冯至过得并不愉快。

对冯至打击最大的，是鲁迅先生的去世。鲁迅先生去世的噩耗，对他不啻是一声霹雳，一连几天在沉哀中不能自拔。1936 年 10 月 23 日，冯至、姚可崑、杨晦一起参加了鲁迅出殡的行列。那真是令人难忘的场面，从殡仪馆到万国公墓，送殡的队伍绵延几里，"鲁迅先生丧仪"的大字横幅，由几位青年作家举在最前面，然后是挽联、花圈、遗像、灵车，挽歌此起彼伏。冯至也随着人流唱着这挽歌，喊着"鲁迅先生不死"的口号。这道路好漫长呀，但他并不希望很快走完。10 多年来，与先生的一些交往，在眼前闪现着，有些已经模糊的记忆，似乎一下变清晰了。他止不住想，自己和杨晦在这里，也就代表了外地的陈翔鹤、陈炜谟、林如

---

① 姚可崑：《我与冯至》，广西教育出版社 1994 年版，第 57—58 页。

稷，他们也会这样悲痛、这样哀悼的，尽管先生称道的"最坚韧"的社团已不存了，但这种精神，我们是会持续下去的。

丧仪由蔡元培、宋庆龄主持，蔡先生讲了话，他说："我们要踏着前驱的血迹，创造历史的塔尖……"

鲁迅的出殡，是新中国成立前自孙中山去世以后，中国青年、老百姓自发走向送葬的最壮观的一次。

到 1936 年 10 月，冯至这个新诗生长期的诗人，已沉默了 6 年。正好这时，几个朋友约请一起办个诗刊，他愉快地应允了，这便是《新诗》月刊，编委由戴望舒、孙大雨、梁宗岱、冯至、卞之琳组成。在 10 月份出刊的第 1 期上，发表了《致读者》，谈了注重纯艺术的宗旨。主要作者除编委外，还有废名、徐迟、何其芳等。这次办刊，与办《沉钟》有所不同，《沉钟》是朋友间的结合，以友谊为媒介，《新诗》则是风格间的吸引。这份月刊，1936 年 10 月 10 日创办，共出 8 期。

在同济期间，冯至也开始了停顿许久的写作生活：

他在 10 月写纪念里尔克逝世十周年的文章，并译了几首里尔克的诗，在 12 月份的《新诗》上发表。后来他还给《新诗》译了歌德的《爱欲三部曲》中最长的一首《玛利浴场哀歌》。黄源约他给《译文》提供译稿，他叫我给《译文》从一本德文杂志里译出俄罗斯安恩廓夫的《忆果戈理》。他翻译尼采的诗，一部分给《译文》，另一部分给王统照编的《文学》月刊。1937 年春，陈炜谟从四川来信介绍，他在《西风》上发表两篇散文《罗迦诺的乡村》和《怀爱西卡卜》。快到暑假时，朱光潜在北平筹备《文学杂志》，向他索稿，他写了四首怀念亡友梁遇春的诗，发表在这杂志的第一期里。他还把他在柏林时译完曾在《华北日报副刊》发表过的里尔克《给一个青年诗人的十封信》重新整理，写了序言，寄给北平中德学会，作为《中德文化丛书》里的一种。这中间《维廉·麦斯特》的翻译仍然慢慢进行着。这一切，都是他屏除行政工作的烦恼。在夜里灯光下完成的。①

《新诗》的生命并不长，次年七八月间，淞沪战争爆发，已经付印的7月号毁于日本人的炮火之中，刊物也从此夭折。

第二节 南 渡

生活在黄浦江边吴淞镇的冯至，已渐渐感到了危险的临近。七七事变以来，平津沦陷，日舰驶入扬子江，战争的阴影一步步紧逼，吴淞镇成为战争的最敏感地带。居民们开始是三三两两，后是成群结队地离开这里，本来热闹、繁华的处所，变得一片沉寂，有如一座死城。

1937 年 8 月 12 日这天，镇上人突然多了，茶馆里、饭店里、商铺的廊檐下，汇集了不少士兵。他们好奇地在空落落的镇里转来转去，冯至也怀着好奇绕镇看了一圈。等待的滋味是不好受的，战争随时都会爆发，但在它还未爆发之前，却好像很沉重地悬在空中，要落又落不下来。

这时，街上来了一个农夫，挑了满满一担西瓜。他显然不知道已经发生了什么和正在发生什么，吃惊地打量着四周，想了半天，似乎有点明白，就对过往的士兵说："弟兄们，把它们拿去吃吧，我不想再挑回去了。"语音刚落，已有十几个士兵围了上去。

看到这景象，冯至似有所悟，沉闷的心一下感到了轻松，好像觉得一段新的历史就要从这里开始。只要这段历史开始，过去的耻辱就会一笔勾销，他快步回到住处，愉快地做完了需要做的工作，收拾好该带的东西，最后望了一眼桌椅等四周的一切，算是告别。夕阳在望，去市里的火车已没有了，只好坐一条小船离开此地。

进入上海市法租界霞飞路 22 号时，已是掌灯时分。当时，因吴淞镇

---

① 姚可崑：《我与冯至》，广西教育出版社 1994 年版，第 61 页。

处在最前线，形势严峻，冯至就在上海法租界租了两间房，让到上海投奔他们的表妹居住，后来姚可崑和孩子也搬到了这里。当他向家里人述说一天的经历时，闸北一带的枪声已经响起来了。听到这枪声，他深深地喘了口气，这口气已憋得太久了，如今吐出，好像放下了一个长长的负担。同时他感到，几万万人同时喘了一口气，整个中国喘了一口气。

战争终于在上海全面爆发了，城市陷入一片混乱。冯至任职的同济大学及其附设中学决定南迁。匆匆地准备，匆匆地启程，漫长的战乱之旅开始了。

学校几乎是走走停停，停停走走。9月，到达浙江金华，驻停了一段时间，又走。次年1月，抵达江西赣县。在这里，他见到了德国朋友鲍尔。鲍尔是应他的邀请来同济大学附设中学教德语的，为了寻学校，已奔波了数千里。他们分手在法西斯猖獗的德国，重逢在日本法西斯侵略的中国，看来战火已开始在全球蔓延。战乱相逢，心中别有一番滋味，当年他们在德国担心发生的事情，如今果然应验了。

在赣县停留了半年后，学校继续南迁。这时，妻子姚可崑病了，不能成行，只能暂时滞留于此。日本人的铁蹄步步逼近，而她的病情却始终不见好转，冯至真是忧心如焚，当她病得最重、不省人事的时候，他坐在她的病榻边，摸着她冰凉的手，好像被牵引着，到阴影的国度旅行了一番。姚可崑的病，拖拖拉拉近两个月，始有恢复。10月下旬，他们又上路了。沿途到处是散乱的人流，天地茫茫，道路漫漫，乱世之中，自己掌握命运的机会显得多么微小。从赣江到万安，是一段艰难的水程，中途船停在一个不知名的地方过夜，周围平静，冯至却感到一丝不安：

　　睡了不久，好像自己迷失在一座森林里，焦躁地寻不到出路，远远却听见有人在讲话。等到我意识明了，觉得身在船上的时候，树林化作风声，而讲话的声音却依然在耳，这一个荒凉的地方哪里会有人声呢？这时同船的郭君轻轻地咳嗽了一下。

　　"我们邻近停着小船吗？"我小声问。

　　"不远的地方好像看见过一只。"郭君说。

　　"你听，有人在讲话，好像是在岸上。"

　　"现在已经是十二点半了——"郭君擦着一支火柴，看了看表，说出这句话，更增加我的疑虑。

　　这时全船的人还是沉沉地睡着。

　　我也怀着但愿无事的侥幸心理又入了半睡状态。不知过了多少分钟，船上的狗大声叫起来了；船上的人都被狗惊醒，而远远讲话的声音不但没有停住，反倒越听越近。我想，这真有些蹊跷了。

　　船上的狗叫，船外的语声，两方面都不停息；又隔了一些时，郭君披起衣服悄悄地走出船舱。这时全船的人都屏息无声，只有些悉索的动作：人人尽其可能地把身边一点重要的物件往不惹人注意的地方放：柴堆里、炉灰里、舱篷的隙缝里……大家安排好了，好像静候着一件非常的事。①

　　原来只是夜晚捉鱼的渔船闹出的声音，却引起这样一番不必要的惊慌，反映了战乱中人的惊慌难宁的心态。

　　到达桂林时，已是 8 月中旬。这时候，南京失守，武汉撤退，长沙发生大火，使各地的难民都蜂拥到这里。桂林山水甲天下，但谁还有心去欣赏这美丽的风光呢。在桂林滞留了十多天，他们又挤上了一条漓江的民船，经阳朔到达平乐。在平乐，他和妻子遇到了一个认真而守时刻的裁缝，许久都难以忘怀。

　　船到平乐后，他们很快找到了一辆去柳州方向的汽车，准备第二天一早走。姚可崑突然想到越往南越热，随身只带的棉衣恐怕穿不上了，就说想做一件夹衣，不知还来不来得及。冯至说，不妨试试看。走了几家裁缝铺，都说不行，最后问到一家，也说来不及，只是口气不那么坚决。他

----

①　冯至：《在赣江上》，见《冯至选集》第 2 卷，四川文艺出版社 1985 年版，第 32—33 页。

们试着恳求道："如果您在今晚 12 点以前把衣服缝好，我们愿意出双倍的价钱。"裁缝讲，加倍的钱是不要的，怕的是时间来不及。夫妻俩又继续恳求说，这么急也是迫不得已，因为明天一早就要赶到柳州去。最后裁缝终于答应了："就放在这里吧，我替你们赶出来。"

他们给裁缝留下地址，回去收拾罢东西，就早早睡下了，准备明早一起就去拿那夹衣。半夜里突然有人敲门，开门一看是茶房，说楼下有人找。冯至下了楼，见裁缝正捧着叠得整整齐齐的夹衣站在旅馆柜台前，说紧赶慢赶，终于在 12 点前把衣服赶出来了。冯至非常感动，连忙接过夹衣，紧紧握住他的手连声道谢，然后拿出一张 1 元的纸币。裁缝又找回两角钱，说："一件夹衣 8 角钱。"转身就走了。从裁缝身上，冯至看到平凡人忠于职守、认真负责的精神，也平添了对抗战的信心。这件事后，每忆平乐总会激起他乡愁一般的怀念，他曾在一篇文章中写道："如今平乐已经沦陷，漓江一带的山水想必也会有了变化，同时那个裁缝，我不知道他会流亡到什么地方，我怀念他，像是怀念一个旧日的友人。"①

平乐之后是柳州、南宁……水上坐的是狭窄的民船，陆上乘的是拥挤不堪的汽车，空中还时常有敌机侵扰，在这样的情况下，冯至携带着病妻幼女，不断地奔波着。熟悉的事物越来越远，生疏的东西越来越多，经过一年零三个月的跋涉，行程几千里，终于在 1938 年 12 月来到昆明。

12 月的昆明，温暖如春，天空看上去格外明净高远。湛蓝的天底下是葱绿的由加利树、绽着红蕾的山茶、西山黛色的远影。从阴暗、嘈杂的旅途，一下转入这明朗天、开阔地，他心中的郁闷释散了不少。他想到当年杜甫由陇入蜀，几经坎坷，也是在 12 月份到达成都的，并写了那首悲喜交集的名篇《成都府》：

　　　翳翳桑榆日，照我征衣裳。
　　　我行山川异，忽在天一方。

---

① 冯至：《忆平乐》，见《冯至选集》第 2 卷，四川文艺出版社 1985 年版，第 63 页。

但见新人民，未卜见故乡。

大江东流去，游子日月长……①

他觉得，自己的心情不也正是这样吗?

第三节　西南联大

到 1938 年年底，昆明已成了当时中国的大后方，内地的许多机构、学校，纷纷迁往这里。许多过去熟悉的或有交往的文化人如朱自清、卞之琳、沈从文、罗常培、杨振声等，也聚集到这里。云南本是个天高、地远、鲜为人知的地方，现在却不同了，大街上经常能碰到北平、上海等地的熟人，甚至一些过去难得见面的旧朋新友，也会在这里猛然遇到。大家在惊讶地打过招呼后，便忙不迭地相互询问离别的情况，叹息离乱之苦，抒发故园之思，总感到有说不完的话。所以初到昆明，并不感到寂寞。有时候也会在这里见到路过昆明到四川或其他地方的文化界人士，如刚到昆明不久，茅盾去兰州，经过这里，文艺界抗敌协会在一家饭店为其接风，冯至应邀作陪，当时出席的还有楚图南、叶圣陶几人。次年春，梁宗岱也经昆明入川，顺便拜访了他。几年不见，梁还是那样生气勃勃，那样自信。他们在一起回忆了当年在海德贝格时的一些情景。重逢的时间是短暂的，逗留几天后，梁宗岱便离去了。

昆明的"新人民"，给他留下很好的印象，他们平朴、热情，有古代遗风。最初，冯至是租民房住的，但搬家时，男女主人执意不收房租，说："我们是交朋友，不在乎这点房租，不是因为抗战，平日我们请你们都请不来。"这些话，对于来自千里之外的冯至他们来说，是温暖的、舒服的。在他看来，这个陌生的地方，倒真有点像自己新的"故乡"了。

---

① 萧涤非：《杜甫诗选注》，人民文学出版社 1979 年版，第 149 页。

在昆明的头一个学期，他仍任职于同济大学及附设中学。但这里的环境很糟，早在上海期间，学校里的几派势力就争斗得很厉害，杨晦由于在课堂上宣传抗日，在进步学生中影响较大，遭到一些人的攻击，不得已而离开。他走后，冯至又成了这些人攻击的重要对象。1939年暑假后，他干脆辞去了同济大学的职位，应聘到西南联大任外文系德语教授。

西南联大由原北平的北大、清华和天津的南开三所大学组成，是抗战时期国内规模最大的大学。学校共设5个院，26个系，有在校学生3000多人。不少海内外著名的作家、学者在这里任教，如冯友兰、吴晗、闻一多、朱自清、卞之琳、沈从文、李广田等。

供文、理、法三个学院使用的新校舍坐落在大西门外，校舍简陋但又很有秩序，分为南北两区。北区一边是课堂，一边是男生宿舍；南区面积较小，全是课堂，中间是图书馆。这个图书馆实在简易得很，且没有多少藏书，各校迁移时，只有清华大学带了点书，路上又散失了不少。仅存的书也破烂不堪，有的纸也都卷起如狗耳，有的没有封面，但却是珍贵无比，得到了最大限度的利用。

粗劣的校舍，倒是与教授们破烂的衣衫、营养不良的面孔相协调。最初一年，冯至感到这里生活安宁，物价比较便宜。但这种状态很快结束，通货膨胀的阴影逐渐临近，并达到高峰。经济系的杨西孟教授曾做过详细的数字统计，得出结论是：教授生活待遇一直呈直线下跌，从抗战初到1943年，生活实值大约从300多元降到10多元。这样，教授就只有靠消耗过去的储蓄，典卖衣服、书籍，卖稿卖字，维持生计了。再不行，便发生营养不足、疾病、儿女夭折等事件。文学院院长冯友兰后来回忆这段生活时说：

> 教师们也因为通货膨胀而生活困难。当时有人说，现在什么都值钱，就是钱不值钱。教师所得到的，就是这种越来越不值钱的钱。他们大部分都是靠卖文或其他业余工作以补贴生活，也可以说是勤工俭教吧，但仍不够花。联大的部分教师，曾经组织了一个合作社，

公开卖文卖字卖图章，我也列在卖字之内。可是生意不佳，我卖字始终没有发市。①

冯至家怎样呢？先是花掉储蓄，后是出卖东西，先是照相机、留声机，然后是跋涉千里未忍抛弃的玻璃器皿，然后是外国朋友送给女儿的玩具，最后是典卖衣服、书籍。疾病也常来光顾。姚可崑自赣县得病后，一直得不到足够的营养，体温长期在35度左右，冯至也先后得过回归热、斑疹伤寒、疟疾，女儿则患过百日咳和不起免疫作用的各种麻疹……

尽管生活艰苦，但联大师生们的精神是充实而健康的。重山叠水把昆明与前线相对隔离开来，使他们能有一个相对安静的环境读书、思考。而抗战的要求，又激发着他们的精神，激励他们去努力工作，这足以使他们用精神的富有去战胜物质的贫困。同时，在这样一个新环境里，由于大家关心同一个问题，思考同一个问题，自然鄙视虚伪，而崇尚真诚、坦率。在昆明的日子里，不论是从良师良友，还是从短途相遇的路人，冯至都获得了不少力量和启发。他自己说："这七年内，朋友当中见面时常常谈些文学问题、给我不少启发的，是卞之琳和李广田，常常谈些政治形势和社会现象的，是陈逵、夏康农和翟立林。"②卞之琳和李广田是联大同事。夏康农是中法大学生物系教授，陈逵是云南大学英文教授，翟立林毕业于同济大学工学院，时在联大听课。

除这以外，他与闻一多也有交往。冯至最初住在东城节孝巷内怡园巷，巷口对面是闻一多、闻家驷兄弟的寓所。他们寓所后五华山坡下有一个防空洞。一天，防空预报发出后，又来了紧急警报，冯至一家来不及上山，便跑到闻家，与他们一起躲进了防空洞，从此结识了闻一多。闻性情刚直，不拘一格，既能视外面嘈杂于不顾，专心研治唐诗和古乐府，关键时刻又能站出来，充满激情地对外部世界发言，冯至很钦佩他的这种性

---

① 冯友兰：《三松堂自序》，生活·读书·新知三联书店1984年版，第107页。

② 冯至：《自传》，见《冯至选集》第2卷，四川文艺出版社1985年版，第503—504页。

格。1941年，冯至写了一篇介绍基尔凯郭尔的文章《一个对于时代的批评》，闻一多读后大加称赞，找冯至晤谈到深夜。

除了同事与朋友间的交往外，冯至还认识了不少学生，其中一些保持了较深的友谊。最先接触的是冬青文学社的一些成员，如穆旦、杜运燮等，——后来这两人成为"九叶诗人"的重要成员。冬青社办有《冬青》诗刊，曾向他约稿，他便将翻译的里尔克的诗作拿到上面刊载。1940年10月，该社举办活动纪念鲁迅逝世4周年，他应邀去做了报告，讲了鲁迅的为人和精神，很受成员们欢迎。后来，冯至的十四行诗对穆旦、杜运燮等九叶诗人产生了深刻的影响。

文聚社与他的关系更密切些。《冬青》的主要作者和读者是联大同学，文聚社办的《文聚》则面向社会，它除得到联大师生的支持外，还发表过校外不少社会名流的稿件。冯至曾给他们写过一些杂文。据该刊物的主要编辑者林元说，老师中"发表文章最多的是冯至"①。冯至与林元也通过《文聚》建立了长久的友谊关系。1951年，林元参加编辑《新观察》，就是在他的催促下，冯至才最后写完《杜甫传》，按期在刊物上连载。

冯至还参加过新诗社的一些聚会，在简陋的教堂里，或者在露天的草地上，听学生们自由地交谈、辩论，朗读自己的作品，冯至每每有心理解放的感觉。他曾写过一篇文章《读缪弘遗诗》，介绍了其成员缪弘等人的创作，文章写道：

> 他们新鲜、活泼，因为他们深知他们处在一个既不新鲜也不活泼的社会里。由此他们也更深一层意识到时代所给予他们的幸福与苦难。他们的作品使前一辈的诗人回顾自己走过狭窄的道路而感到惭愧，他们的声音使一些自居为青年导师的人们失去"尊严"，这中间不是隐隐孕育着一个新的趋势、新的发展吗？②

---

① 《忆冯至先生二三事》，香港《诗》双月刊"冯至专号"第2卷1991年第6期，第121页。

② 冯至：《从前和现在》，见《冯至选集》第2卷，四川文艺出版社1985年版，第205页。

从 1940 年 9 月起，昆明城里，防空的警报一直不断。起初大家挺紧张，日子久了，没发生什么事，也就习以为常了。听到警报，在山里时，连躲避也不用躲避；在城里，就找个树林山丘一蹲。许多同事或朋友，常常碰到一起，日子久了，朋友间该走哪条路，谁到什么地方，彼此都熟悉了，有什么事也不必到家，干脆在树林里随便找个地方谈。

当一个人在树林、在山丘独处时，他有时想：这么大的一个中国，有多少人、多少城市在沉睡呀。像昆明，这么多的秀山丽水、风景名胜，然而老百姓们却过着深受压迫、贫困不堪的生活，这与周围的环境多么不相称。近百年来，国内发生了不少大事件，都曾一度将它唤醒，但事后，它就又睡过去了。抗战，难道不是一个将人们重新唤醒的机会吗？为了抗战，人们放弃了舒适的生活；为了抗战，人们放弃了相互间的猜忌、纷争。时代是艰难的，但不也蕴含着伟大吗？记得 1938 年在赣县曾读过何其芳的诗《成都，让我来把你唤醒》：“让我打开你的窗子，你的门，/ 成都，让我把你摇醒，/ 在这阳光灿烂的早晨……”①，有时他真想对着周围也这样喊几声。

第四节　林场茅屋

林场茅屋是冯至毕生难忘之地。那里不仅使他享受了“过去不会，后来再也没有享受过的”“周末清福”②，还使他孕育出了一生最有分量的几部著作。

找到林场茅屋这样一个地方，实出于偶然。1939 年暑假后的一天，家住昆明的同济大学学生吴祥光，带冯至参观了他父亲经营的林场。那林场方圆有 20 里，四周便是郁郁葱葱的树林，种植着松树、枞树、有加利

---

① 《何其芳选集》第 1 卷，四川人民出版社 1979 年版，第 31 页。
② 冯至：《立斜阳集》，工人出版社 1989 年版，第 122 页。

树等。树丛中有两间空闲的茅屋。吴祥光问，若昆明有空袭，愿不愿意到这里住。他一眼就看好了这地方，觉得好像在心中等待已久似的，便欣然答应了。

这里距昆明市不算远，出昆明大东门，沿去金殿的公路走七八公里，到了小坝，往前越过左边的菠萝村，顺着倾斜的山坡上曲曲折折的小路，进入两旁松林茂密的山谷，便看到几座连在一起的山。茅屋所在的山，叫杨家山，茅屋附近，有一泓清泉，长年不断，滋养着周围树林。在茅屋百米以外，还有七八间简陋的瓦房，住着林场的几个管理人员。

过了几天，冯至和妻子、女儿来了。他们在屋里安排下简单的床板桌凳，预备了一些米和木炭、一个红泥小火炉，靠墙摆了几只肥皂木箱，度过了第一个周末。之后每周来住个一两次。1940 年 9 月底，昆明连遭两次轰炸，他们干脆将家也搬到这里，集中居住。冯至每周进城一两次，买点菜，借几本书。当时，联大校方允许教师分担的课集中上，这样，逢有课时，他便暂住在教员宿舍。这种情况一直持续到次年 10 月。

这真是一个幽静的好地方。没有了城市的喧闹、世俗的烦恼，也听不到防空的警报声，与另外一个世界相对隔离了起来。在这里，自然界的一切充分无遗地显示出来，无时无刻不在与人对话。白天，浓浓的树叶将阳光掩遮起来，只留下斑斑驳驳的影子，夜里常传来几声豺狼和野狗的嚎叫，平添了几分野兴。若是秋天，树林显得萧疏，漫步其中，有身处荒原之感。雨季是山上唯一热闹的时候，清晨很早就被进山采菌子的人吵醒，山歌弥漫，躺在床上听来，似乎觉得生活在童话的幻想中。

山中有许多小路，冯至和姚可崑经常沿着它们无目的地漫步。这些路也不一样。林子里的路，是近 20 年来造林的人渐渐踩出来的，处处露出新辟的痕迹，使人觉得没有历史的负担。林外由城里到这里的路，却显得很旧很古，它用石块铺成，从离谷口几里远的一个村庄里伸出，向这里延伸，随后便消失了。它无人修理，渐渐毁坏着，却似乎处处隐藏着过去的故事。每次从那里走，冯至总感到在走两条路，一条导向现在的居处，另一条引他走向过去。

林中漫步，也不是全没有目的，有时出发时没有目的，走到路上，夫妇一商量，便有了目的。如他们曾由茅屋出发，信步经过岗头村至沙沟看望住在怡园巷时的房东周先生，归途临时起意，便经菠萝村上山；再如1941年9月，他们走到龙头村，顺道访问了住在那里的罗常培、罗庸和来昆明作客的老舍先生。

他们也常请朋友们到茅屋来玩。为了吸引他们，事先总是充分夸耀，说住的地方如何如何好，然后问是否愿意去。如人家愿意，冯至夫妇便很高兴。朋友来时，他们往往绕过几个山头去迎接，有时也陪朋友，一起从城里出发，边谈边走，走走停停。渴了，就在林荫下的一口泉井旁驻足，双手掬起清凉的泉水，喝个痛快，那口泉不知流了多少年，似乎永不中断的样子。茅屋接待客人，总给他们奇书共欣赏般的快感。上午高高兴兴将客人接来，下午欢欢喜喜再将其送走，送出门去，还总是不忘讲这里的空气多么新鲜，松林多么葱萃，小草多么朴素，等等，直说得客人点头称是为止。

最有意思的，大概是林中茅屋的夜读了。这时候读书，总是最沉潜、最高效。屋外有时是星空一片，有时月似泻银，有时是风雨敲打着屋顶，有时传来几声狼的嗥叫。逼仄的房里，木板架起的桌面上，展开几本书，夫妇俩一边一个，对着一盏菜油灯夜读，情绪那样适宜，很快就会进入境界。有时夜深了，两人不期然而然地同时抬起头来，相视一笑，莫逆于心。

在这样一种氛围里，书自是比往日看得多，思想也比往日丰富。那坦白的山水，朴素的小路、野草，催使冯至去观察、领悟、思考。他自己曾讲过：

> 昆明附近的山水是那样朴素、坦白，少有历史的负担和人工的点缀，它们没有修饰，无处不呈露出它们本来的面目。这时我认识了自然，自然也教育了我。在抗战期中最苦闷的岁月里，多赖那朴质的原野供给我无限的精神食粮，当社会里一般的现象一天一天地

趋向腐烂时，任何一棵田埂上的小草，任何一棵山坡上的树木，都曾经给予我许多启示。在寂寞中，在无人可与告语的境况里，它们始终维系住了我向上的心情，它们在我的生命里发生了比任何人类的名言懿行都重大的作用。我在它们那里领悟了什么是生长，明白了什么是忍耐。①

一个作家、诗人的创作生命也由此被重新激活了。

1941 年年初，一个冬日的下午，冯至在山下散步，望着几架银色的飞机在蓝得结晶体一般的天空里飞翔，想到古人的鹏鸟梦，便随着脚步的节奏，信口说出一首有韵的诗句，回家写在纸上，发现正巧是一首变体的十四行诗。偶然的开端，一下唤起了内心沉潜已久的人物、事件和意象，他感到："有些体验，永远在我的脑里再现，有些人物，我不断地从他们那里吸收养分，有些自然现象，它们给我许多启示。我为什么不给他们留下一些感谢的纪念呢？由于这个念头，于是从历史上不朽的人物到无名的村童农妇，从远方的千古的名城到山坡上的飞虫小草，从个人的一小段生活到许多人共同的遭遇，凡是和我的生命发生深切的关联的，对于每件事物我都写出一首诗……"②

有时一连写几首，有时写了半首就止住了，过一段时间再续补，这样断断续续，写出了 27 首。著名的《十四行集》便这样诞生了。这些诗，分别在昆明、重庆、桂林的一些杂志上发表，1942 年由桂林明日社出版。由于它们是在宁静的氛围里，在细致的思考、从容的孕育下写成的，其意识的深邃、技巧的娴熟、境界的清纯，已达到了相当的高度。为此，李广田将他称为"在平凡里发现了最深的东西"的"最好的诗人"，指出："他是沉思的诗人，他默察，他体认，他把他在宇宙人生中所体验出来的印证

---

① 冯至：《〈山水〉后记》，见《冯至选集》第 2 卷，四川文艺出版社 1985 年版，第 67 页。

② 冯至：《十四行集》序，见刘福春编《冯至全集》第 1 卷，河北教育出版社 1999 年版，第 214。

于日常印象，他看出那真实的诗或哲学于我们所看不到的东西。"①

散文集《山水》中的大部分篇章，也是在这样的情况下写成的，有的受到茅屋生活的启发，有的则直接写在那里的观察和思索，譬如一棵树的姿态，一只鸟的飞翔等等，这些山水虽算不上名胜，却有一种平凡的美，在平凡中直摄人之内心，有平常人难以达到的高度。

这种集中思考写作的状态，大约持续了一年多，不久，它又被打破了。1941年下半年，冯至身体渐渐不适，大病小病不断侵扰。有一次，外面大雨不停，他却在茅屋里发起烧来，多亏朋友翟立林从大东门外租了两匹马，请来在昆明行医的一位同济大学的同学，给他诊治。冯至神志不清，医生和翟立林的谈话也听不清楚。这场病刚好不久，背上又感染了葡萄球菌，它们繁殖很快，不到两天就蔓延开，他只好忍痛下山，到云南大学附属医院做了外科手术。由于病的侵扰，出院后，就托翟立林在大西门内钱局街敬节堂巷租了住房，一家人开始在这里居住。之后，有时也去茅屋，但不太经常了。

林场茅屋留给冯至的印象是深刻的。1986年，他回忆当时的情景，仍然历历在目，充满深情：

> 但我最难以忘却的是我们集中居住的那一年多的日日夜夜，那里的一口清泉，那里的松林，那里林中的小路，那里的风风雨雨，却在我的生命里留下深刻的印记。②

搬到城里住后，开始接触到更严峻的现实，有的人为抗战而努力工作，也有的人置民族危亡于不顾，过穷奢极欲的生活，这促使他思考一些更为现实的问题。1942年冬，卞之琳将自己翻译的里尔克的散文诗《旗手》给他看。这篇作品是他年轻时很喜欢的，讲的是一个18岁的青年，

① 《沉思的诗》，见《李广田文学评论选》，云南人民出版社1981年版。
② 冯至：《立斜阳集》，工人出版社1989年版，第126页。

在一夜之间体验了爱，体验了死。贯穿其中的那种选择的勇气，打动了他，他想到过去一直想写的题材"伍子胥"，觉得这个无界的复仇者不也是一个"旗手"吗？一时兴起，便开始了中篇小说《伍子胥》的写作。它集中体现了冯至在抗战时期的思索，既有现实的印记，又有田园的影子——后者正是林场茅屋生活给予他的。

冯至抗战初期的 3 部著作，或是在林场茅屋写的，或者与这段生活有关，他自己说："若是没有那段生活，这 3 部作品也许会是另一个样子，甚至有一部写不出来。"①

其实，在现代文学史上，杨家山林场还有另一段因缘，它是与冯至的好友卞之琳结成的。1941 年始，卞之琳一直在写一部小说《山山水水》，到 1943 年，初稿基本完成。暑假后，冯至请他到林中茅屋去住一段时间，集中修改稿件。于是卞之琳就在那里住了半个多月，每日至少一次把冯至家在那里的存米剔除穿孔的蛀虫，三次用他们捡拾的松球生火做饭，自得其乐，工作效率也相当高，到中秋夜，终于写完最后一字。作者虽谦称《山山水水》是失败之作，但由于写作过程与冯至写《伍子胥》巧属有缘，便也十分怀念半世纪前的那"林场茅屋"，特别铭刻当时暂充的那位居停主人。②

第五节　沉　潜

昆明七年是冯至一生中图书最匮乏的时期，也是读书最沉潜的时期。

图书馆里的书自是少得可怜，好在外文书籍还有一些，存在外文系资料室里，借阅很方便。德语文学方面有德国科塔出版社为纪念歌德著作100 周年出版的《歌德全集》，共 40 卷。还有几本歌德研究专著，以及席

① 冯至：《立斜阳集》，工人出版社 1989 年版，第 126 页。
② 《忆〈林场茅屋〉答谢冯至》，香港《诗》双月刊"冯至专号"第 2 卷 1991 年第 6 期，第 28 页。

勒、海涅等人的一些作品。

一个偶然的机会，他在法律系办公室里发现了几十本德语文学书，书的主人是法律系教授费青，因生活困难，不得已把书卖给了学校。这些书在法律系没人看，冯至却如获至宝，差不多成了这批书唯一的借阅者。

在昆明，读书不能像以往那样随兴而至了。环境的限制，决定了书选择人的成分很大。在这些有限的书中，歌德方面的资料恰好较多，这重新激起了冯至对歌德的兴趣。1941年春天，他开始在杨家山林场茅屋翻译并注释俾德曼编的歌德年谱，他把它同40卷本的《歌德全集》相互认证着读，有时也参照自己随身带的《歌德书信日记选》《歌德与爱克曼的谈话》等。那时，他常在下午进城，次日早晨下课后上山，背包里总装着两样东西，一是从市上买的蔬菜，一是从图书馆里借来的书，其中最沉重的是《歌德全集》。他边翻译、注释，边在重庆出版的《图书月刊》上发表，一直翻译、注释到歌德59岁，因该刊的编者徐梵澄离开重庆，才暂告结束。这项工作，使他有机会系统阅读歌德全集，获得了一些有意思的题目，便写出来发表。这种文章计有《歌德的晚年》《维廉·麦斯特的学习时代》《从〈浮士德〉里的"人造人"略论歌德的自然哲学》等。

歌德一向是他喜欢的作家。早在柏林时，就多有浸染。但那时，感受式的东西多，有意识的思考少。在这些文章中，理性的思考增多了。作者以自己主动的选择，找到了歌德作品中与时代相关联的几个主题，加以评介。

一是关于事物的演变。在对植物的观察和研究中，歌德发现，任何一种植物，都是从最早的一个"原型"中演化来的，它们一个阶段一个阶段地转变，次第更新，不断提高，社会及人的发展亦如此，浮士德从"小世界"到"大世界"的经历，便是一个不断提高自己的过程。小说《维廉·麦斯特》的主人公的成长，也是由一个阶段发展到另一个阶段，最后领悟了人生的要义。但从一个阶段到另一个阶段的蜕变并非是轻而易举的，而要经过痛苦的死亡方能完成。这些观点，冯至深有领会，因为"在变化多端的战争年代"，他也"经常感到有抛弃旧我迎来新吾的迫切需求"①。

二是关于肯定精神与否定精神。在外有强敌侵略、内有社会矛盾重重的情况下，不少人感到了悲观。冯至则从歌德的著作中获得了信心。譬如，他读《浮士德》，就把它看作一部肯定精神与否定精神斗争的历史。歌德把文艺复兴时期一个魔鬼战胜浮士德的传说颠倒过来，使奋斗终生的浮士德在百岁之龄虽不免死去，却因其终生的奋斗、探索而使灵魂得救，升入天堂，宣告了虚无主义魔鬼的失败。冯至认为，浮士德的精神，有点像中国的"天行健，君子自强不息"，给人以向上的推动力量；同时认为，代表"恶"与否定精神的魔鬼，有刺激"善"的积极作用。为此，他总结道："人们一旦从长年的忧患中醒来，还要设法恢复元气，向往辽远的光明，到时候，恐怕歌德对于全人类还不失为最好的人的榜样里的一个。"②

三是关于思与行。歌德的一生，既是不断向外开拓的一生，又是向内深入体验、发展的一生，正如他本人在《自述》中讲的："永远努力的、向内又向外不断活动着的，诗的修养冲动形成他生存的中心与基础。"冯至特别欣赏《维廉·麦斯特》第二章中的这样一段话："思与行，行与思，这是一切智慧的总和。从来就被承认，从来就被练习，并不被每个人所领悟。二者必须像呼与吸那样在生活里永远继续着往复活动；正如问与答二者不能缺一。谁若把人的理智神秘地在每个初生者的耳边所说的话做成法则，即验行于思，验思于行，这人就不能迷惑，若是他迷惑了，他就会不久又找得到正路。"③他认为这段话亲切而又深刻，对自己是一个有力的鞭策和鼓励，是一条宝贵的格言。

逛旧书店，一直是冯至的爱好。昆明的旧书店虽没有北平琉璃厂丰富，但也能偶有所获。逛的目的固然在于觅得好书，但过程亦是不可忽视

---

① 冯至：《〈论歌德〉的回顾、说明与补充》，见范大灿编《冯至全集》第8卷，河北教育
　　出版社1999年版，第7页。

② 冯至：《论歌德》，上海文艺出版社1986年版，第76页。

③ 冯至：《〈论歌德〉的回顾、说明与补充》，见范大灿编《冯至全集》第8卷，河北教育
　　出版社1999年版，第7页。

的，那种在一大堆书中挑拣到一两本好书的渴望、兴奋，从一个旧书店转到另一个时的安适、惬意，只有身处其中的人才会体会得到。

最让他不能忘记的，是青山街的一家旧书店，他曾在这里买到过《圣经辞源》《清六家诗钞》等。前者是一本《圣经》的地名、人名、事件的索引，加有很详尽的注解，对读《圣经》有帮助；后者是清代宋琬、施国章、王士祯、赵执信、朱彝尊、查慎行几人的选集，线装 4 册，乃日本人印，且有批注。冯至虽不喜清诗，但看看日本人怎样批注它们，也挺有意思。1942 年 6 月的一天，他在这里看到了一套仇兆鳌的《杜少陵诗详注》，共 2 册。到昆明后，一直想搞一本杜诗集，现在终于碰到了，但身上带的钱不够，只得暂时把书放下。过了两天，再去买，书却没有了，他甚感懊丧。归途遇见联大一个熟识的同学，谈及此事，碰巧这同学知道书的下落，书是让历史系的丁名楠买去了。第二天，丁名楠主动找到冯至，将书转让给他。这本书，激起了他研究杜甫的兴趣。

《杜少陵诗详注》属于商务印书馆的"国学基本丛书"，并不是什么好版本，但却适应了他当时的需要，他觉得杜甫诗中体现的一些精神，对抗战时期的人们是有启发作用的；杜甫的许多感受，与抗战时人们的一些感受是相通的。基于这种认识，他研读着集子里的每一首杜诗，将诗中的地名、人名以及杜甫的一些生平事迹，分门别类地记录在"学生选习学程单"的背面，这种"卡片"共积累了数百张。越读，他对杜诗的精神体会越深，对杜甫的人格越崇敬，并开始有了写一本《杜甫传》的想法。

歌德和杜甫，是冯至联大时期阅读和研究的重点。选择他们，既是出于个人的爱好，也是时代环境使然。冯至在对这两位作者的理解和阐释中，做到了对时代的"介入"和思考。

"乱离年少无多泪，行李家贫只旧书"，每逢搬家，冯至总容易想到郁达夫的这两句诗。由上海南迁，损失最大的恐怕是书。每一本书都有它自己的价值与魅力，眼看着心爱的书必须放弃，心中的情绪自是可想而知了。他精选了再精选，带走了一部分，由上海到浙江金华，又到了赣县。在赣县，觉得前途茫茫，不能继续将它们拖来拖去了，就分成三批，一批寄给长沙的徐梵澄，一批寄给成都的陈翔鹤，余下的几十本随身带着。这些"幸存者"，虽是他四处奔波的负担，却给他带来不可缺少的享受。

到昆明后，首先想到的是如何将这些宝贵的书安置好。书架自是没有，书橱更是妄想，没有办法，只好从杂货店里，两角钱一个买来几个装肥皂的木箱，靠墙摞在一起，便成了所谓"组合书架"，几十本书空荡荡摆在那里，虽不气派，却也并不寒碜。夜晚，从这"组合书架"上抽出本喜爱的书，对着昏黄的菜油灯，便忘掉了周围的一切。常读的几本书除了上面提到的，还有里尔克的诗与书信、尼采和基尔凯郭尔的著作、陆游的诗，以及鲁迅杂文。

尼采和基尔凯郭尔都是被称为畸人的思想家，一个是孤独的漂泊者，太早太强烈地感到了时代潜伏的病痛和危机，呼唤着生命和精神的到来；一个是社会的反抗者，不屈不挠，永不妥协。一个因神经错乱与世长辞，一个在哥本哈根街上散步时昏死过去。他们都对庸俗、虚伪恨之入骨，给予无情的鞭挞与批判，使他们那个时代的伪善者和乡愿们活得不那么舒服。在一个夸夸其谈、散漫无形的世界里，冯至从他们的作品中发现了认真的为人和存在的决断，体验到了生的意义与死的价值，获取了对人的存在的本质的认识。

里尔克，这位他精神的偶像，如今仍是忠实的思想旅伴。抗日战争刚开始，他就将在德国翻译的里尔克的《给一个青年诗人的十封信》从行箧中拿出，加上序，交商务印书馆出版，借以鼓励在战乱年代学会沉潜与忍耐的青年朋友们。在序中，他曾这样写道：

> 可是他告诉我们，人到世上来，是艰难而孤单。一个个的人在世上好似园里的那些并排着的树。枝枝叶叶也许有些呼应吧，但是它们的根，它们盘结在地下摄取营养的根却各不相干，又沉静，又孤单。人每每为了无谓的喧嚣，忘却生命的根蒂，不能在寂寞中、在对于草木鸟兽（它们和我们一样都是生物）的观察中体验一些生的意义，只在人生的表面上永远往下滑过去。这样，自然无所谓艰

难，也无所谓孤单……谁若是要真实地生活，就必须脱离开现成的习俗，自己独立成为一个生存者，担当生活上种种的问题，和我们的始祖所担当过的一样，不能容有一些儿代替。①

在冯至那里，里尔克的作品像荒漠中的一片绿洲、干渴时的一股清泉，使他在迷茫中沉静下来，忍耐住一切的烦扰；使他想到，还有人不顾时代的艰虞，在幽暗中努力工作，以自己独立的"生存"，担当起一个国家、一个时代的命运。

昆明期间，冯至读书并不是太多，但举凡读过，总能沉潜而入，洞微烛幽，获得深的洞彻和领悟。沉潜，使他避免了从书的表面、从人生的表面滑过去。后来，他自己也说——"我在昆明读的书不多，那些书的作者却对我说了些真心话，话的种类不同，有过时的老话，有具有现实意义的新话，有的给我们以教育的，有的给我们以慰藉，如今我们怀念和它们的交往，也跟怀念当年与朋友和同学们的交往没有两样。"②

第六节   对于时代的批评

在抗战那样一个时代，任何一个有良知的知识分子，都会以对国家、民族负责的态度作出自己的选择。冯至没有像闻一多那样，振臂一呼做狮子吼；也不像有些作家，直接为抗战写作。他沉静、坚忍、善于思考的性格，使他选择了一种更超越也更深邃的精神探索形式，去参与时代的巨变与抗争。

最初，他从质朴的原野、路边的小草、空中的飞鸟、普通人的作为中，看到了平凡中蕴藏着的执着与承担；从历史上伟大的人物如杜甫、歌

---

① 冯至：《里尔克〈给一个青年诗人的十封信〉》，见范大灿编《冯至全集》第11卷，河北教育出版社1999年版，第282页。

② 冯至：《立斜阳集》，工人出版社1989年版，第140页。

德等身上，吸取精神的力量；从宇宙万物生生不息的变化中，探索自然演变的脉络和生命存在的根底，体现了一个智者对现实从容、清醒的观察，也体现了一个仁者博大、进取之心。当然前者分量更多些。

对这段探索，这种对时代的"介入"方式，有人持保留意见。包括冯至本人，也曾为此感到内疚。其实，每个人都会以他的个性参与时代。冯至并没有逍遥于时代之外，而是坚持以灵魂来倾听这世界的，他只是以内向的方式，企图唤起那些或沉睡，或麻木，或浮躁的灵魂，让每个个体承担起属于自己的那份责任与义务。当然，不必夸大这段探索的意义，但也要恰当地理解它在当时的作用。哲学家维特根斯坦在战壕里仍不放弃他纯哲学的探索；在被俘时，背包里仍放着杰出的哲学著作《逻辑哲学》的手稿。不能说他逃避时代，他是以他的理智和良知独立维系并保持了人类更根本的精神存在。精神活动的意义不在选择了什么，而在选择的多样化，在选择的本身。

1942 年以后，接触现实多了，他冷静、沉守的状态有所打破，开始用更直接些的方式发言。不过，这种直接并没有冲出精神的思考的范围。他写了中篇小说《伍子胥》，寄托了自己对勇敢、意志、决断的呼唤，——冯至本人讲，这是他由"田园"转向现实的桥梁。① 之后，又写了一系列杂文、随笔，表达自己对时代的理解。

当时，昆明出现了一些时尚性的小型周刊，如《生活导报》《春秋导报》《自由论坛》《独立周报》等，这些周刊的撰稿者大都是昆明学校的师生和文化界人士，冯至写的这些稿件，主要发表在这些杂志上。

1944 年，冯至还应编辑熊锡元的要求，为《生活导报》编了十几期副页《生活文艺》。副页第 5 期，是他精心设计的"诗专号"。他在页首辑录了一些论述诗的文字，称之为"关于诗"，有的片断是摘录别人的，有的是他自己写的，但都代表了此期他对诗的理解。他从闻一多《文学的历史动向》中摘录了这样一段话——"诗这东西的长处就在它有无限度的弹

① 冯至：《立斜阳集》，工人出版社 1989 年版，第 132 页。

性，变得出无穷的花样，装得进无限的内容，只有固执与狭隘才是诗的致命伤，纵没有时代的威胁，它也难立足。"① 从纪德的《赝币制造者写作日记》中，他摘录了关于"象征派"的片断。冯至自己写的片断，主要是希望写诗要朴素、现实，不要装模作样。其中有这样一段：

> 启蒙时期法国的思想家兼文体家服尔德说："形容词是名词的敌人。"德国浪漫派代表诗人诺瓦利斯说："形容词是诗的名词。"这两句话说得都很极端，里面却各自含有一些真理。但是在一个生疏的、不真实的社会里我们宁愿推崇服尔德的话。②

由于约稿、编辑方面的缘故，冯至与一些学生有了往来。《生活导报》的编辑中，除熊锡元，还有傅道生也常来他家。40 年后，傅回忆道：

> ……由于我最年轻，20 不到，跑腿组稿的事大多是我干的。经常到您（冯至）敬节堂家中来组稿取稿的是我。我至今还记得您文中提到的那口井，那扇门、那个院子。您总在右边的屋子接待我，我常在那儿遇到卞之琳先生，他坐在一张低矮的圆桌子前打字。我忘不了姚先生的热情招待。她当时在中法大学教第二外语，所以对我这个中法的学生更加客气一些。我也忘不了你们的女孩，有时由她来开门……③

当时，昆明"联大""冬青"文艺社很活跃，经常邀请著名学者、文艺名流参加活动。早在 1940 年 10 月 19 日鲁迅逝世 4 周年，冬青社的杜运燮、林元就邀请冯至去演讲，冯至说了自己对鲁迅的认识。

冯至也积极支持社团办的刊物，他的《十四行诗》，还有部分散文、

---

① 闻一多：《历史动向》，北京大学出版社 2008 年版。
② 《生活导报》，1944 年第 5 期。
③ 冯至：《立斜阳集》，工人出版社 1989 年版，第 151 页。

小说、翻译，都发表在文艺社团办的一些刊物上，被称为"发表文章最多的"。

当时，在冯至家里，还搞着定期的文艺聚会：

> 我记不清是在 1943 年冬呢，还是 1944 年春，杨振声建议，彼此熟识的朋友每星期聚会一次，互通声息。也许是由于地点适中吧，选定敬节堂巷的我们的家。那时我们早已从翟立林为我们租的那两间房迁入房东另一个院子的北房三间。房屋陈旧，但比较宽敞。于是每星期在一个规定的晚间，大家聚会在一起，漫谈文艺问题以及一些掌故。每次来参加这聚会的有杨振声、闻一多、闻家驷、朱自清、沈从文、孙毓棠、卞之琳、李广田等人。那时闻一多、卞之琳正协助英籍教授白英（R.Payne）编译"当代中国诗选"，他们有时用我们的打字机誊录译稿。我不记得这聚会举行了多少次便结束了。只记得后来徐梵澄来昆明住在我们家中，他曾向冯至说："在重庆听说你们这里文采风流，颇有一时之盛啊。"①

这一时期，冯至写的杂文和随笔内容大致包括这样几方面：

一类是对民族生存方式的反省和批判。抗战，是一个伟大民族的被唤醒，是一个历史转变的时刻，它的可贵精神得到张扬，一些流弊和劣根也随之出现。在《认真》《空洞的话》《传统与"颓废的宫殿"》《这中间》《阿果尼》《决断》等文章中，冯至列举了种种有害时代的弊端，诸如空洞的言语、虚伪的行为、敷衍的办事态度、颓废的盲目伤感、浑浑噩噩的生命、优柔寡断的性格等，而推举认真、真实、决断等积极的人生态度和方式。

在《认真》中，冯至先列举了种种漫不经心、含含糊糊的不认真现象：桌子的腿不一般长，壶嘴里往往倒不出茶水来，一本漂亮的书里满是

---

① 姚可崑：《我与冯至》，广西教育出版社 1994 年版，第 105—106 页。

错别字，一本叙述民间疾苦的书的封面上印的琵亚词侣式的充满世纪末情调的黑白画……所以这样，他认为是因为制造者的儇薄和缺少爱心。冯至赞许的是一种认真负责的为人态度，这种认真负责不是人们通常讲的强迫式、他律式的完善，而出于内心的自律和存在的强烈需求：

> 我爱慕那些认真的人。据说王羲之写字时，若是发现有一笔放得地位不妥当，他当时所感到的痛苦便像是瞎掉一只眼，失却一只臂膊似的，感到生命有一部分残缺了。《檀弓》里曾子易箦的故事是很感人的，这故事常常使我联想到一个法国诗人临死时的一件事：那是 Felix Arvers，他卧在医院里的床上，他正在平静地死着，看护他的修女以为他已经死去了，便大声向外边叫喊，寻找一些东西；但她不是受过教育的女子，有些字音说不准确，把 Corridor（走廊），说成 Collidor 了。这诗人于是把他的死往后推迟了片刻，他认为是必要的，就是向那修女讲明，并且纠正她，说这个字中间有两个字母是两个"r"，而不是两个"l"。里尔克在他的小说《布里格随笔》里记载了这段故事，他说："他是一个诗人，他憎恨'差不多'；或者这事对于他只是真理攸关，或者这使他不安，最后带走这个印象，世界是这样继续着敷衍下去。"——如此痛苦地认真，是由于爱：王羲之爱他的艺术，曾子爱礼，那法国的诗人爱他的语言……但世人往往认为这样认真是不必要的，多余的，甚至是可笑的。现代哲学家雅斯丕斯曾对此说过这样的话："任其自然，觉得事体不关重要，是走向世界从内心里破碎的道路。"——在事事不求认真的社会，真使人担心要走向这条可怕的道路。①

在《决断》中，他以米勒和王羲之为例，说明决断之意义。米勒画画，虽饥寒交迫，但始终不渝；王羲之在转折关头，毅然解印去官，这都

---

① 冯至：《认真》，见《冯至选集》第 2 卷，四川文艺出版社 1985 年版，第 74—75 页。

是决断。他指出，当人面对着引向不同的两条或两条以上的道路，孤单地考虑着自己应该走向哪条道路的时候，才会体验到作为一个人的艰难的意义，等到他决断了，勇敢地走向一条，那时他所感到的生命光彩，已不是一个动物或一个原始的人所能感到的。在这些文章中，认真和决断，成了人之为人的根本，冯至实则是通过对民族劣根性的审视和对"认真""决断"等品格的倡导，呼唤民族精神的觉醒。

一个民族在存亡的关键时候，不但要从自身寻找再生的活力，还需从外部寻求激发力量的火种。冯至的另一类作品，是通过评介一些杰出的国外思想家、作家的思想和行为，让人们在抗战最艰难的环境中，学会忍耐，学会忍住现实为将来工作。这种忍耐在他那里不是委曲求全的意思，而指个体执着地默然地承担。

闻一多对《一个对于时代的批评》曾大为赞赏。在这篇文章中，冯至介绍了丹麦哲学家基尔凯郭尔的生平与追求。他一生不与庸俗妥协，坚信自己的学说，他把自己所处的时代描述成"根本是中庸的、考虑的、没有深情的，在兴奋中沸腾一下，随后又在漠不关情的状态中凝滞下去的时代"。他强调要克服一切内外的考虑，勇于决断；要超越虚无，去寻求生存的本质，人的地位与价值。冯至写道："我们在百年后，万里外的中国若是听得到一点这个呼吁的余音，应该做何感想呢？"[①] 在这篇文章里，冯至特别强调了"个人对时代的担当和责任"：

> 公众把一切的"个人"溶在一起，成为一个整体，但是这个整体是最靠不住，最不负责任的，因为它任什么也不是。一个时代、一个民族、一个团体、一个"个人"，都是一些把握得到的具体，所以它们能够有责任心、惭愧心、忏悔心，——这些，公众却都没有。
>
> 但是，无论什么人投到这公众的海里，便具体的化为抽象的，

① 冯至：《一个对于时代的批评》，见范大灿编《冯至全集》第8卷，河北教育出版社1999年版，第248页。

真的化为虚的了。多少人在岸上时，是冰炭一般的不同，可是一到这个海里，就冰也不冷了，炭也不烫了。这真是"平均一切"的理想的境界！它是一切，也是虚无，它有上帝一般广大的神通，而没有任何一个生物也应有的一点责任感。于是有些人看着它，像是小孩子看见一个肥皂泡一般，不由地起了好奇心，就是一个村童也可以拿它玩一玩，一个醉鬼也可以拿它耍一耍了。①

这一时期，冯至评介的思想家和作家，有尼采、基尔凯郭尔、里尔克、奥登、茨威格、陀思妥耶夫斯基等，他们都是具有独特的思想和品格的人，都是超越式地洞察历史和预见未来的人，冯至希望用他们的言行，来唤起社会和公众的良知和感悟。

或许出于对这些人的过分专注，或者出于对世俗的偏激态度，这些人身上极端个人主义的东西，他似乎忽略了。

抗日战争渐渐接近尾声。1945 年 8 月 10 日晚 8 点多钟，外边下着雨，邻居过来告诉冯至，刚刚听过广播，说日本已接受波茨坦协定提出的条件，同意投降。这消息太突然了，他唯恐有误，就撑开一把伞，走到街上，四处一片静寂，只有几个行人匆匆走过，与往日没什么两样。他开始怀疑这消息的真实性，迫切地想获得证实。等了半天，依然没有任何异样，就想到市中看看。他在巷子旁的杂货铺里买了一只洋烛点上，沿高低不平的路向前走去。终于，在一家报馆门前，看见已贴出最新印出的报纸，"日本已于今日投降"几个大字赫然在上。一颗心终于踏实，一股难抑的兴奋涌上心头，远处，隐隐约约地传来了欢呼声。等待已久的、设想过若干次的胜利，就这样到来。14 年既短暂又漫长的忍耐，如今终于有了交代，冯至止不住深深地松了一口气。

抗日战争的胜利并不意味着和平。抗日战争烽火刚息，国民党又发

---

① 冯至：《一个对于时代的批评》，见范大灿编《冯至全集》第 8 卷，河北教育出版社 1999 年版，第 246 页。

动了内战，这使刚刚松了一口气的中国民众，感到吃惊而且愤怒，昆明的
文化界、教育界掀起了要求民主、反对内战的风暴。

11月25日晚，西南联大、云南大学、中法大学和云南省立英语专科
学校等四校学校自治会，在联大新校舍的"民主草坪"上联合举办时事晚
会，反对内战，呼吁民主与和平。当师生们开始演讲时，国民党军警开枪
开炮进行威胁。师生们被这卑劣的行为激怒了，第二天开始了罢课示威。
形势日益严峻，一边是不屈的师生，一边是军警、特务的高压。终于，惨
案爆发了，12月1日，大批军警、特务，携带武器，强行进入联大等学
校，打砸校舍，殴打师生，动用了手榴弹和刺刀。最后，竟将联大学生潘
琰、李鲁连，昆明卫校学生张华昌，南菁中学教师于再杀害，另有多名师
生被打伤，这便是震惊中外的"一二·一惨案"。

四烈士的死，将全国各地的反战情绪推向高潮。次日，昆明市的工
人、农民、店员、职员，共达15万人，潮水般涌上联大灵堂吊唁，冯至
也参与了这行列，并以难以抑制的情绪，写下了著名的《招魂》一诗，副
标题为"呈于'一二·一'死难者的灵前"——

　　"死者，你们什么时候回来?"
　　我们从来没有离开这里。
　　"死者，你们怎么走不出来?"
　　我们在这里，你们不要悲哀，
　　我们在这里，你们抬起头来——

　　哪一个爱正义者的心上没有我们?
　　哪一个爱自由者的脑里忘却我们?
　　哪一个爱光明者的眼前看不见我们?

　　你们不要呼唤我们回来，
　　我们从来没有离开你们，

咱们合在一起呼唤吧——
"正义，快快地到来！
自由，快快地到来！
光明，快快地到来！"①

诗写好后，冯至将它写在一张从赣县带来的竹纸上，送到烈士灵前，后来它被镌刻在"四烈士"纪念碑上，成为永久的纪念。

昆明生活，构成了冯至一生经历的重要部分，留给他毕生难以忘怀的印记。他曾讲：

> 如果有人问我，"你一生中最怀念的是什么地方？"我会毫不迟疑地回答，"是昆明"。如果他继续问下去，"在什么地方你的生活最苦，回想起来又最甜？在什么地方你常常生病，病后反而觉得更健康？什么地方书很缺乏，反而促使你读书更认真？在什么地方你又教书，又写作，又忙于油盐柴米，而不感到矛盾？"我可以一连串地回答："都是在抗日战争时期的昆明。"②

---

① 冯至：《十四行集》，见刘福春编《冯至全集》第1卷，河北教育出版社1999年版，第254页。
② 冯至：《立斜阳集》，工人出版社1989年版，第106页。

第六章　豁然贯通

第一节　交　代

40年代以前，冯至最崇敬的诗人是里尔克。里尔克的创作经历过神奇的转变，在由青春走入中年的过程中，产生了新的意志，从而使"音乐的变为雕刻的，流动的变为结晶的，从浩无涯涘的海洋转向凝重的山岳"[1]，写成了《新诗》《布里格随笔》等。在此之后，整整十几年，里尔克陷入一种停滞、枯涩、没有创作的状态中，直到1922年，在瑞士西南郊的一座13世纪遗留下来的古堡中，一气完成神奇而辉煌的诗作《杜伊诺哀歌》和《致奥尔弗斯十四行诗》，10年的忍隐和沉默终于在此"有了交代"[2]。

从1930年到1940年间，冯至的作品实在太少，只有屈指可数的几首诗和几篇散文、译作。被称为20年代"中国最为杰出的抒情诗人"的冯至，这个时期基本停止了夜莺的歌唱，文坛也难觅其身影。

这种表面的停止，并非创作的结束，实乃一个高峰到来前必然要经

---

① 鲍霁：《冯至学术精华录》，北京师范学院出版社1988年版，第482页。

② 鲍霁：《冯至学术精华录》，北京师范学院出版社1988年版，第486页。英国诗人奥登曾写过一首诗，讲到里尔克："经过10年的沉默，工作而等待，直到在缪佐他显了全部的魄力，/一举而叫什么都有了交代。"

历的沉寂。《北游》以后，他已厌倦了婉转、伤感的歌吟，而将注意力转向生命本身。二者的过渡实在太大，很难一下找准自己的基调，从而使其创作由生涩逐渐变为沉寂。要完成这自我的否定，既需要耐力、决心，也需要时机。

是什么促使他发生这种转变呢？

首先是现实的刺激与惊醒作用，他由青春式的幻想，一下跌到地狱般的"哈尔滨"，亲历了现实的丑恶，不能不警醒，不能不思考，苦涩的人生之果，是使他由浪漫、忧郁，变为冷静、沉思的开始。

其次是所受影响的变化。大学时代受浪漫主义谣曲、传奇故事影响较多，后来逐渐接触了歌德、荷尔德林、诺瓦利斯、里尔克等，特别是留德学习期间，又对这些作家做了深入研究，并接触了雅斯贝尔斯等存在主义哲学家，这些作家对生命的思索，对宇宙的探寻，对存在本质的认识，不能不影响到他的选择，不能不启迪他走向精神领域更深的探寻。

另外还有性格本身的原因。冯至童年的不幸经历，培养了他深沉内向的性格和时常伴随的孤独感，这使他在个人禀赋上，更适合写沉思、冷静型的现代作品，这点在他早期小说《蝉与晚祷》中就可见出端倪，"他"望着无花的原野和枯死的河流产生的孤独感，空阔而沉重，很难想象出自一个18岁的青年之手。当他写虚幻的作品时，忧伤、悲哀，而当触及切身的事实和真正的内心，那种天生善思考的品质便自觉流露出来，如《北游》，由诅咒现实转向内心思考，就显得很自然。这种内在禀赋，决定了他一旦浪漫之梦破碎，必然回到内心，进行执着的精神探索。

这些潜在的基因和条件，因独特的际遇而变为现实。抗日战争前期的大后方昆明，为冯至提供了一个能超越性地观察、思考的场所，提供了一个能从容地消化、吸收10年沉默所得的精神氛围，这使他终于在缪佐（里尔克的古堡）——杨家山林场，等到了"豁然贯通"的时刻。10年的隐忍生活，10年精神的修养，使他再度登上了创作的高峰。这一时期，他的诗歌《十四行集》、散文《山水》、历史小说《伍子胥》，以及部分杂文《一个对于时代的批评》《工作而等待》等，内容深远，形式精纯，加上超前的探索性，使这些静默后的果实，沉重而辉煌。

与 20 年代相比，这些作品，在题材、风格，形式上，达到了一个新的境界。在题材上，20 年代的创作，多写爱情及青春的苦闷，少部分作品表达了对现实的恐惧与诅咒。40 年代前半期的创作，涉及范围明显扩大，从历史上不朽的人物到无名的村童农妇，从远方的千年古城到山坡上的飞鸟小虫，从难以忘怀的过去，到对现实人事的感怀思考，平凡生活中的任何方面，都可笼在他的笔端，且往往善于在小的对象上发掘出庄严、博大的内涵和意义。在风格上，20 年代的创作，表现为哀婉、忧伤、蕴藉，明知美好的事物可望而不可即，但仍去追求，所以情感既热烈又凄苦，伤感气息浓郁。40 年代则深沉、凝重，注重精密的观察和心灵的思辨。如果说前者为少年式的忧伤和痛苦，后者则是成人静观默察后的沉思。在形式上，20 年代创作比较自由、轻松，随兴而至。40 年代前半期创作，形式感增强了，《十四行集》采用十四行诗的形式，错综而整齐地显示出徐缓而沉重的智慧节奏，《伍子胥》用现代的意念贯穿始终，形式被强烈的主观意识所穿透、所支配，体现出一种有法度的自由。

40 年代前期的创作，产生了冯至一生最精纯、最丰硕的果实——《十四行集》《山水》《伍子胥》，连他的老友卞之琳先生也讲，冯至一生创作中，他还是"偏好这三本"①。可以说，这三本书是冯至的峰巅之作。通过它们，冯至开启了他的含有现代色彩的"奥德赛之旅"，完成了他再一次的自我否定和新的历史时期的精神重塑。

第二节 《十四行集》: 走向和解

《十四行集》共辑诗 27 首，其中咏物的 21 首，怀人的 7 首，大都写

---

① 《忆〈林场茅屋〉答谢冯至》，香港《诗》双月刊"冯至专号"第 2 卷 1991 年第 6 期，
第 27 页。

于 1941 年前后。这薄薄的诗集，究竟因什么获得了广泛的称誉，以至现在仍魅力不衰呢？

"不要觉得一切都已熟悉"（《我们天天走着一条小路》），是《十四行集》提纲挈领式的一句话。对日常生活琐事、触目即见的自然，人们已熟视无睹，冯至却透过表面和现象，挖掘出了一般人不易发现的哲理。

李广田在《沉思的诗》[1] 中，将这种哲理分为三个方面：

（一）"刹那见永恒"——古往今来都是一条长河，都息息相通。

（二）"天地与我并生，万物与我为一"，空间的一切存在都互相关联。

（三）生命在时空交汇里与万物俱在生化不息中。

我们可以循着这个线索，将其内容分解为平凡与伟大的和解，人与宇宙万物的全息统一，以及生与死的转化等几方面。

（一）平凡与伟大的和解

坦然置身于平凡，并发现它的价值，是冯至 10 年隐忍生活的重要收获。这使他不看重事物的大小巨微，而更关心其本质上是否是真实的存在，是否是认真地承担。"原野上的小路"，尽管普通，却是无数无名行人一起踏出来的，并给后来的行人指出了方向（《原野的小路》）；"一个战士"是平常的，但他在实实在在地发挥自己的生命，维系着人们的"向上"与"旷远"，因而，他比流行的浮夸，市井的喧嚣更见辉煌（《给一个战士》）；"鼠曲草"不过是一丛"白茸茸"的小草，但却名实相符，没有担当虚名，默然地生，默然地死，甘于渺小，甘于淡泊，正因为这样，越见其至诚高节：

> 一切的形容、一切喧嚣
> 到你身边，有的就凋落，
> 有的化成了你的静默。

---

[1] 《沉思的诗》，见《李广田文学评论选》，云南人民出版社 1981 年版。

这是你伟大的骄傲
却在你的否定里完成。
我向你祈祷，为了人生。①

深入无数平凡和琐碎中，体味那人生永恒的意味，使冯至超越了时尚的追求，而拥有了一个独立的充满哲学光辉的精神世界。

这种对平凡、质朴的看重，其中有里尔克的影响。里尔克曾讲：

若是你依托自然，依托自然中的单纯，依托于那几乎没人注意到的渺小，这渺小会不知不觉地变得庞大而不能测度；若是你对于微小都怀有这样的爱，作为一个侍奉者质朴地去赢得一些好像贫穷的事物的信赖：那么，一切对于你就较为轻易、较为一致、较为容易和解了，也许不是在那惊讶着退却的理智中，而是在你最深的意识、觉醒与悟解中得到和解。②

平凡、质朴与辉煌等，消释了外在的不同，而在本质上达到了一致。存在的意义在承担本身，不在承担多少。有时，承担者越渺小，越能显示出内在的崇高，因为它们在默然中，已最大限度地发挥了自己。

这种认识，与冯至以前的追求截然不同。20 年代，他是难以忍受普通与平凡的。青年的幻想，和当时所受的浪漫主义文学的影响，使他更向往英雄。在《北游》中，他担心自己在沉默中死去，"无名而不是英雄"，他崇拜的是冥冥的神圣和使人类"跌而复起""死而复生"的"伟大导师"。观念如此不同，显示了冯至由青年向中年的转变。

---

① 冯至：《十四行集》，见刘福春编《冯至全集》第 1 卷，河北教育出版社 1999 年版，第 219—220 页。

② 冯至译：《给一个青年诗人的十封信》，见范大灿编《冯至全集》第 11 卷，河北教育出版社 1999 年版，第 298—299 页。

（二）人与宇宙万物的全息统一

早年，冯至如何看待人与宇宙万物的关系呢？《昨日之歌》和《北游及其他》中，主要表现为这样几种形态：不圆满的结局，可望而不可即的追求，人与环境的冲突等；在《十四行集》中，人与宇宙万物不再对立，而达到了和谐交融的境界。在《我们站立在高高的山巅》中，作者展示了一个万物互相关联的全息宇宙：

> 我们站立在高高的山巅
> 化身为一望无边的远景，
> 化成面前的广漠的平原，
> 化成平原上交错的蹊径。
>
> 哪条路、哪道水，没有关联，
> 哪阵风、哪片云，没有呼声：
> 我们走过的城市、山川，
> 都化成了我们的生命。
>
> 我们的生长，我们的忧愁
> 是某某山坡的一棵松树，
> 是某某城上的一片浓雾；
> 我们随着风吹，随着水流，
> 化成平原上交错的蹊径，
> 化成蹊径上行人的生命。①

"我们"看到"远景"，"我们"也构成了"远景"的一部分，像"一

_____

① 冯至：《十四行集》，见刘福春编《冯至全集》第 1 卷，河北教育出版社 1999 年版，第 231 页。

棵松树""一片浓雾"一样，成为宇宙的一部分。在这宇宙里，路与水关联，风与云呼应，一切都息息相通。同时，在这大宇宙中，空间和时间的界限也消匿了，生命在时空交汇里与万物俱在生化不息中，我们能感到前人的气息，后人也能觉察我们的存在。只要你在世界上存在过，就会留下痕迹（《这里几千年前》）。生命在与外界的交流里，融进了无限。尽管生命是渺小短暂的，但也毕竟渗入生生不息的宇宙大化中去，从容地接受任何生与死的考验。

冯至在德国学习期间，深入研究了诺瓦利斯自然与精神的类比特征，指出，在他那里，万事万物都解释或设定为相互关联的，所有的界限都消失了，所有的对立都得到融合：

> 神秘主义逻辑的概念不是派生的，而是来源于事物循环的生命的基本形式。在这里，以往那些总是彼此对立的概念和阶段，如白昼与黑夜，光明与黑暗，精神与肉体等都被结合在一起，构成一个圆环。白昼与黑夜、黑夜与白昼相互包容。一切极端的东西在永恒的循环中都彼此应和，息息相关。[①]

从"十四行诗"中，可以看到这种影响渗透和融入。

（三）生与死的转化

生与死，是《十四行集》中出现较多的主题。冯至承认，死亡是生命的界限，正是这界限的存在，才让人感到自由的意义。问题在于，人不应当为这界限感到悲观，而应关心如何从有限的生命中获得自由。作者的选择是变被动为主动，根据未来的死亡，超前安排和计划人生，就像《什么能从我们身上脱落》中说的：

---

① 冯至：《自然与精神的类比》，见范大灿编《冯至全集》第 7 卷，河北教育出版社 1999 年版，第 8 页。

> 我们把我们安排给那个
> 未来的死亡，像一段歌曲①

　　将死亡作为未来的事件提前安排在现在的生命过程中，就使死亡成了生命的一部分，成了生命最辉煌的完成。因而冯至主张人应以"雍容"的态度，去平静地看待死亡，将饱满的热情和努力注入现在，以领受生命最完美的时刻：

> 我们准备着深深的领受
> 那些意想不到的奇迹，
> 在漫长的岁月里忽然有
> 彗星的出现，狂风乍起
>
> 我们的生命在这一瞬息，
> 仿佛在第一次的拥抱里
> 过去的悲欢忽然在眼前
> 凝结成屹然不动的形体。
>
> 我们赞颂那些小昆虫，
> 它们经过了一次交媾
> 或是抵御了一次危险，
> 便结束它们美妙的一生，
> 我们整个的生命在承受
> 狂风乍起，彗星的出现。②

---

① 冯至：《十四行集》，见刘福春编《冯至全集》第 1 卷，河北教育出版社 1999 年版，第 217—218 页。
② 冯至：《十四行集》，见刘福春编《冯至全集》第 1 卷，河北教育出版社 1999 年版，第 216—217 页。

　　生命的奇迹在于最大限度地发挥自己，这样，死亡便不是生命的结束，而成了生命辉煌的完成。可以说，努力地求生，与自觉的死亡是统一的，这便必然要求每一个个体，在有限的生命里，勇敢地担当自己所应担当的，从容地接受属于自己的生死。

　　冯至在诗中体现的这种对自然、对永恒、对死亡的看法，一定程度上受到了歌德蜕变论的影响。歌德认为千种万类的植物都是由一个"原型"演化而来的，一个阶段一个阶段地转变和提高，并以此来解释动物、矿物以至于人的生长和社会的发展。冯至自己说："在变化多端的战争的年代，我经常感到有抛弃旧我迎来新吾的迫切需要，所以我每逢读到歌德反映蜕变论思想的作品，无论是名篇巨著或是短小的诗句，都颇有同感。"①《十四行集》中的第2首《什么都从我们身上脱落》，集中体现了这种蜕化的思想，也可以说是这本诗集内容的涵括：

　　　　　什么能从我们身上脱落，
　　　　　我们都让它化作尘埃：
　　　　　我们安排我们在这时代
　　　　　像秋日的树木，一棵棵

　　　　　把树叶和些过迟的花朵
　　　　　都交给秋风，好舒开树身
　　　　　伸入严冬，我们安排我们
　　　　　在自然里，像蜕化的蝉蛾
　　　　　把残壳都丢在泥里土里；
　　　　　我们把我们安排给那个
　　　　　未来的死亡，像一段歌曲，

---

① 冯至：《〈论歌德〉的回顾、说明与补充（代序）》，见范大灿编《冯至全集》第8卷，河北教育出版社1999年版，第7页。

　　歌声从音乐的身上脱落，

　　归终剩下了音乐的身躯，

　　化做一脉的青山默默。①

　　人像树木，在秋风中，落叶，落花，好"舒开树身伸入严冬"。落叶、落花像蛇蜕皮，伸入严冬如飞蛾扑火。我们生活在"自然里"，就像"蜕化的蝉蛾"，"把残谷都丢在泥里土里"，等待它的是"未来的死亡"。"死亡"就是蝉蜕化的过程，就像"歌声从音乐身上脱落"，化为"青山脉脉"一样，达到了无言的永恒，山上草木茂盛，不断蜕变，生生不息。在一连串意象的演变中，包含了对宇宙自然生生不息的认识，与歌德的蜕变论思想是一致的。这种思想，乍看似乎是与当时的时代有些游离，但仔细琢磨会发现，作者是在用一种淡远的文字，从常见的事物身上发现了与生命相关联的意义，表现了对时代更深的关注和忧虑。

　　另外，"十四行"这种诗体，也为冯至诗中哲理内涵的表达，提供了适宜的形式。这种诗体具有"层层上升而又下降，渐渐集中而又渐渐解开""错综而又整齐"的特点，与内涵的雍容、精密，转化的起伏回环，达到了和谐的统一。如《看那一队队驮马》，先由驮马、水、风、我们、鸟等意象顺次排列，然后再展开回环而曲致的心灵思辨：

　　仿佛鸟飞翔在空中，

　　它随时都管领太空，

　　随时都感到一无所有。

　　什么是我们的实在？

　　我们从远方把什么带来？

① 冯至：《十四行集》，见刘福春编《冯至全集》第1卷，河北教育出版社1999年版，第217—218页。

从面前又把什么带走？①

仿佛一个深沉的漫步者合着风声踏着衰草的散步，徐缓而又沉重，这是一种智慧的节奏，意蕴悠远，催人长思。

第三节　《山水》：灵魂里的山川

冯至在 1936 年写的《里尔克》中，讲里尔克"赤裸裸地脱去文化的衣裳，用原始的眼睛来观看"②。这用来解释他的散文集《山水》，也是很贴切的。

《山水》最早出版于 1943 年 9 月的重庆，辑有 10 篇。1947 年，上海文化生活出版社又重版了《山水》，增添了《山村的墓碣》《动物园》《忆平乐》3 篇。13 篇中，抗日战争前写的有 6 篇，包括《C 君的来访》《赤塔以西》《塞纳河畔的无名少女》《怀念西卡卜》等，抗战中有 7 篇，此 7 篇是《山水》的精华所在。

要了解《山水》的内涵，最好先看作者的自白：

十几年来，走过许多地方，自己留下的纪念却是疏疏落落的几篇散文。或无心，或有意，在一些地方停留下来，停留的时间不管是长到几年或是短到几点钟，可是我一离开它们，它们便一粒种子似地种在我的身内了：有的仿佛发了芽，有的则长久地沉埋着，静默无形，使人觉得更是一个沉重的负担。我最难忘怀的，譬如某某古寺里的一棵千年的玫瑰，某某僻静的乡村礼拜堂里的一幅名画，某某海滨的一次散步，某某水上的一次夜航……这些地方虽然不在

① 冯至：《十四行集》，见刘福春编《冯至全集》第 1 卷，河北教育出版社 1999 年版，第 230 页。
② 冯至：《里尔克》，见张恬编《冯至全集》第 4 卷，河北教育出版社 1999 年版，第 85 页。

这小册子里出现，但它们和我在这里所写的几个地方一样，都交织在记忆里，成为我灵魂里的山川。我爱惜它们，无异于爱惜自己的生命。

至于这小册子里所写的，都不是世人所谓名胜。地壳构成时，因为偶然的遇合，产生出不寻常的现象，如某处的山洞，某处的石林，只能使我们一新眼界，却不能使我们惊讶造物的神奇。真实的造化之工却在平凡的原野上，一棵树的姿态，一株草的生长，一只鸟的飞翔，这里面含有无限的美。所谓探奇访胜，不过人的一种好奇心，正如菜蔬之外还想尝一尝山珍海味；可是给我们生命的滋养最多的并不是那些石林山洞，而是碧绿的原野。自然本身不晓得夸张，人又何必把夸张传染给自然呢。我爱树下水滨明心见性的思想者，却不爱访奇探胜的奇士。因为自然里无所谓奇，无所谓胜，纵使有些异乎寻常的现象，但在永恒的美中并不能显出什么特殊的意义。①

喜欢朴素、坦白的山水自然，喜欢树下水滨明心见性的思想者，正是冯至当时的审美意向。这决定了《山水》的内容，是歌颂质朴的自然以及与这自然相一致的平凡人的执着、朴素、隐忍的性格。

《一个消逝了的山村》，是作者在昆明杨家山林场居住时所写的。由昆明城往杨家山林场的途中，有一条旧路，曾通向一个村落，这个村落在1870年民族大仇杀中毁灭了。作者写道："我在那条路上走时，好像是走着两条路：一条引我走近山居，另一条路是引我走到过去。"

"过去"和"现在"隔了70年，但自然能使它们沟通，自然以它超然、独立于"他们"和"我"之外，不因山村的毁灭而消失，仍然历久常新地存在。对这种未经历史文化浸染的自然，冯至止不住赞叹："最可爱的是那条小溪的水源，从我们对面山的山脚下涌出的泉水……这清冽的泉

---

① 冯至：《〈山水〉后记》，见《冯至选集》第2卷，四川文艺出版社1985年版，第65—66页。

水，养育我们，同时也养育过往日那村里的人们。人和人，只要是共同吃过一棵树上的果实，共同饮过一条河里的水，或是共同担受过一个地方的风雨，不管是时间或空间把他们隔离得有多么远，彼此都会感到几分亲切，彼此的生命都有些声息相通的地方。"①

他这样看待一种草：

> ……鼠曲草……这种在欧洲非登上阿尔卑斯山的高处不容易采撷得到的名贵的小草，在这里却每逢暮春和初秋一年两季地开遍了山坡。我爱它那从叶子演变成的，有白色茸毛的花朵，谦虚地掺杂在乱草的中间。但是在这谦虚里没有卑躬，只有纯洁；没有矜持，只有坚强。有谁要认识这小草的意义吗？我愿意指给他看：在夕阳里一座山丘的顶上，坐着一个村女，她聚精会神地在那里缝什么，一任她的羊在远远近近的山坡上吃草，四面是山，四面是树，她从不抬起头来张望一下，陪伴着她的是一丛一丛的鼠曲从杂草中露出头来。这时我正从城里来，我看见这幅图像，觉得我随身带来的纷扰都变成深秋的黄叶，自然而然地凋落了。这使我知道，一个小生命是怎样鄙弃了一切浮夸，孑然一身担当着一个大宇宙。②

《一棵老树》，写的是一个看牛老人的故事。他看了两头牛，一头老牛，一头小牛；后来老牛死了，小牛在遭到一场暴雨冲击后也死了。农庄的主人，决定不再养牛，将在这里工作了许多年的老人送回家，这老人回家后不久就死了。

这是一个怎样的老人呢？他"双眼模糊"，脸上没有表情，像一棵折断了的老树，只剩下"秃树干"，"他步履所到的地方，只限于四周围的山

① 冯至：《一个消逝了的山村》，见张恬编《冯至全集》第 3 卷，河北教育出版社 1999 年版，第 47—48 页。

② 冯至：《一个消逝了的山村》，见张恬编《冯至全集》第 3 卷，河北教育出版社 1999 年版，第 48 页。

坡，好像这山林外并没有世界"，他整天与鸡、牛、马打交道，早已失去了人的骄傲和夸张。

这个浑如木石、木无表情的老人，当老牛生了小牛时，面貌仍然那样呆板，只是稍微露出了几分敏捷，而当小牛遭暴雨死去后，他好像失去了精神的支撑。作者这样写道："第二天，我看见他坐在门前的石墩上，手里仍然拿着放牛的鞭子，但是没有牛了。他好像变成一个盲人，眼前尽管是无边的绿色，对于他也许是一片白茫茫吧。……"后来，老人的孙子向农庄主人报丧时说道："祖父回到家里，不知为什么，也不说，也不笑，夜里也不睡，只是睁着眼坐着。——前晚糊里糊涂地死去了。"①

表面看只是一个木然呆板的看牛老人，但这木然、呆板背后又隐藏着怎样的忍耐与执着，时空对他没有意义，风雨朝夕对他不起作用，只有小牛的死，才透出其深蕴的情感在活动，这种情感，沉重得让人透不过气来。这种沉潜、隐忍的性格，使他如一棵老树，外表风干了，其根须仍在无声地向土里延伸。

《忆平乐》写一个本分正直，对工作高度负责的裁缝；《人的高歌》，写平凡人坚忍持久的劳作，如石匠数十年如一日，不声不响地凿出西山的石像，船手为了让过船人安全过险滩，终其半生募款修灯塔，等等。在这些作品中，我们看到作者在阐明一种坚定、隐忍的性格，一种克己、认真的奉献精神。在乱世中，作者寻求一种山水的超越，并不单单是在追求一种心灵的安宁，而旨在从自然的质朴、平凡的人身上挖掘一种鲜活、向上的力量。在这里，无论生命如何的高贵与卑微，态度如何的严肃与旷达，都反映出一份存在个体的尊严。乱世之中，人命蝼蚁，冯至却看到了人——哪怕最平凡的人身上所蕴藏的价值，从中难道不能获得一种旷达的向上的力量吗？这一点，可从作者在抗战期间写的《工作而等待》中，寻得佐证：

---

① 冯至：《一颗老树》，见张恬编《冯至全集》第 3 卷，河北教育出版社 1999 年版，第45 页。

　　我们不要让那些变态的繁华区域的形形色色夺去我们的希望，那些不过是海水的泡沫，并接触不到海内的深藏。我们应该相信在那些不显著的地方，在不能蔽风雨的房屋里，还有青年——纵使是极少数——用些简陋的仪器一天不放松地工作着；在陋巷里还有中年人，他们承袭着中国的好的方面的传统，在贫乏中每天都满足了社会对他提出的要求。他们工作而忍耐，我们对于他们应该信赖……但真正为战后做积极准备的，正是这些不顾时代的艰虞，在幽暗处努力的人们。他们绝不是躲避现实，而是忍受着现实为将来工作……①

　　《人的高歌》讲了两个人的故事，他们都凭一人之意志与坚持，做出了平凡但又至崇的事业。一个是石匠，历尽风雨坚持十几年，凭一己之力与岩石搏击，终于在悬崖峭壁上凿出一条道路。一个是灯塔的修建者，他曾在海上船触礁遇险。获救后，他立志要在荒岛上修建一座灯塔，为了求得人们的支持，他把手指用布缠起，浸上菜油点燃，等到筹足建灯塔的钱时，他的十个指头都烧到了，他临死之前，爬上灯塔点燃了灯。

　　《山水》比较集中展示了冯至的自然观、人生观、审美观，自然的俭朴、坦白，人的平凡而又坚持、忍耐，万物融合与永恒。关于这点，他在《山水·后记》中写道：

　　这种对于自然的看法，我不能不感谢昆明七年的寄居。昆明附近的山水是那样朴素，坦白，少有历史的负担和人工的点缀，它们没有修饰，无处不呈露出它们本来的面目：这时我认识了自然，自然也教育了我。在抗战期中最苦闷的岁月里，多赖那朴质的原野供给我无限的精神食粮，当社会里一般的现象一天一天地趋向腐烂时，

---

① 冯至：《工作而等待》，见张恬编《冯至全集》第4卷，河北教育出版社1999年版，第99页。

任何一棵田埂上的小草，任何一棵山坡上的树木，都曾给予我许多启示，在寂寞中，在无人可与告语的境况里，它们始终维系住了我向上的心情，它们在我的生命里发生了比任何人类的名言懿行都重大的作用。我在它们那里领悟了什么是生长，明白了什么是忍耐。①

《山水》是达观的，朴素得如泥土、草木，但也有一种隐隐约约的忧虑和伤感。人对自然的漠视，自然的不断被毁坏，社会对人性的侵压，反映了冯至对人类前途的担忧。另外，《山水》作为一种历史的感怀和追忆，所称许的自然、人物都有一种恍恍过逝之感，唤起人的叹息与怀念。

第四节　《伍子胥》：决断与负担

伍子胥的故事，在民间广为流传，正规的记载可见于《史记·伍子胥列传》，伍子胥为了报父兄之仇，不得不从楚国逃到吴国，并最终死于非命。伍子胥有许多传奇故事，如逃离楚国、奔吴复仇、掘墓鞭尸、成吴霸业、自尽身死等，但冯至《伍子胥》并未去叙写他的完整一生，只选取了其中几个事件去刻画，故事从太子建奔楚，伍子胥决定逃亡，伺机报仇始写，只着重写了伍子胥出走前后到昭关这一段，通过几个事件和片段，冯至注入进了自己对此的思考与探寻。

伍子胥逃亡、复仇的故事，基本的故事框架定在那里，不能改变。但故事的叙述方式，却是可以多种多样的。现代小说不但重视讲什么，更注重怎样讲。对伍子胥，一般人看到了复仇的冒险性、经历的浪漫性、目标的伦理性，冯至却将强烈的主观力量渗透进去，使之成为自己精神探索的载体。

---

① 冯至：《〈山水〉后记》，见张恬编《冯至全集》第3卷，河北教育出版社1999年版，第73页。

如何组织这小说，也有一个过程。20 年代末，他第一次读到里尔克的散文诗《旗手里尔克的爱与死之歌》，被其幽玄而神秘的情调感染，觉得可以用这种体裁写伍子胥的逃亡，不过当时神往的"无非是江上的渔夫与溧水边的浣纱女，这样的遇合的确很美，尤其是对于一个像伍子胥那样的忧患中人"①。昭关的夜色、江上的黄昏、溧水的阳光，像音乐似地在冯至脑海中闪过，但没能将它们抓住。抗战初期，他在内地几个城市游离时，有时望着天上轰隆而过的飞机，也思量过写伍子胥，"可是伍子胥在我的意象中渐渐脱去了浪漫的衣裳，而成为一个在现实中真实地被磨炼着的人，这有如我青年时的梦想有一部分被经验给填实了，有一部分被经验给驱散了一般"②。

1942 年，他读到了卞之琳翻译的《旗手》的手稿，又想起了伍子胥，一时兴会，便提笔写了这部中篇小说。作品中，"掺入许多琐事，反映出一些现代人的，尤其是近年来中国人的痛苦。这样，二千年前的一段逃亡故事变成一个含有现代色彩的'奥地赛'了"③。可以看出，小说组合的过程，反映了作者由浪漫转向现代的过程。

《伍子胥》主题有二，一是决断，二是负担。

歌德曾讲："决断是人类最值得尊敬的事物……"④ 在决断里可以使用人的最高自由，同时也使人感到这个最高的自由是多么难于使用。这部小说，便是他这种思想的外化，他用强烈的主观意志，使小说围绕这主题组织起来。伍子胥的逃亡，不仅仅是一般意义上的复仇，而更是一种生存的必需，是孤独的个体如何通过自由决断，显示自己的本质，如何在死亡的考验中使自己的生命富有价值。

① 冯至：《〈伍子胥〉后记》，见张恬编《冯至全集》第 3 卷，河北教育出版社 1999 年版，第 426 页。
② 冯至：《〈伍子胥〉后记》，见张恬编《冯至全集》第 3 卷，河北教育出版社 1999 年版，第 426 页。
③ 冯至：《〈伍子胥〉后记》，见张恬编《冯至全集》第 3 卷，河北教育出版社 1999 年版，第 427 页。
④ 冯至：《决断》，见《冯至选集》第 2 卷，四川文艺出版社 1985 年版，第 149 页。

　　决断，是由生命的不真实状态向真实状态的超越。在故事开始时，伍子胥已失去了一个正常人的生存环境，父亲伍奢被囚郢城，太子建流亡郑、宋，过去在他们眼中等于零的"苍蝇似的人"，如今凌越了一切，"反倒把全楚国的人都看成零"。在城父的伍尚、子胥两兄弟，没有人将他们看在眼里，他们和城父，正渐渐被人遗忘：

　　　　城父，这座在方城外新建筑的边城，三年来无人过问，自己也仿佛失却了重心，无时无刻不在空中漂浮着。不论走出哪一方向的城门，放眼望去，只是一片黄色的平原，没有边际，从远方传不来一点消息。天天早晨醒来，横在人人心头的，总是那两件事：太子建的出奔和伍奢的被囚。但这只是从面貌上举动上彼此感到，却没有一个人有勇气提出来谈讲。居民中，有的是从陈国、蔡国迁徙来的，有的是从江边搬来的，最初无非是梦想着新城的繁荣，而今，这个梦却逐渐疏淡了，都露出几分悔意。他们有如一团渐渐干松了的泥土，只等着一阵狂风，把他们吹散。伍尚和子胥，兄弟二人，天天坐在家里，只听着小小的一座城充满了窃窃的私语，其中的含意模糊的像是雾里的花；江边的方言使人们怀想起金黄的橙橘、池沼里生长着宁静的花叶、走到山谷里到处都是兰惠芳草！陈蔡的方言里却含满流离转徙的愁苦，——祖国虽然暂时恢复了，人们也不肯回去，本想在这里生下根，得到安息，现在这个入地未深的根又起始动摇了，安息从哪里能得到呢？总之，在这不实在的，恍恍惚惚的城里，人人都在思念故乡，不想继续住下去，可是又没有什么好打算。[①]

　　所以叫它"不实在的，恍恍惚惚的城"，是因为生活在其中的人处在

① 冯至：《伍子胥》，见张恬编《冯至全集》第3卷，河北教育出版社1999年版，第369页。

一种失重的空虚的存在状态之中，这对于伍子胥这样强有力的人来说，是难忍耐的。他感到"焦灼与忍耐在他的身内交战"，"时而感到侮辱，时而感到骄傲"，在侮辱和骄傲中间，仇恨的果实在一天天成熟。这种焦灼、忍耐、仇恨，不只源于家仇，而更是对生命失重、存在无意义的焦虑，是对一种不真实的生存状态的仇恨。

在这荒诞的、不可理解的世界上，一个真实的、真正有力的人，必须作出决断，在艰难的、沉重的决断中，显示自己自由的意志和生命的尊严。郢城使者终于来了，庸人们"举手称庆"，希望楚王能送来好的消息，伍子胥却洞见了其阴谋，楚王接他们去郢城，旨在将他们一起杀掉。但郢城来使毕竟给他提供了一个决断的机会，他们二人的命运，必须在一夜内作出选择：

　　在夜半，满城的兴奋还没有完全消谢的时刻，伍氏兄弟正在守着一只残烛，面前对着一个严肃的问题：要他们决断。子胥的锐利的眼望着烛光，冷笑着说："好一出骗人的把戏！这样的把戏也正好是现在的郢城所能演出来的。没有正直，只有欺诈。三年的耻辱，我已经忍受够了。"他对着烛光，全身都在战栗，那仇恨的果实在树枝上成熟了，颤巍巍地，只期待轻轻的一触。他继续说：

　　"壁上的弓，再不弯，就不能再弯了；囊里的箭，再不用，就锈得不能再用了。"他觉得三年的日出日落都聚集在这一瞬间，他不能把这瞬间放过，他要在这瞬间做一个重要的决定。

　　"三年来，我们一声不响，在这城里埋没着，全楚国已经不把我们当作有血有肉的人。若是再坐着郢城驶来的高车，被一个满面含着伪笑的费无忌的使者陪伴着，走进郢城，早晨下了车，晚间入了牢狱，第二天父子三人被戮在郢市，这不是被天下人耻笑吗？"

　　说到这里，子胥决定了。

　　祖先的坟墓，他不想再见，父亲的面貌，他不想再见。他要走出去，远远地走去，为了将来有回来的那一天；而且走得越远，才能回来得越快。①

　　伍尚也决定了：不去郢城，父亲必死，去郢城，父亲也死。若能一见父亲死前的面，虽死又何辞呢？他告诉子胥："我的面前是一个死，但是穿过这个死以后，我也有一个辽远的路程，重大的责任——将来你走入荒山，走入大泽，走入人烟稠密的城市，一旦感到空虚，感到生命像烟一般缥缈，羽毛一般轻的时刻，我的死就是一个大的重量，一个沉的负担，在你身上，使你感到真实，感到生命的分量——你还要一步步地前进。"

　　他们一个要走向远方，一个要回到生他的地方，一个要求生，一个要寻死，在生与死的抉择中，他们获得了自由，都使自己挣脱了那种非真实的生存状态。不过伍子胥的选择，更多地超过了伦理层面，达到了更高的生存高度。

　　伍子胥的决断，决定了他今后的命运、存在方式和生活目标，他从此将被置于各种生活的考验中，对此他必须独立负担。

　　负担是《伍子胥》的另一内容。在作品后记中，冯至讲，一块石子或一个球，往远处一抛，就是一条弧线，它由无数的刹那组成，每一个刹那都有停留，每一个刹那都有陨落，人生就是这样"在停留中有坚持，在陨落中有克服"，方式不一，但都"负担着它们所应负担的事物"。《伍子胥》共9章，差不多每章都讲的是一个人生的"刹那"，城父的环境的压抑与决断的悲怆、洧滨见太子建而起的失望、过昭关的艰险、昭关过后江上的清新、溧水女子的默然的情恋以及吴市寻求知音的哀绝，一个循环接一个循环，个个不同，有的使他坚持，有的使他克服，都最大限度地承担了自己的生命和责任。如果说决断体现的是人瞬间的非理性的选择，负担则重视的是理性的支撑、忍耐、克服，一个瞬间，一个过程，它们共同组成了一个完整的人生，使人生变得有重量和有意义。

---

① 冯至：《伍子胥》，见张恬编《冯至全集》第3卷，河北教育出版社1999年版，第372—373页。

冯至没有写结果，伍子胥最后终于到了吴市，到达了他的目的地，这并没有带给他新的希望，而是进入了新的失望境地，面临新的选择和开始。生命"在停留中有坚持，在陨落中有克服"，画了一个"美丽的弧"①。

在这生命追逐的过程中，还要面对着"断念"和"蜕变"。"断念"和"蜕变"都是歌德的重要思想。"蜕变"在过"昭关"时，忽然降临：

> 蚕在脱皮时的那种苦况，子胥深深地体味到了；旧皮已经和身体没有生命上深切的关联，但是还套在身上，不能下来；新鲜的嫩皮又随时都在渴望着和外界的空气接触。子胥觉得新皮在生长，在成熟，只是旧皮什么时候才能完全脱却呢？②

"断念"是冯至笔下伍子胥完成"决断"与"负担"必须克服的。伍子胥在奔向自我过程中，必须学会放弃和割舍，林泽中的茅屋、江上的晚渡、溧水的一饭……毕竟只是一个反省、一个停留、一个休息，"断念"使他的复仇之心更加果断、执着。

在艺术表现上，《伍子胥》极重视个体的体验，各种环境中的人物，随着主人公不同的历险、心境，都被涂上了浓厚的心理色彩，如城父的景象、状态，像"一个不实在的，恍恍惚惚的"城，不像一个古代的城市，倒像波特莱尔笔下的巴黎，陀思妥耶夫斯基笔下的彼得堡，是完全被现代人的心理浸泡了的。另外，人物之间的交往，也很少对话，多用沉默，相互领悟彼此的意旨，如伍子胥与申包胥的相遇，并不讲话，"两个朋友在默默中彼此领悟了，他们将要各自分头去做两件不同的大工作……他们各自为了将来的抱负守着眼前的黑夜"③。有强烈的体验性，这些领悟和体

---

① 冯至：《〈伍子胥〉后记》，见张恬编《冯至全集》第3卷，河北教育出版社1999年版，第425页。
② 冯至：《伍子胥》，见张恬编《冯至全集》第3卷，河北教育出版社1999年版，第398—399页。
③ 冯至：《伍子胥》，见张恬编《冯至全集》第3卷，河北教育出版社1999年版，第381—382页。

验，写的是古代人，但却反映了现代人的境遇和心理状态，表现了他们的思考与选择。因而，《伍子胥》仍是一部与时代密切相关的作品，不过它只以自己的而不是流行的方式关注罢了。在个体陷入无助和孤绝、价值观分裂的时代，冯至从所崇敬的人身上找到了人性的尊严，从历史的现象中找到了自我，从而获得了更大的真实。

第五节　存在的探询

从《十四行集》《山水》《伍子胥》中，可看出冯至这一时期创作的主题所在：

（一）重视体验和沟通，认为个体的意义在于体验隐藏在事物背后的真实，沟通人与事物之间被隐藏起来的关系和秩序。

（二）注重生与死的思考，认为死亡是生命的大限，应根据未来的死亡筹划安排人生，使死亡成为人生的一部分和辉煌的完成。

（三）强调决断在人生中的意义，推许平凡人坚实、隐忍的性格，和执着于存在、默然地负担一切的品质。

这几点，与存在主义有惊人的相似处。我们不妨将它们同雅斯贝尔斯、里尔克、基尔凯郭尔等人的主张加以比较：

> 他（雅斯贝斯）的哲学探讨旨在重新唤醒我们对真确的人生境遇的注意……叫我们注意到认识的极限——但非以怀疑论者的意图一并去处理知识，而是让那经常隐藏在极限背后的真实，在一瞬间照射出来。①

---

① 《冯至〈十四行集〉和存在主义哲学》，香港《诗》双月刊"冯至专号"第 2 卷 1991 年第 6 期，第 94 页。

　　谁若是要真实地生活，就必须脱离开现成的习俗，自己独立成为一个生存者，担当生活上的种种的问题，和我们的始祖所担当的一样，不能容有一些儿代替。①

　　人不能敷敷衍衍地生活，人要决断，在决断中才能体验到真正的生之意义。②

在美国学者考夫曼的《存在主义》一书中，他将陀思妥耶夫斯基、尼采、里尔克、雅斯贝尔斯统称为存在主义者。冯至与这些存在主义者思想的联系，不能说明他就是一个存在主义者，但有一点可以肯定，即他40年代前期的创作，是建立在存在主义哲学基础上的。另外，除了内容的关联，在语言上，一些具有存在主义色彩的术语，如"存在""决断""负担""选择""体验"，也时常在他的作品中出现。可以说，存在主义思想帮他建立了观察事物的视点。这也是理解他作品思想体系的"密码"。

冯至受存在主义的影响，由来已久。早在《北游》时期，其作品已明显触及到了生与死、人的归宿、群体与个体的冲突等存在主义命题，并且在《北游》结束部分，还提到了《死室回忆》的作者陀思妥耶夫斯基，而陀氏，历来被一些存在主义者视为先驱式的人物。《北游》时期的冯至，已经不自觉地受到存在主义的诱惑和初步的影响。德国5年，是他集中接受存在主义影响的时期。这期间，他沉醉于里尔克的作品，读基尔凯郭尔的书，听德国存在主义大师雅斯贝尔斯的哲学讲座，另外，还喜欢看凡·高的画（雅斯贝尔斯认为凡·高是一个"生存艺术家"），这使他全面系统地接触到存在主义的思想体系。从德国留学时开始，他就有意识地向中国介绍这些作家的思想和著作，除了集中翻译、介绍里尔克外，早在1932年初，就翻译了基尔凯郭尔的一些语录，发表在《沉钟》半月刊上。

① 冯至：《给一个青年诗人的十封信》译序，见范大灿编《冯至全集》第11卷，河北教育出版社1999年版，第283页。
② 鲍霁：《冯至学术精华录》，北京师范学院出版社1988年版，第461页。

1941 年，还写了《一个对于时代的批评》，专门介绍基尔凯郭尔，并将尼采、陀思妥耶夫斯基和基尔凯郭尔，视为 19 世纪 3 个重要思想家。对尼采，冯至除翻译其诗作外，还针对二次大战后人们对他的误解，写了《尼采对于将来的预测》的文章，将他看作"近代少有的文化批评者"。1948 年，冯至还翻译了一些基尔凯郭尔的杂感，与罗大冈的《存在主义札记》一同发表在天津《大公报》"星期文艺"第 67 期上。这些都说明，冯至是现代作家中最早系统地接受存在主义影响，并付之创作实践者。

　　存在主义影响了冯至的思想：存在主义使冯至以系统的哲学思想重新审视自己的生命体验。正如上文所述，冯至自少年开始，便体验到自身的孤独，北游的经历使他体验到世界的荒原感，世界的荒原感、对世界的恶心感与自身的孤独感正是存在主义的典型生命体验。这是冯至接受存在主义思想的情绪基础。存在主义哲学思想使冯至将上述自己的生命体验上升到人类的普遍性境遇，使他意识到：人类生存于世的真相就是一种被抛入世间的存在样式，自己的生命体验正在于这种被抛的状态——人类不能决定自己被抛到一个什么样的境遇，因此只能忍受这种被抛的命运。但人类也可以在这种被抛的命运中自我选择自己生存的意义，以此意义来克服必然的死亡。对永恒的追求以及在这种追求中所显现的自我的决断，正是存在主义对个体生命意义的根本界定。正是在存在主义哲学的影响之下，冯至意识到其前期所体验到的世界的荒野感与自我的孤独感，是人类生存于世的普遍经验和必然经验。对孤独感的存在主义式领悟使冯至克服了浪漫主义的伤感、忧郁，而对个人决断的存在主义式领悟则使他克服了对人生的悲观失望。可以说，存在主义使冯至能从容、深邃地理解人生和宇宙的变化，理解人在现实面前应作出自己的选择。尤其在一个兵荒马乱的战争年代，人的生命被贱视，尊严被剥夺，价值观在崩溃，他对人的存在的思考，体现了一个现代知识者的惊醒和超前的探索意识，体现了对时代人生的深刻理解。

　　存在主义影响了冯至的文学创作：冯至的文学创作由浪漫主义的抒情诗起步，存在主义使冯至完成了由浪漫主义抒情诗人向现代主义作家的转变。存在主义使他从思想上体认了克服孤独与死亡的根本方法，那就是追求永恒并在这种追求中彰显自我决断的力量。正是基于这一认识，冯至意识到其浪漫主义抒情作品的局限——它们抒发的都是一己一时的情绪，带有强烈的理想情怀。但现实正是存在主义所说的被抛状态与个体必然的死亡，只有通过与永恒相联系，通过自我的决断，才能显示个体生命的力量。存在主义意识使冯至不再在作品中追求自我情感的抒发，而是追求作品超越于时代的永恒性、追求这种超越过程中自我决断力的彰显。这一思考，使冯至成为一个真正意义上的现代性作家。这种现代性不仅表现在他将自然山水与世界的普遍与永恒联系起来，也表现在他对个人决断力的推崇之中，表现在深沉、凝重、沉思的风格之中，更表现在他性格上那种不事喧哗、静默守持、认真执着的秉性之中。

在接受存在主义影响时，冯至是否作出了他自己的选择呢？回答是肯定的。这种选择使他与一般意义上的存在主义者区别开来。这种区别表现在以下几个方面。

首先，一般意义上的存在主义，认为整个世界从根本上是荒诞的，不可理解的，因而悲观主义色彩较重，充满极端状态中的反抗、孤独、痛苦，如陀思妥耶夫斯基笔下那些孤独的人们的反叛和呐喊，心灵的痛苦、扭曲；尼采对苦难的专注，对生存意志和悲剧人生强烈的鼓吹，等等。冯至的思想和创作中，没有那种难以抑制的焦灼、痛苦、愤激，也没有那种强力的呐喊，他显得从容、静默得多，尤其他作品中那种万物化解的融容和谐，已揉进了中国传统的人文精神，这使他创作的基调是温和的，舒缓的，达观而平实。

其次，存在主义多注重一种形而上的探寻，本体论色彩重，往往超越一般的文化学、伦理学范畴，注重纯哲学思考。冯至吸收其思想成果，则不能不基于现实的考虑，他显然将存在主义作为一种唤醒每个个体生命自觉、积极承担有意义的人生的手段，有自觉的伦理目的，他深广的忧虑、积极的探索，含有一颗广大的"仁"者之心，他的思考只能是一个关心现实的现代中国知识分子的思考。可以说，对现实的"介入"，使他避免了西方存在主义者的空洞的思辨，而存在主义者超越性的思考，又帮他克服了时代中流行的短视的弊端，使他成为一个独特的个别。

第六节　里尔克对冯至的意义

冯至这一时期作品，受里尔克影响很深。里尔克之于冯至，是一面镜子，是一根标尺，更是一座山峰。

里尔克对冯至的影响，最重要的是对心灵精神的寻求与倚重。

里尔克认为，人的存在更多地体现在精神上，人的存在只有在内心热烈地、无限地进行体验时方有可能。恐惧乃是内心自信的毁灭，只有一种自信能够存在，就是不断超越，战胜个人的痛苦。拯救世界的方法是将全部存在——过去的、现在的和将来的存在放进开放的心灵中，用心灵的力量去融汇它们，去体验它们，去意识到它们的存在。这种对心灵与精神的重视，对人的超越性的追求，是冯至所以成为冯至的重要所在。影响是深远的。他一生不断探索，不断超越，不断寻求精神的故乡，与里尔克这方面的影响是分不开的。

具体到创作上，主要体现在以下两方面：

一是对自然万物的观察与体验。

里尔克擅于向内心世界进发，把自己看作与万物同等的存在，用心去观察、感受、体验自然万物，以此洞彻宇宙与世界万物，达到"圆融无碍"境界。

正如冯至在《给一个青年诗人的十封信》的前言中所说："一般人说，诗需要的是情感，但是里尔克说，情感是我们早已有了的，我们需要的是经验：这样的经验，像是佛家弟子，化身万物，尝遍众生的苦恼一般。"

里尔克是一位深刻的观察家，他瞧不起传统浪漫主义浮泛的抒情和对现实的平庸表现力。为了磨炼自己观察的触角，他曾给罗丹当过秘书，从这位雕塑大师那里学会了怎样工作和观看，怎样选择和拒绝，怎样体验万物的存在：

> 我们必须观看许多城市，观看人和物，我们必须认识动物，我
> 们必须去感觉鸟是怎样飞翔，知道小小的花朵在早晨开放时的姿
> 态。我们必须能够回想：异乡的路途、不期的相遇、逐渐临近的别
> 离；——回想那还不清楚的童年的岁月……想到儿童的疾病……想
> 到寂静、沉闷的小屋内的白昼和海滨的早晨，想到海的一般，想到
> 许多的海，想到旅途之夜，在这些夜里万籁齐鸣，群星飞舞——可
> 是这还不够，如果这一切都能想得到。我们必须回忆许多爱情的夜，
> 一夜与一夜不同，要记住分娩者痛苦的呼喊和轻轻睡眠着、翕止了
> 的白衣产妇。但是我们还要陪伴过临死的人，坐在死者的身边，在
> 窗子开着的小屋里有些突如其来的声息。……等到它们成为我们身内
> 的血、我们的目光和姿态，无名地和我们自己再也不能区分，那才
> 能以实现，在一个很稀有的时刻有一行诗的第一个字在它们的中心
> 形成，脱颖而出。①

怎样细心观察万物？里尔克主张要"物我合一"。里尔克诗中的
"物"呈现出强烈的主体意识，物与自我在精神上是相通的。他认为，只
有当那些我们所经历的事物"化为我们身上的鲜血、视线和神态，没有名
称，和我们自身融为一体，难以区分"②时，我们才能写出诗。一个艺术
家的使命，就是要把物从常规习俗的沉重而无意义的关系中提升出来，恢
复到其本质的巨大关联之中，这就是"创造物"，经由创造性行为，物变
成"艺术——物"。这种物摆脱了时空的局限性而获得了一种永恒的平静。
在里尔克这里，物不仅是客观对象，而与人的自我存在本质上是一

---

① 冯至：《〈里尔克〉——为十周年祭日作》，见张恬编《冯至全集》第 4 卷，河北教育出
版社 1999 年版，第 86 页。
② 叶挺芳、李永平编：《里尔克散文随笔集》，中国广播电视出版社 2000 年版，第 322 页。

致的。"存在的化身，世界的最终本质不再是'上帝'，而是'物'。"① 因此，诗人的职责是发现物、恢复人与物之间本然一体的状态，通过人与物的混然统一，克服人类的孤独感与虚空感。

最能体现里尔克"咏物诗"观点与成就的，是那首著名的《豹——在巴黎植物园》：

> 它的目光被那走不完的铁栏
> 缠得这般疲倦，什么也不能收留。
> 它好像只有千条的铁栏杆，
> 千条的铁栏后便没有宇宙。
>
> 强韧的脚步迈着柔软的步容，
> 步容在这极小的圈中旋转，
> 仿佛力之舞围绕着一个中心，
> 在中心一个伟大的意志昏眩。
>
> 只有时眼帘无声地撩起。——
> 于是有一幅图像浸入，
> 通过四肢紧张的静寂——
> 在心中化为乌有。②

诗人通过这只草原上的猛兽被关在铁笼子里的目光、步态的描写，揭示了诗人被习俗所困、被物质压抑的心灵状态，进一步揭示了现代人普遍的生存困境。

---

① [德]霍尔特胡森：《里尔克》，魏育青译，生活、读书、新知三联书店 1988 年版，第 206 页。
② 董衡巽、郑克鲁选编：《外国现代派作品选》第一册上，上海文艺出版社 1980 年版，第 42 页。

尽管里尔克的本质直观、使物变成物本身的现象学视野不能完全被当时的冯至理解，但里尔克所体验到的人与物浑然一体的关系，仍然深切地打动了冯至，使他认识到：

> 诗人必须摆脱习俗，谦虚而认真地观看万物，去发现物的实质。……人们把这些诗叫作无我的咏物诗。①

如果说，冯至早年的孤独感使他倾向于在作品中表达自我的情感，而表达自我情感的前提是彰显自我的存在，这种彰显首先要求将自我与万物相区分，从这一角度来讲，浪漫主义的表达依赖自我与万物相区分的意识，在这种"感时花溅泪，恨别鸟惊心"式的表达方式中，自我是万物存在的依据，万物只是自我情感表达的工具。那么，里尔克使冯至第一次修正了自我与万物之间的联系。里尔克使冯至发现人类情感的易逝，而万物永恒长存。因此，与抒发个人感情相比，抒发与万物的联系更能克服死亡并显示个人存在之思。这就需要将自我与万物重新联系起来，将自我沉潜在万物之中，抒发物本身的存在。而为了要抒发这种物存在的生命之思，就需要克制自我的情感，使情感为抒发万物存在服务，而非相反。正是在这一新的联系中，冯至重新体会了观看的要义，学会了"发现许多物体的灵魂，见到许多事物的姿态"，"虚心侍奉他们，静听他们有声或无语，分担他们人人都漠然视之的命运"。他要做的，正是克制、隐忍，使自己沉潜于自我万物之中，并在诗中表达这种克制、隐忍地与自然融为一体的经验。

这种观物方式，在他的《十四行集》中得到鲜明的体现。《十四行集》中的观物方式，已经不是前期浪漫主义那种带有强烈主观色彩的观物，而是具有"心的谦逊"的人，寻找自我与外物如何融合，以期在客观世界中找到心灵的对应物。如《十四行集》《有加利树》《鼠曲草》就是这种物我

---

① 冯至：《外来的养分》，见《立斜阳集》，工人出版社 1989 年版，第 192 页。

合一的艺术形象。他这样观察和看待《有加利树》：

> 你秋风里萧萧的玉树——
> 是一片音乐在我耳旁
> 筑起一座严肃的庙堂，
> 让我小心翼翼地走入；
>
> 又是插入晴空的高塔
> 在我的面前高高耸起，
> 有如一个圣者的身体，
> 升华了全城市的喧哗。
>
> 你无时不脱你的躯壳，
> 凋零里只看着你生长；
> 在阡陌纵横的田野上
> 我把你看成我的引导：
> 祝你永生，我愿一步步
> 化身为你根下的泥土。①

　　在这首诗里，有加利树变形为"庙堂""高塔""圣者的身体"，朴素的树木，被诗人赋予崇高的形象。最后一句"化身为你根下的泥土"表达出一种"物我交融"的境界。而鼠曲草"但你躲避着一切名称，／过一个渺小的生活，／不辜负高贵和洁白，／默默地成就你的死生。"以"小草"的形象，象征了社会底层小人物默默奉献、灵魂洁白的人生。"有加利树""鼠曲草"的诗歌意蕴，与里尔克的《豹》是一脉相承的。这些诗

---

① 冯至：《十四行集》，见刘福春编《冯至全集》第 1 卷，河北教育出版社 1999 年版，第 218—219 页。

中的物，用里尔克的话说，它表达的不再是情感性的自我，而是经验性的自我。

可见，里尔克这种对事物的观察和深刻的体验，对冯至是有震撼力的。来德国之前，他就幻想过自己将来的诗，能像雕塑家雕刻的石像那样，坚实而有质感，现在他从里尔克这里看到了，并终于理解了：诗不是情感的发泄，诗是经验，"我们应该一生之久，尽可能那样久地去等待，采集真意与精华，最后或许能够写出十行好诗"①。

二是对孤独寂寞的认同与超越。

从本书开始的叙述中，我们已看到了冯至出生的家族、家庭与地理环境，这些都可视作他精神选择的起点。与一些现代作家相似又不同的经历与环境，决定了冯至独特的选择，可拿他与鲁迅比较。与鲁迅相似的是，冯至也经历了家道中落与至亲的死亡，从而在其生命之初就过早地体验了生命的孤独与寂寞，其年轻时北游的经历更使他体验到什么是一种被抛的存在者；与鲁迅不同的是，涿州封闭的山水使少年冯至的情感在山水自然中获得暂时的平静，而母亲、继母的关爱也使他对人性存在着美好的期许，使他并没有因个人的孤独，与整个社会相脱离，并进而对人性和社会进行全面的批判与叛逆，而是一直将自我的孤独视为人类的普遍性境域。可以说，冯至的少年，奠定了冯至思维和人生选择的基本方向，奠定了其情绪的基本框架，奠定了其思想与情感的特殊表达方式。

孤独感是冯至早年时最为深刻的精神体验。这导致他早期的创作以抒发个人的孤独感为主，笔下充斥着泪膜、酸凄②，沉沦、哀婉与毁灭③，酒冷、茶残与噤若寒蝉④。其对世态的想象，也习惯于悲观与苍凉，送信

---

① 冯至译：《布里格随笔》，见袁可嘉等编《外国现代派作品选》第1册（上），第50页。

② 冯至：《一颗明珠》，见刘福春编《冯至全集》第1卷，河北教育出版社1999年版，第9页。

③ 冯至：《狂风中》，见刘福春编《冯至全集》第1卷，河北教育出版社1999年版，第22页。

④ 冯至：《残年》，见刘福春编《冯至全集》第1卷，河北教育出版社1999年版，第40页。

的绿衣人，代表的是可怕的时刻，送出的只能是不幸消息①；秋千架上的姑娘，激起的是春愁并化作淡淡的青烟，看见的是消沉的暮霭与冷清的红云：

> 我躺在嫩绿的浅草上，
> 望着你荡起秋千；
> 春愁随着你荡来荡去，
> 尽化作淡淡的青烟。
>
> 我的姑娘，你看那落日，
> 它又在暮霭里消沉——
> 只剩下红云几抹，
> 冷清清，四顾无人！②

其对人生的期望，则是迷茫与死亡，他看见的前途是"阴沉"，是"风雨中看不出一点光明"，"人人的肩上担着一个天大的空虚"，因此，"我只能在沉默中死去，无名而不是英雄"③，追求的则是"沉入温柔的海底"和"越远越好，离掉了人间"④。

冯至的孤独感带有明显的现代主义特质，我们可以通过《昨日之歌》与《北游》两部诗集看出，这两部诗集主要抒发了冯至对生存、爱情、生命的个人体验。但两部诗集中竟没有一篇是怀念故乡与亲人的作品，这能

---

①　冯至：《绿衣人》，见刘福春编《冯至全集》第 1 卷，刘福春编，河北教育出版社 1999 年版，第 3 页。

②　冯至：《秋千架上》，见刘福春编《冯至全集》第 1 卷，河北教育出版社 1999 年版，第 42 页。

③　冯至：《公园》，见刘福春编《冯至全集》第 1 卷，河北教育出版社 1999 年版，第 161 页。

④　冯至：《自杀者的墓铭》，见刘福春编《冯至全集》第 1 卷，河北教育出版社 1999 年版，第 151 页。

使我们强烈地感受到诗人无所归依的孤独。

孤独的本质则是个体意识觉醒后的现代思维，当个体意识到自我被抛入世界之中时，世界的荒野感、个体的孤独感油然而生，这是孤独的本质。而冯至在《昨日之歌》《北游》等作品中抒发的孤独感，正来自于作者个体意识的觉醒。这种觉醒，使冯至在创作之初，就开始追求西方现代主义思潮对个体体验的确认。这也正是冯至对里尔克、荷尔德林等西方现代主义作品产生共鸣的根本原因。

冯至留学德国的时间，正是存在主义哲学风靡欧洲的时期。第一次世界大战给欧洲带来重创。战争的创伤给人们的心灵带来种种苦难与困境。在这种情势下，关注人的生命的存在意义的存在主义哲学应运而生，并得以流行。初到德国的冯至，接触基尔凯郭尔、尼采的著作，聆听雅斯贝尔斯的课程。"头脑里装的是存在主义哲学、里尔克的诗歌和梵诃的绘画。"①

正是在此基础上，冯至对里尔克的认识发生了变化。里尔克不再是一个北方的浪漫主义者，而是一个存在主义哲人。他从里尔克的小说与诗歌中，看到了许多存在主义的要旨。

作为一个存在主义者，里尔克对生命的本质体验是孤独与忍耐。他深深地体会到人世的孤独与苦难。"我孤独无依，我独自负担着人类的苦难。"（《葡萄园》）在《给一个青年诗人的十封信》中，里尔克不断地使用痛苦、寂寞、忍耐等词语："我天天学习，在我所感谢的痛苦中学习：'忍耐是一切'。"②"所以你要爱你的寂寞，负担那它以悠扬的怨诉给你引来的痛苦。"③

同样，冯至在他的《十四行集》中，从孤独与承担、孤独与交流、

①　冯至：《从癸亥年到癸亥年》，见张恬编《冯至全集》第 4 卷，河北教育出版社 1999 年版，第 286 页。

②　冯至译：《给一个青年诗人的十封信》，见范大灿编《冯至全集》第 11 卷，河北教育出版社 1999 年版，第 296 页。

③　冯至译：《给一个青年诗人的十封信》，见范大灿编《冯至全集》第 11 卷，河北教育出版社 1999 年版，第 301 页。

孤独与死生等几个方面，表现了孤独的主题。

如第 15 首《看这一队队的驮马》：

> 我们走过无数的山水，
> 随时占有，随时又放弃，
>
> 仿佛鸟飞翔在空中，
> 它随时都管领太空，
> 随时都感到一无所有。①

第 5 首《威尼斯》：

> 只担心夜深静悄，
> 楼上的窗儿关闭，
> 桥上也断了人迹。②

孤独是人的宿命，人必须担当这份孤独。一个人要想在这世上生存，就必须脱离开现成的习俗，独自担当自己的生存，担当生活上的种种问题，不能有一丝儿替代。

对冯至而言，里尔克就像是未曾谋面的精神导师。两个人身上，都有深刻孤独印记的宿命，并且他在里尔克的指引下，逐渐走出孤独之后情感的荒芜之地。

西方现代主义思维意识到个体是人类在世存在的本体处境，在这种处境中，孤独感是人类存在体验的根本样态。在现代主义思潮中，人类存

---

① 冯至：《十四行集》，见刘福春编《冯至全集》第 1 卷，河北教育出版社 1999 年版，第 230 页。

② 冯至：《十四行集》，见刘福春编《冯至全集》第 1 卷，河北教育出版社 1999 年版，第 220 页。

在于世的本质就是"被抛入世间"，如何在这种被抛的状态里生存，是西方现代主义个体意识觉醒后面临的首要问题。冯至也不例外。幸运的是，孤独之外，从里尔克那里，他也找到了超越孤独的思想主题。

第一个主题是"决断"，或者叫"选择"。他在随笔《决断》中，从米勒、陶渊明、王羲之到屈原、汉姆莱特等人在人生重要关口，面临抉择时，突出决断的重要意义：

> 当人面对着引向不同的两条或两条以上的道路，孤单地考虑着自己应该走上哪条道路的时候，才会体验到作为一个人的艰难的意义。等到他决断了，勇敢地走上一条，那时他所感到的生命的光彩也不是一个动物或一个原始性的人所能感到的。①

冯至以决断的重要意义，突出了存在主义"存在先于本质"的命题，强调人的自我是自我选择的结果。他的小说《伍子胥》突出的也是主人公在命运的重大关口的选择与担当。与他的兄弟选择与父亲见面并赴死不同，伍子胥选择逃亡并承担起为父复仇的使命。而《十四行集》第26首"我们天天走着一条小路"，强调人的生命由自己去选择、去创造。

第二个主题是"交流"。冯至在强调孤独的同时，也强调交流。孤独是个体生存的本质，也是交流得以实现的前提。而交流是个人自我实现与人类社会存在的基础。也是在《十四行集》第5首《威尼斯》中：

> 一个寂寞是一座岛，
> 一座座都结成朋友。
> 当你向我拉一拉手，
> 便像一座水上的桥；

---

① 冯至：《决断》，见张恬编《冯至全集》第4卷，河北教育出版社1999年版，第77页。

当你向我笑一笑，

便像是对面岛上

忽然开了一扇楼窗。①

在这里，由 119 座孤立的水岛组成的水上城市威尼斯是人类社会的象征。而正是在交流与连接的基础上，人类和谐生存才成为可能。"一座座桥""一扇扇窗"，使水岛避免成为"孤岛"，成为互相沟通与连接的美好社会，美好人世。

交流不仅在人与人之间，人与物之间，也存在着交流。《十四行集》第 16 首《我们站立在高高的山巅》：

哪条路、哪道水，没有关联，

哪阵风、哪片云，没有呼应：

我们走过的城市、山川，

都化成了我们的生命。②

第三个主题就是"死亡"，如何面对死亡。作为被抛在世间的人类个体，面临的第一个问题便是死亡。人必然会死，当现代主义思潮斩断了个体与家族、母体的关系，孤独地生存于世时，其对世界的发问首先便是：个体不再是血脉的延续，不再是某个集体中的一员，那么，面对着必然死亡，个体应该怎样追求意义？

当现代个体意识觉醒后，除了孤独感之外，另一种最为重要的体验便是虚无主义。虚无主义也是面对必然死亡的一种人生态度，即认为面对死亡，人类所有的追求都是无意义的。在现代主义语境中，如何超越孤独

---

① 冯至：《十四行集》，见刘福春编《冯至全集》第 1 卷，河北教育出版社 1999 年版，第 220 页。

② 冯至：《十四行集》，见刘福春编《冯至全集》第 1 卷，河北教育出版社 1999 年版，第 231 页。

与死亡，克服虚无，成为现代主义个体意识觉醒后的首要精神追问。这也正是里尔克对冯至的意义。

里尔克的作品使冯至意识到孤独的本质，意识到其早期创作中浪漫主义的局限。浪漫主义本质上是个体对自我存在感的抒发，而死亡与虚无构成了浪漫主义个体无法逾越的界限。因此，"他（冯至——引者加）接过了里尔克在其晦涩难解的作品中反复质询的诸如生命与死亡、个体与群体、苦难与承担等主题。"①

与一般人恐惧死亡、逃避死亡不同，里尔克认为，死亡是生命的一部分。生命与死亡是一体的。只要有生命，就有死亡。死亡是里尔克诗歌的重要主题，因为我们只是皮壳和叶子：

> 每个人身上都含有伟大的死，
> 它是万物围着旋转的果实。②

冯至的死亡观念，深受里尔克等存在主义哲学的影响。他说："死只是一个走向更高生命的过程。由于死而得到新生，抛却过去而展开将来。"③ 在《十四行集》第2首中，他把死亡比作秋风扫落叶、枯萎的花朵以及蝉蛾的蜕化：

> 把残壳都丢在泥里土里；
> 我们把我们安排给那个
> 未来的死亡，像一段歌曲④

---

① 范劲：《冯至与里尔克》，《外国文学评论》2000年第2期，第120页。

② 《里尔克诗选》，绿原译，人民文学出版社1999年版，第217页。

③ 冯至：《从〈浮士德〉里的"人造人"略论歌德的自然哲学》，见范大灿编《冯至全集》第8卷，河北教育出版社1999年版，第55页。

④ 冯至：《十四行集》，见刘福春编《冯至全集》第1卷，河北教育出版社1999年版，第217—218页。

死亡赋予生命意义，正是因为生命的短暂、有限，生命才是珍贵的。珍贵的生命应该怎样度过呢？就是去创造和承担。以交流融入社会，以创造和担当赋予生命意义。这是冯至在《十四行集》中向我们揭示的生命哲学。

可以说，通过"死亡"这一主题，冯至深刻地意识到生命的本质，意识到诗与生命的联系，意识到如何通过创作寻找生命的意义，进而意识到如何通过这种生命意义，去克服生命的短暂与虚无主义。

总之，与里尔克的结合，使冯至完成了由关注自我情感向观察万物、体验并克服孤独转变。在这一转变中，冯至孤独、觉醒、克制、隐忍、决断、沉潜、超越，希望通过艺术找到由特殊到一般、个体到普遍的体验之路，其《十四行诗》《山水》《伍子胥》，正呼应了冯至的这一需求。

第七章 蜕 变

第一节 新的远眺

1946 年 5 月 4 日，联大师生集会，先宣布历时 8 年的西南联合大学解散，然后大家一起到新校舍后面小土山上为新建成的西南联大纪念碑揭幕。纪念碑是用传统形式修建的，上面刻了冯友兰撰写的长长的碑文，介绍了联大的缘起和功绩，并阐述了立碑纪念的缘由：

我国家以世界之古国，居东亚之天府，本应绍汉唐之遗烈，作并世之先进。将来建国完成，必于世界历史，居独特之地位。盖并世列强，虽新而不古；希腊、罗马，有古而无今。惟我国家，亘古亘今，亦新亦旧，斯所谓"周虽旧邦，其命维新"者也。旷代之伟业，八年之抗战已开其规模，立其基础。今日之胜利，于我国家有旋乾转坤之功，而联合大学之使命，与抗战相终始。此其可纪念者一也。文人相轻，自古而然，昔人所言，今有同慨。三校有不同之历史，各异之学风，八年之久，合作无间。同无妨异，异不害同；五色交辉、相得益彰，八音合奏，终和且平。此其可纪念者二也。……联合大学以其兼容并包之精神，转移社会一时之风气，内树学术自由之规模，外来"民主堡垒"之称号，违千夫之诺诺，作一士之谔谔。

此其可纪念者三也。稽之往史，我民族若不能立足于中原，偏安江
表，称曰南渡……吾人为第四次之南渡，乃能于不十年间，收恢复
之全功。庾信不哀江南，杜甫喜收蓟北。此其可纪念者四也。①

西南联大的形式是结束了，但西南联大的影响却不会泯灭。不但是
那一代人难以忘记，今后的若干代，也应记住它的名字。它以及由它产生
的"西南联大知识分子群"，将成为中国现代觉醒的重要象征。在那危机、
困厄的时代，这群中国优秀的知识分子，聚集在这相对平静的大后方昆
明，既对时代有超越式的思考，又保持着充满个性的"介入"，使现代人
的理智和良知，人类文化的血脉，得到了新的体现。冯至，作为其中杰出
的一员，昆明 7 年多的日日夜夜，将成为他永久的不褪色的记忆。

1946 年 7 月，阴云不断，暴雨如注，放了暑假的联大师生开始北上
复校。到 11 日，最后一批学生已离开昆明。当夜，昆明民主同盟的重要
成员李公朴在街心被国民党暗杀；3 天后，闻一多在记者招待会上发表著
名的《最后一次演讲》，归途又被射杀在联大宿舍门前的西仓坡上。正在
途中的冯至听到这消息，震惊不已，他与闻一多交往并不多，但处处能感
到闻一多正直、坦诚的品格，那夜因冯至的《一个对于时代的批评》引起
的长谈，前年共同发表"五四"演说时的交流，不觉浮现眼前，往事历
历，故人已去，他感到，这黑暗、残酷的时代，大概不会久了吧？

7 月下旬，他与妻子姚可崑携两个女儿（一个 10 岁，一个半周岁），
回到了离别 10 年的北平，联大分家，他被划归母校北大，任西语系教授，
与朱光潜、沈从文、闻家驷、陈占元等住同一个宿舍。

房舍依旧，物是人非。今日之北大，劫难之后已没当年那种自由、
宽松的气象。以前灰色的楼房看起来那样庄重、大气，现在却感到压抑、
气闷。晚饭后，有时沿着过去熟悉的小路散步，常想：这就是当年的年华
磨灭地吗？

---

① 冯友兰：《国立西南联大纪念碑碑文》，见《三松堂小品》，北京出版社 1997 年版。

这一时期，他参加的社会活动也开始多了起来。

1947 年 5 月 4 日，北大举行文艺晚会，冯至与朱自清被邀前去讲演。冯至在讲演中批评了战前李金发等人的象征派诗。

次年 4 月，他又应邀为北大新诗社写了纪念文章《从前和现在》，文章中，他赞许了北大新诗社同学们四年多的努力，并深刻指出了现代诗歌的本质——诗是时代的声音，同时也是求生意志的表现；诗人写出他的诗句，不只是证明他没有死，还要表示他要合理地去活……现代社会的腐朽促使我们很自然走向了追求真、追求信仰的正路。

8 月 12 日，朱自清去世。冯至与朱相识于 30 年代初的柏林，西南联大时经常一起谈论文学问题，返京后，朱任清华大学中文系主任，因彼此常到对方学校讲课，见面较多。这次朱自清在胃病严重、贫病交加情况下，仍坚持签名拒领美援面粉，终使病情恶化，不治辞世。

这是中国新文艺的又一损失。冯至的痛惜之情是难以述说的。在初秋的雨中，他和朱自清的家人、朋友一起，将灵柩从北大附属医院护送到阜成门外的广济寺塔院，并随即焚化。仪式是那样的简单，一如他本人，朴素无华。8 月 20 日，冯至在《中建》3 卷 6 期上发表散文《朱自清先生》，9 月 15 日，在《文讯》9 卷 3 期"朱自清先生追念特辑"发表致臧克家的信《这损失是无法补偿的》，表达了自己的哀痛："他每次谈话留给人的印象都是：谦虚、公正、不抹杀他人的努力。中国新文艺在它短短三十年的历史内真可以说是历尽辛酸。它不断地受着旧社会恶势力的迫害，而它渐渐成长起来有今日的成绩，我们对于每个真正的文艺工作者都应表示感谢，尤其在他辛苦一生又不幸早逝的时刻"①，"中国的新文艺失却一个公正的扶持人，朋友中失却一个公正的畏友，将来的新中国失却一个脚踏实地的文艺工作者"②。

---

① 冯至：《给臧克家信 悼朱自清先生》，见张恬编《冯至全集》第 4 卷，河北教育出版社 1999 年版，第 133 页。

② 冯至：《忆朱自清先生》，见张恬编《冯至全集》第 4 卷，河北教育出版社 1999 年版，第 136 页。

从 1947 年夏至次年春，冯至还应邀为天津《大公报》编"星期文艺"。他曾在上面发表过一首自己的诗作《那时……一个中年人述说五四以后的那几年》，在这首诗里，他追忆了"五四"降临时年轻一代的感受，如门窗突然打开，面对春潮澎湃的新世界时的喜悦，幼稚而热情的冲动，对外部世界的渴望等。在这基础上，他抚今追昔，呼吁人们继续秉承"五四"精神，让平原和天空，永远映照五月的阳光：

> 如今走了二十多年，
> 却经过
> 无数的歧途与分手；
> 如今走了二十多年
> 看见了
> 无数的死亡与杀戮。
>
> 那时追求的
> 在什么地方？
>
> 如今的平原和天空，
> 依然
> 照映着五月的阳光；
> 如今的平原和天空，
> 依然
> 等待着新的眺望。①

20 多年的风雨沧桑，使他对未来有了新的信念，尽管模糊，但并不

---

① 冯至：《那时……》，见刘福春编《冯至全集》第 2 卷，河北教育出版社 1999 年版，第 8—9 页。

悲观,他已感到了一个新的光明远景的存在。

第二节 《杜甫传》:成年之作

1987 年,在答复《华夏诗报》编辑部提问时,冯至讲,对我影响最大的诗人和诗作是:杜甫、歌德、里尔克。①

追寻冯至生命创作的踪迹,会发现,这三个作家对他的影响不是同时的,而是随着冯至个人的经历,时代的迁移,不断变化递进的,显示了他人生探寻的历程——三位作家不同时期给予他的精神富养,对他精神境界和心理结构的形成,发挥着各自不同的作用。

从 1937 年南下途中反复阅读日本人编的《杜工部选集》引起的心灵共振和吸引,到 1942 年 6 月在昆明购得仇注杜诗,细读后产生想写一本传记念头,再到 1947 年开始写作,可以说,冯至在经历上、精神上、思想上、学养上已做了较长一个阶段的准备与积累。

关于《杜甫传》写作过程,冯至是这样叙述的:

> 1937 年抗日战争爆发,同济大学内迁,我随校辗转金华、赣县、昆明,一路上备极艰辛。从南昌坐小船到赣县,走了七八天,当时手头正带了一部日本版的《杜工部选集》,一路读着,愈读愈有味儿,自己正在流亡中,对杜诗中"东胡反未已,臣甫愤所切"一类诗句,体味弥深,很觉亲切。后来到了昆明,在西南联合大学教德文,课余之暇,颇留意于中国文学。有一天在书肆偶得仇注杜诗,又从头至尾细读,从此形成了自己对杜甫的一些看法。当时我想,在欧洲即使是二三流作家也都有人给他们作传,中国却连大文豪都

---

① 冯至:《诗人的自白》,见张恬编《冯至全集》第 5 卷,河北教育出版社 1999 年版,第 448 页。

无较详细的传记，实在太遗憾了。萧统的《陶渊明传》、元稹的《杜子美墓志铭》、新旧《唐书》中有关李、杜等的记载，都过于简略了，为此决意给杜甫作传。由于条件的限制，不可能全副精力来做这件事，所以我的准备工作用去了四五年时间。我首先做杜诗卡片，按内容分门别类编排，如政治见解、朋友交往、鸟兽虫鱼等等。同时对唐代政治经济、典章制度、思想文化诸方面的发展沿革，也作了必要的了解，国内学者如陈寅恪等的有关著作，也都读了。另外，对杜甫同时代诗人李白、王维等的生平、思想、创作情况，也有了基本的掌握。在这样的基础上，我才开始写《杜甫传》，那已经是1947年的事了。[①]

1946年7月，冯至回到北平，任教北京大学西语系，经过一段时间的准备后，开始了《杜甫传》的正式写作。

之前，他先是尝试写了两个副产品，一个是《两个姑妈》，一个是《公孙大娘》，先后刊于昆明《独立周报》（1946年3月10日）和天津《大公报·星期文艺》（1946年11月3日）。正式写作后，陆续写出了《杜甫在长安》《安史之乱中的杜甫》《从秦州到成都》《杜甫的童年》《草堂前期》《杜甫在梓州、阆州》《杜甫的家世与出身》等章节，刊于1947年6月至1948年11月出版的《文学杂志》上，最后一篇刊于1949年12月出版的《小说》杂志。

1951年1月至6月，冯至以《爱国诗人杜甫传》的总名，在《新观察》上连载了12期，题目分别是：一、童年；二、吴越与齐赵的漫游；三、与李白的会合；四、长安十年；五、战乱中的流亡生活；六、侍奉皇帝与走向人民；七、陇右的边警与艰险的山川；八、成都草堂；九、再度流亡；十、幕府生活；十一、夔府孤城；十二、悲剧的结局。

---

① 冯至：《我与中国古典文学》，见张恬编《冯至全集》第5卷，河北教育出版社1999年版，第234页。

粗览可以看出，与初发表时比较，章节名称发生了较大变化；细细研读会发现，内容也改动较大，有的地方几近重写，其中一些地方加了冯至心灵感悟和主观评述，如在《战乱中的流亡生活》中，加了原同一章节《安史之乱中的杜甫》所没有的：

> 于是我们看见这唐代最伟大的诗人，掺杂在流亡的队伍里，分担着一切流亡者应有的命运。①

1952年，冯至将在《新观察》上发表的系列文章，重新修订后，交由人民文学出版社出版。

杜甫之于冯至到底发生了什么，冯至的《杜甫传》到底赋予杜甫怎样新的意义，应从更宽阔的背景上——包括个人的时代的多方面来把握《杜甫传》的价值和意义。

其一，它是一部整体性均衡之作。

冯至写《杜甫传》时，没有同时代人对杜甫的记载，没有日记、信札可以参照，虽然查阅了大量史料，但这些史料在准确性上难以令人信服，比如，新旧《唐书》中关于杜甫的本传，不及两千字，冯至发现竟有十几处错误。这给冯至带来了不少困难，诗人只有在这方面"断念"，转而将目光投向杜甫作品本身。

关于诗的研究，中国古代多注重考据、注释、欣赏三方面，缺乏将诗人与作品联系起来通盘研究的传统，在这种情况下，冯至坚持从诗出发，以杜解杜，系统地归纳综合，希望开拓一条诗人传记写作的新路径：

> 这诗人的人格是怎样养成的，他承受了什么传统，有过怎样的学习，在他的生活里有过什么经验，致使他、而不是另一个人，写出这样的作品？这些，往往藏匿在作品的后面，形成一个秘密，有

---

① 冯至：《流亡》，见吴坤定编《冯至全集》第6卷，河北教育出版社1999年版，第55页。

时透露出一道微光，有时使人难于寻找线索。这秘密像是自然的秘密一样，自然科学者怎样努力阐明自然，文学研究者就应该怎样努力于揭开这个帷幕。

把一个诗人的作品当作一个整个的有机体来研究，把诗人的生活作一个详细的叙述，一方面帮助人更深一层了解作品，另一方面——如果这研究者的心和笔都是同样精细而有力——使人纵使不读作品，面前也会呈现出一个诗人的图像。①

《杜甫传》实际上就是以杜诗为依据，将杜甫的作品当成一个整体来研究的。冯至坚持将时代背景与诗人产生、现实生活与个人生活、诗人的政治热情与艺术追求、客观的叙述与主观的分析有机统一起来，可以说完整呈现了一个古代优秀爱国诗人的生活场景和风格画像。他还原了许多作品产生的文学现场，如在介绍《望岳》这首诗时这样写道：

杜甫在他十年的漫游里，经历了不少秀丽和雄壮的山川，认识了江南和山东的文化，最后写出来像《望岳》那样的诗，这样的诗的写成正预示着他在诗的范围里将有一个远大的发展，也正如这首诗里最后两句所说的："会当凌绝顶，一览众山小！"从此以后，健壮的诗句便不断地从他的笔下涌出。②

冯至认为，杜甫从早年到晚年的诗作、忧国忧民的积极精神是首尾一致的，从《望岳》到《登岳阳楼》的自然风景诗篇，从《兵车行》到《岁晏行》的历史实景再现，从"致君尧舜上"到"落日心犹壮"的个人情志抒怀，在冯至眼中，尽管心情、境界、旋律不一，但其忧国忧民的积

---

① 冯至：《我想怎样写一部传记》，见张恬编《冯至全集》第4卷，河北教育出版社1999年版，第111页。

② 冯至：《与李白的会合》，见吴坤定编《冯至全集》第6卷，河北教育出版社1999年版，第29页。

极精神是贯穿始终，情怀如一的。

冯至在《杜甫传》中不仅有客观冷静的表述，如长安的繁华盛景、安史之乱的残酷场面等，还有作者的主观推演和评判。写于 1945 年的《杜甫和我们的时代》中讲，杜甫"做人执着，作诗也执着"，"这里没有超然，没有洒脱，只有执着，执着于自然，执着于人生"，这是冯至人生的追求，也是冯至研究杜甫的出发点。冯至把学者的严谨、精深同诗人的热情、想象融为一体，使《杜甫传》在各方面有机整合在一起，达到了一种高水准的均衡。

其二，"人民性"与个人的承担执着。

冯至的《杜甫传》是写于特殊年代的一件特殊作品——国家和民族处在重大转折关头的时代背景，个体应当有怎样的思考、承担与执着？所以研究《杜甫传》的意义和价值，不应只把它放在学术评价的背景上进行。

在冯至眼中，"杜甫是一个政治性很强的诗人"，可以说杜甫的诗体现了诗与现实的社会政治及自由伦常的密切结合，体现了杜甫作为一个诗人由个人抒情叙事向"人民喉舌"的演变轨迹：

> 他（杜甫）怎样从炫耀自己的家族转到爱祖国，从抒写个人的情感转到反映人民的生活；他怎样超越了他的阶级的局限体验到被统治、被剥削的人民的灾难，并因此使唐代的诗歌得到巨大的发展，这中间他经过了不少艰苦的过程和矛盾。这部传记要试验着述说他在他的生活里经历的那些过程和矛盾。①

可以说冯至做到了。从早期《壮游》《望岳》体现的对国家对人民的热情，到长安 10 年求仕失败后接触社会的思考，到《自京赴奉先县咏怀

---

① 冯至：《家世与出身》，见吴坤定编《冯至全集》第 6 卷，河北教育出版社 1999 年版，第 7 页。

五百字》，诗人爱祖国、爱人民的精神越来越强烈，冯至将他对时代的思考和认识，将他 10 多年来沉郁、积淀的情思，注入进对杜甫的理解和阐发中去，使传记生动而具有个性，这是冯至叙写的杜甫写《自京赴奉先县咏怀五百字》时的文学现场：

> ……他转北渡过渭水，到了奉先，一进家门便听见一片号啕的声音，原来他未满周岁的幼儿刚刚饿死。邻居们都觉得可怜，做父亲的哪能不悲哀呢？但是杜甫的悲哀并不停滞在这上边，他想，他自己还享有特权，既不纳租税，也不服兵役，如今世界上不知有多少穷苦无归与长年远戍的人，他们身受的痛苦不知比自己的要多多少倍！想到这里，他的忧愁已经漫过终南山，弥满天下了。①

冯至这样评价这首诗：

> 这是一篇杜甫划时代的杰作，里边反映出安史乱前社会的实况，反映出杜甫内心的矛盾与伟大的人格；这也是杜甫长安十载生活的总结，从这里我们知道，杜甫无论在思想的进步上或艺术的纯熟上都超越了他同时代的任何一个诗人。②

到了"三吏""三别"，则更深刻表达了诗人爱人民与爱祖国的深情，爱人民与爱祖国的矛盾，以及个人在国家、群体苦难中的承担与执着。《新安吏》《新婚别》可以看出诗人的两难矛盾，虽然参战是被迫的，但参战也是个人的承担：

---

① 冯至：《长安十年》，见吴坤定编《冯至全集》第 6 卷，河北教育出版社 1999 年版，第 52 页。

② 冯至：《长安十年》，见吴坤定编《冯至全集》第 6 卷，河北教育出版社 1999 年版，第 52 页。

> 送行勿泣血，
> 仆射如父兄。①

> 勿为新婚念，
> 努力事戎行。②

体现了杜甫摆脱个人主义的担负与执着，以及体验苦难，承担苦难的精神。这是一种理性的自觉：

> 他坚持他的性格，坚持他的道路，在他深深地意识到"吾道竟何之"，"处处是穷途"时，则宁愿自甘贱役，宁愿把自己看成零，看成无，——但是从这个零、这个无里边在 20 年的时间内创造出惊人的伟大。③

在这里，冯至真正实现了一个诗人由个人向"人民诗人"的真正跨越。

其实这也是冯至需要从杜诗中挖掘的思想资源。在冯至看来，杜甫的诗不仅属于他那个时代，也属于身处的这个时代；杜甫不仅是唐代人民的喉舌，并且也是现代人民的喉舌：

> 我们所处的时代也许比杜甫的时代更艰难，对待艰难，敷衍蒙混固然没有用，超然与洒脱也是一样没有用，只有执着的精神才能克服它。这种精神，正是我们目前迫切需要的。④

---

① 萧涤非：《杜甫诗选注》，人民文学出版社 1979 年版，第 111 页。

② 萧涤非：《杜甫诗选注》，人民文学出版社 1979 年版，第 117 页。

③ 鲍霁：《冯至学术精华录》，北京师范学院出版社 1988 年 6 月版，第 4 页。

④ 冯至：《杜甫和我们的时代》，见张恬编《冯至全集》第 4 卷，河北教育出版社 1999 年版，第 110 页。

其三，精神探索的新阶段。

接触并阐释杜甫，可以看作是冯至精神成年的象征。1980年，冯至在《歌德与杜甫》的演讲中这样说道：

> 人在青年时期，对于历史上伟大的人物，或多或少有些"敬而远之"的思想，作为文艺爱好者，喜爱的往往是些不那么伟大而对于自己的思想感情能引起共鸣的作家，中年后，经历渐多，阅世日深，才逐渐理解到历史上经过考验的伟大人物之所以"伟大"，自有它的理由存在。我个人在年轻时曾经喜爱过唐代晚期的诗歌，以及欧洲19世纪浪漫派和20世纪初期里尔克等人的作品。但是从抗日战争开始以后，在战争的年月，首先是对杜甫，随后是对歌德，我越来越感到和他们接近，从他们那里吸取许多精神的营养。由于接近，也发现他们一些在我们今天不很使人喜欢的、甚至是庸俗的方面，可是他们遗产中的精华具有深刻的思想、精湛的艺术，给人以智慧和美感，使人在困苦中得到安慰，在艰难中得到鼓舞。从那时到现在四十年的岁月里，我有时长期不读他们的作品，但每逢从书架上把它们取下来翻阅，都犹如旧友重逢，并且在旧友身上又发现一些新的东西。①

上面叙述的关于杜甫是"人民喉舌"，关于杜甫"没有洒脱，只有执着"的精神，正是冯至给杜甫作为一个伟大诗人的画像。这是一个逐渐接触并感知的过程。经历了不平凡的年华历练，经历了战争与国家的观察与思考，经历了从唐宋诗词、德国浪漫主义到里尔克到歌德、杜甫的蜕变，冯至实现了思想上新的超越。冯至在这一过程的隐忍与挣扎、失落与坚定以及再次自我否定的精神，显示了思想的力量，代表了内省型知识分子在

---

① 冯至：《歌德与杜甫》，见范大灿编《冯至全集》第8卷，河北教育出版社1999年版，第174—175页。

面对国家面对时代时的态度。可以说，这是一次新的自我否定，特别是关于杜甫人民喉舌的观念，作为一个冯至性格、心理、观念的新的因素，影响了他后半生的生活与创作。

可以说，接触杜诗并阐释杜诗的过程，是冯至不断将自己融入群体、融入社会、融入时代的过程，体现了以一己之心、一己之力融入人民洪流的过程，体现了冯至由青年到成人的转变。如何处理大写的"人民"与独特的个人的一致与矛盾，冯至又面临新的困惑与选择。

第三节　歌颂与忏悔

《杜甫传》的最后部分即将完成之时，国共平津内战也进入尾声，北平市民也终于等来了和平的曙光。1949 年 1 月 31 日，古城北平和平解放，北平人在一种平静、祥和的气氛中迎来了一个时代的转变。

冯至早就预感到的新中国，就这样无声息地到来了，且出乎意料地迅速。尽管他不知道这新中国是什么样，将带给他什么，但他朴素地感到，它总要比过去好，比现在好。北平再不会给人一种灰色的印象了，胡同里一个挨着一个的住户，再不用担心不可知的命运来敲他们的门了。中国人到了开始掌握自己命运的时候。

7 月 2 日至 19 日，在北平，中华全国文学艺术工作者代表大会召开了。华北解放区、国统区和北平的文艺工作者，824 人，汇集一起，冯至任平津代表团团长。一些过去熟悉或认识的朋友，戴望舒、李广田、臧克家、杨晦等，又见面了。大家交流着各自的经历、感怀，分享着这种庄重但又和谐的空气。会议期间，毛泽东、周恩来、朱德等中央领导人，都来做了演讲，足以显示新政权对文艺的重视，一个时代的文艺序幕，正在拉开。

早在文代会召开前，冯至就公开发文表白：

　　我个人，一个大会的参加者，这时感到一种从来没有这样深切的责任感：此后写出来的每一个字都要对整个的新社会负责，正如每一块砖瓦都要对整个的建筑负责。这时我理会到一种从来没有这样明显的严肃性：在人民的面前要洗刷掉一切知识分子狭窄的习性。这时我听到一个从来没有这样响亮的呼唤："人民的需要！"如果需要的是更多的火，就把自己当作一片木屑，投入火里；如果需要的是更多的水，就把自己当作极小的一滴，投入水里。①

　　先是一年的沉默。从 1949 年初到 1950 年初这段时间里，他除了继续完成《杜甫传》的最后部分外，很少写别的东西，也很少参加别的活动。新的转变对他，并非能一下适应得了，需要慢慢地消化、转变。大约到了1950 年初，他又开始露面，参加各种各样的社会活动。

　　3 月 30 日到 6 月 7 日，冯至随中国作家代表团访问了苏联、匈牙利、捷克斯洛伐克、东德等国家。在莫斯科，他看到了一个国家破旧布新、重新崛起的情景，路面在加宽，地下建筑在修建，还感受到了他们对中国人诚挚、友好的感情。在匈牙利，看到了昔日王族公侯用的玛利亚浴场——当年歌德常来这里，变成了工人疗养院。在保加利亚，人们明快、自信地工作着，一个女拖拉机手还关心地问起中国的情况……这段经历和见闻，冯至将它整理成 12 篇短文，结集为《东欧杂记》，由北京新华书店出版。

　　次年 8 月，他去东柏林参加了世界青年联欢节，会后在东德居留了两个多月。9 月 25 日返回时，在飞机上遇见德国著名女作家安娜·西格斯，碰巧她正去中国参加国庆节典礼，冯至与她进行了亲切的交流。

　　1954 年 6 月至 8 月，冯至与田间一起，访问了东德和罗马尼亚。他访问了德国索尔本人的居住处。索尔本民族，几百年来，一直被德意志民族压迫，统治者一直想把其同化，索尔本人并不屈服，而始终坚持自己的

---

① 冯至：《写于文代会开会前》，见张恬编《冯至全集》第 5 卷，河北教育出版社 1999 年版，第 342 页。

语言习惯，还创造了自己的文字。但他们始终没有自己的祖国。二战后，苏军将其解放，索尔本人才有了自己的广播、学校、电影，冯至将其称为"一个民族找到了自己的祖国"①。

......

50 年代，世界的变化是惊人的，那时人们相信，人类正在开始一个新纪元。冯至有幸亲历了这世界变革的一部分，这影响了他当时精神和观念的形成。

与此同时，他还以作家和人民代表的身份，考察访问了国内的许多城市、农村、工厂。新中国蒸蒸日上的气氛，使他冻结的诗心开始复苏，他又开始写诗了。这是他一生中写诗的第三个时期。（冯至讲他一生诗歌创作经历了四个时期，即 20 年代、40 年代，50 年代和 80 年代）

1951 年 12 月至次年 4 月，他参加了江西进贤的农村土地改革工作，作为这次活动的收获，创作了叙事诗《韩波砍柴——记母子夜话》。通过一个老太太对儿子的叙述，写了两个时代人的不同生活。韩波砍柴代表了过去农民的命运，他给地主砍了一生柴，最后冻死在风雪中，死后，灵魂还出来砍柴。新社会已没有韩波的不幸。过去韩波的灵魂出来给地主砍柴，现在如果有的话，是出来找地主报仇。尽管观念加得有些生硬，但仍有纯真丰富的人情味。

1954 年 2 月，他访问了鞍山钢铁公司，写了《歌唱鞍钢》《鞍山街头素描》《老英雄孟泰》等诗。

1955 年 6 月，他以人民代表的身份，视察了郑州、洛阳、陕县等地，写了《黄河两岸》等诗。

1956 年七八月份，与朱光潜、钟敬文等去西安、延安、兰州、玉门等地参观访问。这次访问，创作上有大收获，连续创作了诗歌《登大雁塔》《半坡村》《杜甫》《西安赠徐迟》等。

---

① 冯至：《一个民族找到了自己的祖国》，见《冯至选集》第 2 卷，四川文艺出版社 1985 年版，第 250 页。

　　冯至将这些诗，编为《西郊集》，交作家出版社 1958 年 2 月出版。里面的诗，内容广泛，有的写新中国各地的新气象，有的是改编的历史故事，有的是出国访问的见闻，有的表现了作者自己的忏悔和思想的变化。1959 年 1 月，他又将其中的诗删去 5 首，增进 5 首，仍 50 首，题名《十年诗抄》，由人民文学出版社出版，作为新中国成立 10 周年的献礼。以这两本诗集为标志，冯至开启了第三时期的创作。

　　与前两个阶段（20 年代和 40 年代创作）相比，冯至 50 年代诗歌的特点是单纯、明朗、朴素，自有一种清新的美，所有过去的细腻、纤细、感伤，或者凝思、探寻，都没有了，转而被一种个人融入时代的欢欣所代替。其中也有一些内容和形式都不错、耐得住回味的诗，如《西安赠徐迟》：

> 你来自西南，我来自西北，
> 明天我们又要各自西东；
> 飞机场上皎洁的明月
> 照耀着我们偶然的相逢。
>
> 你说，西南有多少美妙的歌舞，
> 凉山在转变，忽然跨过两千年；
> 我说，西北的宝藏多么丰富，
> 矿石在山里，故事在人民的口边。
>
> 金沙江的水，大戈壁的砂，
> 都在我们的心里开了花。
> 这里我们也没有他乡的感觉，
> 我们到哪里，哪里是我们的家。
>
> 我们为了偶然的相逢欢喜，

却不惋惜明天的各自东西；
只觉得我们处处遇到的
是新的诗句，是美的传奇。①

　　相逢是惊喜的，离别也不必悲伤，因为祖国大地上处处都有美的传奇、美的人物，吸引我们去观看、去歌颂。构思精巧，感情表达自然，惊喜中有些许的感伤，但又被更大的兴奋所掩盖。诗在表层的叙述中，又蕴含着某种形而上的感受；人生的际遇，不正是这样美妙而神奇吗？
　　《十年诗抄》中最好的诗当推《登大雁塔》。大雁塔是唐代长安的建筑，是高僧玄奘为贮藏从印度取回的经卷而于公元 652 年修建。1300 多年后的 1956 年，冯至登临此塔，凭高下视，抚今追昔，挥洒下了一片诗情。古人在这里看到的是"万古蒙蒙"的苍凉，是"秦山碎碎"的悲哀，而他却看到了另外一幅情景：

但当我和古人一样，
登上了塔的最高层——
四周的景色是那么明丽，
地上的塔影是那么鲜明！②

　　多少古人的梦想，今天变成现实：枯干已久的曲江将引来流水，"难于上青天"的蜀道将有铁路贯通。山河在人民的手中重新焕发生机，因而，诗人感到：

我们的山河是这样完整，
乐游原上不会再有人

---

① 冯至：《西安赠徐迟》，见《冯至诗选》，四川人民出版社 1980 年版，第 190 页。
② 冯至：《登大雁塔》，见《冯至诗选》，四川人民出版社 1980 年版，第 163 页。

对着无限好的夕阳
惋惜它接近了黄昏。①

时空涵盖了过去和现在，既有前代诗人留下的悲怆，又有新时代的明丽。诗作深沉但不压抑，明朗又不觉轻浮，字里行间仍留有过去诗作的痕迹。

这时期的创作，从冯至本人讲，是出于真诚的情感，但从更大的方面言，又似乎是某种崇高任务的完成。许多诗除诗的内容有些生硬或表面外，形式上也明显酝酿不足。另外，值得注意的一点是，这时的诗，除了歌颂的主题外，还有一部分，自我忏悔的特点较重，如写于1952年的《我的感谢》：

我的父母把我生下来，
心上就蒙盖了灰尘，
几十年，越埋越深，
像一个漫长的冬夜，
看不见春天和早晨。

看不见光明，只看见黑暗，
分不清朋友和敌人，
感不到人类的历史在前进，
把真的掺上了假，
假的掺上了真。
……②

① 冯至：《登大雁塔》，见《冯至诗选》，四川人民出版社1980年版，第164页。
② 冯至：《我的感谢》，见《冯至诗选》，四川人民出版社1980年版，第150页。

　　既有一种知识分子渴望自身改造的真诚动机，又有一种集体理性对个人感性的吞没。这表现的是一种良好动机下的并不正常的心态。而从总的方面看，歌颂和忏悔，也是冯至此期诗歌主题的两面，一方面是积极歌颂时代出现的一切新气象，另一方面又不留情地忏悔自己的过去，忏悔的目的是为了更好地歌颂。从艺术上讲，虽然这时期的诗作比前两个时期都多，但冯至特有的精神内涵和独立感受消失了，一种大众化的情感和审美，替代了个性气质。

　　对这一时期的诗歌创作，冯至本人的评价是：

　　　　到了五十年代，新中国成立万象更新，觉得中国从此就兴旺起来了，写的大都是"颂诗"，歌颂祖国，歌颂社会主义建设，可是把事情看得过于简单，带有廉价乐观主义的意味。①

　　另外一些著作，也在陆续出版。1955 年 9 月，人民文学出版社出版了《冯至诗文选集》，收入 1923 年到 1927 年写的诗 19 首，中篇小说《伍子胥》，及写于 1930 年至 1948 年的散文 9 篇。次年 9 月，该出版社又出版了他的译作《海涅选集》。另外，他的论文集《诗与遗产》，也于 1963 年 1 月由作家出版社出版。

　　学术研究中，自己比较满意的是 1962 年在杜甫诞生 1250 周年纪念大会上的报告《纪念伟大的诗人杜甫》，论文《论杜诗和它的遭遇》，以及以杜甫为题材的小说《白发生黑丝》。在这阶段的学术研究中，时代的乐观、刚健的气息，也在影响着他对对象的选择和理解。如杜甫，他早先多看到其沉郁、悲苦的一面，现在则又找到了其乐观的一面。甚至连写作的环境和心境都远跟过去不一样了。写于 1962 年春节的《人间要好诗》，一开始就讲："今年的春节风和日暖，万里无云，远远近近是一片欢腾的声

_____

① 《冯至先生谈诗歌创作》，香港《诗》双月刊"冯至专号"第 2 卷 1991 年第 6 期，第 5 页。

音，我在明净的窗前阅读杜甫诗集，随时都想到白居易《读李杜诗集因题卷后》一诗中最后的两句：'天意君须会，人间要好诗'。"在这样的心境下，冯至写道，杜甫写他的时代和他自己的生活，都是蘸满血泪、沉郁悲哀的，但是读者读了他的诗，为什么并不因此而情绪低沉，而是意气高昂、精神焕发呢？是因为那百折不回的乐观精神在字里行间感染着读者。真是一个时代有一个时代的"杜甫"。

从 50 年代到 60 年代初，冯至是以作家、翻译家、诗人、学术组织者、人民代表多重身份出现在文化界的。他从 1951 年就担任了北京大学西语系主任，之后又担任了作家协会理事，中国科学院社会科学部学部委员。1961 年，还负责中央宣传部、教育部主持的高校中文系、外文系教材的编写工作。1964 年，又调任中国科学院外国文学研究所所长。他还先后七次出国访问，多次到农村、工厂视察或帮助工作。这一切，占去了他大量的时间，但他总是以认真、执着的态度对待这一切。

工作着是美丽的，个人算得了什么，思考也因此退避到了其次。他的许多朋友就在北京，杨晦任北大中文系主任，陈翔鹤任《文学遗产》主编，但他们很少像过去那样在一起闲谈，很少交流思想。在云南大学任校长的李广田也时常来京。有一次，李广田笑着对冯至讲："我箱子里从前装的是散文和小说的手稿，现在装的是讲演稿和报告提纲"，但他毫不以此为憾。他们就是这样，将个人的情感、思想，全部托付给了他们所信奉的国家、事业，以至于对越来越临近的政治灾难没有任何觉察。

1965 年 10 月上旬，冯至赴缅甸访问归来，在云南昆明稍作停留，李广田到机场迎接。在此之前，李广田曾因敢于直言被打成"右倾机会主义分子"，降职为副校长，不久前刚得到甄别平反。尽管经历了这场波折，他仍保持了以往的坦诚、直率。在离别昆明近 20 年后，在这里又与故友相逢，冯至心情格外激动。

没想到这竟是他们最后的晤面。一年后，一场来势凶猛的劫难终于降临。又两年，李广田被残害致死。

第四节 《德国，一个冬天的童话》

"文革"开始时，冯至仍住在北大燕东园，昔日校园的宁静、庄严被打破了，代之的是漫无边际的大字报，嘈杂的人流，广播喇叭时时传送着最高指示和造反司令部的训示，时时向人提醒：这是运动！他工作的中国科学院社会科学部，声势似乎也不减，开会、辩论、检讨，压得让人透不过气来。

面对这些，他不知所措，尽管不了解已经发生了什么，正在发生什么，但还是觉出了运动的对象，是包括自己这种人的。果然，工宣队找来谈话了，造反派提他去训话，一些"群众"也跳出来了，其中包括一些平时和和气气的人，恨不得置人于死地。

一天，北大西语系的某某战斗队，闯进了冯至的家，将他和家人赶到一边，然后开始抄家。橱、柜翻得乱七八糟，书架上的书扔得满地，最后，装了几包"四旧"带走焚烧。临走前，忘不了对他们一家做一番训导。

那个时代，师尊算得了什么，眼见过去的学生对自己非礼，他也只能默默忍受。令他痛惜的是，一些对他们没多大用处、对自己却很珍贵的书画被毁掉了，其中有联大学生转给他的那本仇注《杜少陵诗详注》，在昆明时反复阅读过，是写《杜甫传》的主要资料；重新校改过的里尔克的《给一个青年诗人的十封信》的译本；尤其是那幅老舍托齐白石老人给自己画的《匏瓜图》，被他们当场撕成碎片。

这幅画与冯至一段难忘的记忆相连着。50年代中期，他正值中年，工作忙，却觉得时间很充裕，从西郊的北京大学到市里时，事前事后常到朋友家坐一坐。有一次，作协开会，会后老舍请他们几个去家里吃晚饭。饭前他拿出收藏的几幅齐白石的画给大家看，冯至很欣赏它们，便问老舍能否请白石老人给自己也画一幅，老舍没说什么。可是过了几个月，老舍因事来北大，顺便来到冯至家，腋下夹着一轴画，打开一看，画面有3尺长，挺拔的枝条下垂着三个大小不一的藤黄色的匏瓜。老舍说，白石老人作画时，他在案旁，画完后，趁老人题上款时，向老人讲了冯至是怎样一个人，白石老人很高兴，又提朱笔在一个匏瓜上点出一个鲜红的小甲虫。老舍指着它说："这小甲虫俗称红娘子，它非同小可，能使这幅画增加一倍的价值。"冯至一看，果然，全幅画因它而显得格外精神。老舍不仅为他求了这幅画，还装裱好了送给他，怎不让他感动呢？这幅画被那帮红卫兵撕碎时，正是老舍被迫害致死不久，睹物思人的纪念没有了，他的痛苦是难以言述的。①

　　这些书画，都与冯至一生中一些有意义的事件联系在一起，却从此一去杳无音讯，正像那时的心，死灰般的沉寂、落寞，没有任何着落。

　　1970年7月，冯至被遣往河南息县干校劳动改造。这里地僻人穷，夏天水流满地，一片泥泞，冬日没燃料生火炉，干冷干冷。除了干农活、造房、搬家，其余的时间是学习、讨论，清查"五·一六"分子。在辛苦的劳作和不断的批判中，他度过了一天又一天。上面也没告诉要待到什么时候，有时觉得似乎永远也到不了头。夜来了，听着老鼠在屋里吱吱乱跑的声音，也有时想起当年离开北京到哈尔滨去的那段日子，当时是多么怀恋和想回到北京呀。现在呢？北京还能回去吗？可是回去了又怎么样呢？好容易挨到了1972年4月，他和外文所的其他人才获准离开这里返京。回到北京，看到落满了灰尘的书架和写字台，感到恍然若梦，二年的时光不但白白流去，内心也受到了屈辱，他禁不住写了《从干校归北京寓所》自遣：

　　　　存书尚许十年读，
　　　　美酒仍能一夕倾；

---

① 冯至介绍这段经历的文章《红樱桃与"红娘子"》，在1986年1月5日的《北京晚报》上发表后，齐白石幼子齐良末和老舍夫人胡絜青分别作了《匏瓜图》赠予他。

拂去案头尘土易，

难于平静是心情。①

回到北京后，经常翻阅过去收藏的书籍，每本书籍往往都能唤起一段过去的回忆，在外面纷纷扬扬、人妖颠倒的时候，回忆也能使人的心理获得点平衡。一次，他翻到了海涅的《德国，一个冬天的童话》。这首长诗，过去读过，但印象不深，现在重读，却能唤起阵阵心灵的震动，觉得与自己的心境极合拍。大约 1973 年左右，他开始怀着愤激的心情翻译这首诗。

《德国，一个冬天的童话》，写于 1843 年，是一部诗体旅行记，作者将他在 1843 年汉堡之行的所见所闻用光怪陆离的梦幻表现出来，揭露和讽刺了德国当时的黑暗现实。这首诗的深刻内容可从诗的标题上体现出来，德国是现实的，童话是非现实的，二者的矛盾正是诗的意旨所在：封建德国的社会现实，就像冬天一样阴冷，又像童话一样荒唐，已失去了其存在的合理性，正像冯至自己理解的那样：

……（海涅）一旦回到处于停滞状态的、沉睡的德国，他深深感到德国社会中腐朽的不合理的现实已经失去了必然性，它早就不应该存在了。可是它不仅不肯自行灭亡，反而用尽一切方法和手段，来扼制任何足以促使它灭亡的革命力量。它越是硬要存在，硬要冒充现实，在海涅看来，它也就越是成为非现实的。对于这些非现实的现实，海涅在这篇长诗中用梦境、幻想、童话和传说等方法把它写得光怪陆离，给人以似真还假、似假还真的印象，预示它的必然灭亡和不应存在。②

---

① 冯至：《从干校归北京寓所》，见刘福春编《冯至全集》第 2 卷，河北教育出版社 1999 年版，第 207 页。

② 冯至：《〈德国，一个冬天的童话〉译者前言》，见《冯至选集》第 2 卷，四川文艺出版社 1985 年版，第 399 页。

海涅一直是冯至比较喜欢的诗人，但早年的兴趣主要在他的抒情诗和谣曲。由欣赏浪漫的幻想和抒情，转向看重讽刺性和批判性的《德国，一个冬天的童话》，这种转变并非偶然，它既是作者当时情绪的一种释散或发泄，也暗含了他对当时中国现实的某些理解。

《德国，一个冬天的童话》简直是当时中国社会的暗讽，这是写作者进入德国境内，受到普鲁士税关人员的检查：

> 他们搜查箱里的一切，
> 翻乱手帕、裤子和衬衣；
> 他们寻找花边、寻找珠宝，
> 也寻找违禁的书籍。
>
> 你们翻腾箱子，你们蠢人！
> 你们什么也不能找到！
> 我随身带来的私货，
> 都在我的头脑里藏着。①

这是写封锢人精神的科隆教堂：

> 在这里那些僧侣教徒
> 曾经卖弄他们的虔诚，
> 乌利希·封·胡腾描写过，
> 蒙昧人曾经统治全城。
>
> 在这里尼姑和僧侣

---

① 冯至译：《德国，一个冬天的童话》，见韩耀成编《冯至全集》第 9 卷，河北教育出版社 1999 年版，第 268 页。

跳过中世纪的堪堪舞；

霍赫特拉顿，科隆的门采尔，

在这里写过狠毒的告密书。

这里火刑场上的火焰，

把书籍和人都吞没；

同时敲起了钟声，

唱起"圣主怜悯"歌。①

　　对 1966 年到 1976 年 10 年间生活和精神的经历，冯至曾用一句话加以概括——

　　那时候，否定了昨天，没有今天，更没有明天。②

①　冯至译：《德国，一个冬天的童话》，见韩耀成编《冯至全集》第 9 卷，河北教育出版社 1999 年版，第 277 页。
②　1991 年 8 月冯至回答笔者问。

第八章　山水斜阳

第一节　回到诗的故乡

新的历史的开始，沉重而缓慢。"四人帮"总算倒了台，但现实仍是乍暖还寒，文坛依然荒芜。一些人在思考，一些人在观望，若干年后的变革会给中国带来什么，没有多少人知晓。与其等候，不如多做些实际的事情。从噩梦中醒来的冯至，第一个感觉是，十几年光阴白白流过，不能再耽误了。他与另外几个人便计划着恢复停刊几十年的《世界文学》。经多方奔走，终于获得批准。为了使第一期的文章有些分量，他们请曾任《译文》（《世界文学》前身）主编的茅盾撰稿。

1977年6月的一天，冯至和《世界文学》编辑部的几个人一起，来到茅盾家中。茅公热情接待了他们。谈到《世界文学》的复刊，他显得很高兴，如同看见精心培育的花木在枯槁多年后又吐出新绿。撰稿之事，他很愉快地答应了。闲谈中，茅公对冯至讲，几年前读过他托臧克家转来的旧体诗，觉得不错。大约半月后，编辑部收到了茅盾的稿子《向鲁迅学习》，论述了鲁迅一生的翻译工作，文章共7000多字，发表在《世界文学》的复刊号上，同期也刊载了冯至自己写的《论"洋为中用"》。《世界文学》是新时期最早恢复的刊物之一，给当时不够活跃的文坛带来了最初的生机。

拨乱反正，很多事情要去做。忙着组织何其芳的追悼会，为自己的译作《德国，一个冬天的童话》写序——此书早就译出，直到现在才开始考虑出版，筹措新时期外国文学研究规划，为"文革"中被迫害致死的沉钟社老友陈翔鹤的选集写序……此时，冯至已到了70多岁的高龄，他觉得时光匆匆，需加倍努力才行。1979年8月，他为《中国现代作家传略》撰写了自传，流露了他这种急迫心情：

> 岁月日减，越来越迫切地感到应该做的事还很多，只有爱惜光阴，加倍努力，才能减轻一些这个矛盾。"天意怜幽草，人间重晚情"，李商隐的这两句诗正好表达了我此时的心境。①

1979年10月与11月之交，准备已久的第四次全国文代会召开了，老辈作家、归来的作家、文坛新人聚集一堂，显示了文艺春天的到来。此次会议上，冯至被选为中国作家协会副主席。

一切都暗示着、孕育着，一个新的时代正在开始。冯至冻结已久的诗心也随之开始复苏。

70年代末，诗坛慢慢热闹起来。一些沉寂许久的名字，重新出现在报刊上，他们以真实的情怀，表达了自己痛定思痛的感受和对光明的企盼。这些诗人中，就有40年代受过冯至影响的"九叶诗人"杜运燮、唐湜等。年轻一代诗人，经过10年浩劫，也学会了观察、思考，呈现出一些诗风朦胧但不失真诚的作品。它们被称为"朦胧诗"，从这些作品中，冯至看到了一种前些年诗里看不到的东西。冯至对"朦胧诗"的看法是比较客观的，认为既要给予理解，也不能捧之过高。他曾在笔记本上写了几行"戏作"，既不同意是"崛起"，也不认为是"朦胧"，更不赞成是否定"五四"以来的诗的传统。他说：

---

① 冯至：《自传》，见《冯至选集》第2卷，四川文艺出版社1985年版，第506页。

奇丽的山峰总有个来龙去脉，

历代的名篇不都是一看就懂。

1983 年，中国作家协会组织第一届诗歌评奖，冯至担任评委会主任，把他从远方又召回诗的故乡。在这里，他集中看到了新时期诗歌创作的整体面貌。他看到，诗人们仍是那么深情、执着，如邵燕祥、流沙河、舒婷等写给祖国的歌，叫他难忘；他也看到，饱经忧患的老诗人们，比过去更善于思考了，他们的作品呈现出秋天的凝重与沉实。冯至在兴奋之余，提笔写了《还"乡"随笔——读十本诗集书后》，表达了自己的感受：

我不写新诗，已经二十多年了。这中间，也读过一些别人写的新诗和诗论，好像是一个离乡背井的游子在他乡偶然听到些故乡的音讯，并不能了解那里的实际情况。这次有幸参加新诗集的评选工作，像是把我从远方召回，看一看家乡有什么发展和变化。

……现在新诗园地的茂盛是耕耘者努力的成果，它的范围更扩大了，内容更丰富了，远景更美丽了。我认真读了一些新诗集，也有打开窗子的感觉，深深地吸取了一股新鲜的空气。可是这扇窗子并没有开向外边的世界，而是向着自己的家园。啊，这就是我离开了二十多年的"故乡"……①

面对诗坛的繁荣景象，冯至多么想返回这诗的故乡呀。在文章的结束，他兴奋地引了 1923 年写的《新的故乡》，表达这种心情："银花"在晴朗的天空飘散，树枝上染遍了阳光的金黄，"白鸽"从远方而来，在这种情况下，诗人说他"我但愿向着 / 新的故乡飞去！"②

---

① 冯至：《还"乡"随笔——读十本诗集书后》，见张恬编《冯至全集》第 4 卷，河北教育出版社 1999 年版，第 267—268 页。
② 冯至：《昨日之歌》，见刘福春编《冯至全集》第 1 卷，河北教育出版社 1999 年版，第 18 页。

他终于又开始写诗，是在两年以后。1985 年 3 月 6 日至 16 日，他写出了 20 年来的第一组新诗《新绝句十首》，之后，到 1990 年，又分别写了《纪梦诗》（3 首）、《独白与对话》（10 首）、《西西里浮光掠影》《祭诗四首》《放言》（3 首）、《读〈距离的组织〉赠之琳》《自传》等 40 多首诗，从而开始了他诗歌创作的第四个时期，有人将他这一时期写的诗称作"新古典主义的警世格言诗"。

这些作品除少量外，全收进《立斜阳集》。诗的内容是多样的，有自己的内心独白，有游历感受，还有讽刺小诗。哲理诗仍是主要的，但哲理的内容与以往略有不同，咏叹时间成为主调，如《赠妻》：

> 我们经历过一日三秋，
> 看过烂柯山上一盘棋，
> 时间有它的相对论，
> 地球的运转永无差离。①

在心理时间与现实时间的对比中，表现了时间之矢的无情与爱之永恒。再如《在病院里》写道：时间有时像死去的朋友，等在床头一语不发，有时像陌生的路人，走过床头再不回来，诗人想抓住时间，不让他流走：

> 只觉得你的停滞
> 是一个亲密的亡友，
> 而你无休止的流逝
> 是无情的生疏的过客。②

---

① 冯至：《立斜阳集》，见刘福春编《冯至全集》第 2 卷，河北教育出版社 1999 年版，第 250 页。
② 冯至：《立斜阳集》，见刘福春编《冯至全集》第 2 卷，河北教育出版社 1999 年版，第 264 页。

咏叹时间，是一个自古就有的主题，古诗中这类诗不少，但调子主要是哀其生短、苦其夜长等。冯至则是用一种达观、坦然、超脱的眼光看待时间，既惜其流逝，又能坦然对待，表现出一种智者的雍容。

与此相连的是，诗的基调平静、清淡，有一种沧海过后是桑田的大气，有几分寂寞，但不至于焦躁；有几分伤感，但伤感中有足够的信心和执着。经过漫长的岁月，站在人生的高山之巅，回首过往，可见一种黄昏时宁静、透彻的感觉：

> 青年时，说过一些青年人的话，
> 中年时，写过一些中年人的诗，
> 如今常常吟诵杜甫的名句：
> "老年花似雾中看。"
>
> 青年人的话不管怎样说，
> 说悲说喜，总是明朗的；
> 中年人的诗不管怎样写，
> 写欢写愁，总是健康的。
>
> 老年人只能在想像里听取
> 一丛丛的花在雾中细语：
> "我们的颜色是明朗的，
> 我们的灵魂是健康的。"①

这反映了冯至这几年的心境，经历了半个多世纪的风风雨雨，亲历了各种各样的人生际遇，已能更平和、更宽容地容纳一切。他写"西西

---

① 冯至：《立斜阳集》，见刘福春编《冯至全集》第 2 卷，河北教育出版社 1999 年版，第 262 页。

里"，说西西里已容纳了不同时代、不同民族的智慧，一切的辉煌或荣耀，都归于一片平静，读来感到其中有诗人的影子，是他的自况：

> 我从远方来，一无所知，
> 不敢妄谈西西里的历史地理。
> 夜半站在旅馆的凉台上
> 望着海水宁静，明月高悬，
> 也感到不可抗拒的磁力：
> 它吸引我走过的山山水水，
> 吸引我住过的乡村城市，
> 吸引我尝过的人生甘苦——
> 纳入了眼前的风平浪寂。①

没有任何夸张，一切水到渠成，这是一个八旬老人在斜阳黄昏中的沉思默想，那么的静穆、平和、疏朗。

另外一些诗，表达了他对现实中不良现象的讽刺，如借咬不动的所谓"宫廷糕点"和潭柘寺的千年银杏讽刺封建的朽腐，借"大观园"的修建讽刺走南闯北发横财的现代贾宝玉们。这些诗，写得既精巧又轻松，有幽默感，能启发人思考。但总的水准，不及上类作品。

1988年1月4日，对冯至来说，是值得纪念的。这一天，中国作家协会、诗刊社和北京市青年宫联合举办了中国"诗歌一日"活动，四位诗坛老前辈——冯至（83岁）、臧克家（83岁）、艾青（78岁）、卞之琳（78岁）被邀请前来参加，四位女青年代表首都青年诗歌爱好者，向他们敬献了鲜花，4束艳丽的鲜花衬映着他们闪光的眸子，使老诗人们显得分外年轻。

---

① 冯至：《立斜阳集》，见刘福春编《冯至全集》第2卷，河北教育出版社1999年版，第267页。

　　这是一次五代诗人同堂的盛会。中国作家协会负责人鲍昌称四位诗人为"中国文学界的瑰宝"。他说，他们都是以正直的知识分子的良知走上文坛，他们的道路就是与历史一道前进的中国伟大的知识分子的道路。诗评家杨匡汉做了《中国诗坛四人行》的报告，他称冯至、卞之琳为学者型诗人，称臧克家、艾青为创造型诗人，但四人的共同特点都是以诗的人生写人生的诗。臧克家诗说："有的人活着，他已经死了；有的人死了，他还活着"；冯至诗说："给我狭窄的心，一个大的宇宙"；艾青诗说："为什么我的眼里常含泪水？因为我对这片土地爱得深沉"；卞之琳诗说："明月装饰了你的窗子，你装饰了别人的梦"。他接着说："你们的诗也装饰了别人的梦。"

　　艺术家们充满激情地朗诵了他们的诗作。

　　这一切令冯至感到欣慰，四位诗人中他诗龄最长年龄最长，因而被推举代表大家发言，他深有感触地说："同我一起歌唱的人，除了'湖畔诗社'的汪静之，都已不在人间了。生物学上有一种'孑遗生物'，如植物中的白果树、动物中的大熊猫，都是历史仅存的。我就是这样的'孑遗生物'。我希望像白果树一样，和诗苑中的繁茂树木一起生长；像熊猫一样，和大家一起追求美好的生活。"①

　　他真正回到了诗的故乡，故乡也用至高的热情欢迎了他的归来。

第二节　忆旧逢新

　　从1977年始，冯至又有机会在国内外走动了。被封闭了十几年，重新打量世界时，他没有一般人的那种惊喜与兴奋。相反，更难摆脱的是过去的影子。

　　这年9月至11月，他作为中国对外友好代表团成员，访问了冰岛、

---

① 丁国成：《别开生面的"诗歌一日"》，《诗刊》1988年第3期。

挪威、芬兰、丹麦等北欧国家。尽管第一次到这些地方，感动他的不是异国风光，而是在灵维音乐史博物馆的见闻。

灵维音乐史博物馆，位于挪威西海岸的特隆赫姆城。这里过去是一个庄园，最后一代庄园主酷爱音乐，25 年前，就将房子连同个人的收藏献给了这城市。现在的陈列室、音乐厅，是过去的马棚、马圈改造的，原来的楼房，是博物馆的主要部分，分别开辟为莫扎特、贝多芬、肖邦专室，里面展示有他们当时的乐器、家具及其他文物资料。每走进一个展室，就会感到一个时期特殊的音乐气氛。在贝多芬室里一幅《贝多芬与歌德 1811 年在特普利茨》的画前，他站住了，画的内容吸引了他：一条林荫道上，奥地利皇后偕她的随从走过，歌德在路旁躬身致意，贝多芬则目不斜视地往前走。这幅画，使他想起了 50 多年前与沉钟社的几位朋友搞创作、编刊物时的情景。那时他们只喜欢"身世有难言之痛"的诗人，不喜欢享尽尊荣的"桂冠诗人"。当时，他曾在杨晦翻译的《贝多芬传》中读到这个故事，对歌德很不以为然。多少年一晃而过，现在看，年轻时的想法是容易偏激的，也难免幼稚，对歌德的认识就欠公允，但一想到这故事，想到歌德的人格，仍感到很痛苦。这幅画，连同往事一直在他脑中闪来闪去。回国后，止不住又重新找来罗曼·罗兰的《贝多芬传》，发现了过去不曾注意的两句话：歌德"只在艺术里是'最高的艺术家'，至于他的生活，人们对他的怜悯多于忌妒；天才有的弱点并不少于普通人，也许更多一些"①，这给他新的启示，把他对歌德的疑问，对其人格与著作的矛盾心情消解了。

在德国的图宾根，也有过类似的心理经历。1979 年 6 月 19 日，他来到这座城市，安置下行装后，不由自主地走过几条街，来到涅卡河畔，在林荫道旁的长椅上坐下。街上不时走过三三两两的中年人，也有成群结队的青年，有的匆忙，有的悠闲……这使冯至想到，45 年前，在海德贝格，

---

① 冯至：《歌德相册里的一个补白》，见《冯至选集》第 2 卷，四川文艺出版社 1985 年版，第 308 页。

也是坐在涅卡河畔的长椅旁，他仿佛又回到了那个时代，感受到了那个时代的气氛。但时间不是空白，他感到，隐藏在这相同背后的是人们情感和观念的巨大变化。在这附近，有荷尔德林青年时期学习过的神学院，有他后半生病中长期居住的小阁楼。当年，自己来德国读书时，人们是多么狂热地崇拜这位诗人，知识青年的衣袋里揣着荷尔德林的诗集或小说，大学里开荷尔德林的专题课，人们从其创作中获得现代的启示。可是几十年过后，知道这位诗人的已不很多。前几天，在汉堡，曾问一位知名诗人如何看荷尔德林，这位诗人居然说"我不懂"。荷尔德林命运的沉浮，使冯至感到时代风尚和社会潮流对人的选择和淘汰是多么严峻，一部作品的存在，往往随时代之不同而改变其位置，人们从不同的角度品味它，分析它，并没有最后的定论。时移事易，万物如斯。睹物思怀，历史显得多么悠久而短暂。

最难忘的是三次重访海德贝格的经历。

第一次，是1979年6月。他随中国社会科学院代表团访问联邦德国。他们从图宾根乘汽车启程，沿涅卡河畔进入了海德贝格。40多年未见，这里好像没有什么大的改变。第二次世界大战时，德国许多城市被轰炸，这里却山河无恙。海德贝格大学也与过去差别不大，在新楼正面的雅典娜雕像上面，1931年宫多尔夫为纪念新楼落成题的铭语"献给生动的精神"依然保留完好。几位来自中国台湾的学生，还热情陪同他重访了当年的旧居鸣池街15号。门牌没变，只是昔日房东的女儿已不叫兴德勒小姐，而成了满头华发的邵尔夫人，她一下就记起了这位当年贫穷而努力的中国学生，不无遗憾地说，她哥哥已于10天前去世，没有运气见到他了。

次日，冯至还访问了大学所属的日耳曼学研究室、东方美术研究室和图书馆，并会晤了哲学家兼文艺评论家嘎达迈尔。他曾继任雅斯贝尔斯讲座，现已退休。两人在一起愉快地回忆过去，从里尔克到盖欧尔格，到当时青年人的追求……冯至感到似乎又回到了学生时代。

3年后，1982年6月，为参加"歌德与中国——中国与歌德"的国际学术交流会，冯至又来到海德贝格，会议安排较紧，没多少时间访寻旧日踪迹，但踏上这块熟悉的土地，就令他产生又回到故乡的感觉。

5 年后的 1987 年，仍是 6 月，第三次重访海德贝格。这次，与姚可崑同行。6 月上旬，正是基督教圣灵降临节前后几天，海德贝格大学的历史系教授拉甫先生开车带他们全面游览了海德贝格，有的地方是旧地重游，有的则是首次造访。他们来到鸣池街 15 号，遗憾的是这次没见到邵尔夫人，房子已被别人买去，正在整修，新房东告诉他们，邵尔夫人已去世。他允许他们上楼看看。冯至和姚可崑，面对着这留有太多记忆的房间，现在它却空空荡荡，若有所失。伫立在凉台上，二人默然无语，当年，他们在这里曾度过多少个难以忘怀的朝夕呀！但毕竟，50 多个寒暑已悄然流过，站在过去与现在之间，他们对人生有了新的体认。

冯至曾讲，他一生经过三个年华磨灭地，20 年代的北京，30 年代前半期德国的海德贝格，40 年代前半期的昆明，尤其后者，更是铭感于怀。他一直有一个愿望，去旧地重游。1980 年 11 月，他到昆明参加中国当代文学研究会主办的学术讨论会，终于如愿以偿。

坐在云南省文联的汽车上，他转了不少地方。西南联大校舍，现已改为昆明师范学院，他拜谒了闻一多先生的衣冠冢和四烈士墓，默念了联大纪念碑的碑文。当他走过云南大学的一个池塘时，陪同的人讲，这是李广田当年遇害的地方，激起他对这位亡友的怀念。在一些过去的旧址旁走过，他感到心魂在震动。

沿着文村街向南转入熟悉的钱局街，就到了当年住过的敬节堂巷。那口井仍在，当年他经常在这井旁，等待妻子教课回家和友人来访，不知消磨过多少分分秒秒。令他惊喜的是，当年的旧居仍在，走进去，院子里没有一点声息，喊了一声，才走出一位姓王的老人。老人告诉冯至，房东一家都搬到香港去了，有时还回来看看，他的一个女儿在香港演电影，扮演过《屈原》中的南后。冯至想，她也许就是 35 年前与自己女儿一块玩的那几个小孩中的一个吧……

这些旧时的情景，在他心中渐渐弥漫开来。

　　1981 年 3 月至 9 月，冯至连续写了《涅卡河畔》《乌普萨拉》《一夕话与半日游》《歌德相册里的一个补白》等被称之为"忆旧与逢新"的系列散文，在记游中夹杂着对过去的怀念。之后，他的一些好友又先后离去，更将这种忆旧与怀念加深了。

　　1983 年 5 月，杨晦的去世，给他不小的打击。

　　1972 年以后，冯至搬出北大燕东园，与杨晦不像以往那样常见面了，但每年还是去看他几次。两人见面，彼此叙叙旧，谈谈过去的朋友和熟人们的情况。话不是很多，也不似年轻时那样热烈。60 多年的友情，到这时，更化作细雨般的滋润，轻淡中有深的理解和倚重。大约从 1980 年以后，杨晦曾多次表示，要与冯至多谈一谈，姚可崑也时常提醒："咱们去看看慧修吧。"但由于彼此的住处相距太远，交通又十分拥挤不便，以致拖延下来。1983 年 4 月，他和姚可崑利用在北大开会的机会，晚饭后去看望了杨晦。杨晦神情很衰弱，说话也不像以往那样有力，但思路还清晰，谈了一会儿由于担心影响杨晦休息，便告辞了。姚可崑说，过些天请他到自己家住几天，就可以畅谈了。不料不到一日，杨晦突然病逝。过去每次分手，冯至差不多都能得到他的宝贵赠言，可是这最后一次，却没有。冯至怎能不感到痛惜呢？

　　好长时间，他都难以从亡友的悲痛中解脱出来。一天，在无聊赖时整理旧书，发现在《两当轩全集》第一册的封面上写着"癸亥年冬"几个字，他猛然想到，今年不也是癸亥年吗？封面上的"癸亥年"距现在整 60 年了。60 年前，他最早在刊物上发表诗作。60 年前，他结识了杨晦及其他沉钟社的朋友。《两当轩全集》就是这一年，他和杨晦一起逛旧书店时买的。年份偶合，也许并不代表什么特殊意义，却在生者与死者间增添了一种难以释放的情愫。他止不住写出了深情的回忆性散文《从癸亥年到癸亥年》，回忆与杨晦的交往，由此开始了他怀人怀事的回忆性散文的写作。从 1983 年开始，此后几年的时间里，他写了近 20 篇回忆性文字，回忆与杨晦、郁达夫、田间、柯仲平、梁遇春、陈展云、顾随等人的交往及对他们的怀念，同时还追忆了他在北京、昆明、海德贝格及办《沉钟》

时的一些经历。1988 年，他将这些文字汇为一集，称《立斜阳集》，次年由工人出版社出版。所以起名为"立斜阳"，源于他喜欢的纳兰性德的词《浣溪沙》："谁念西风独自凉？萧萧黄叶闭疏窗。沉思往事立残阳。被酒莫惊春睡重，赌书消得泼茶香，当时只道是寻常。"① 因嫌"残阳"过于衰飒，冯至便改为"斜阳"，在《立斜阳集》序言中，他写道：

> 自念生平，没有参与过轰轰烈烈的事业，没有写过传诵一时的文章，结交的友人或熟人中，没有风云人物，也没有一代名流。有些人和事，或长期共处，或偶然相逢，往往有一言一行，一苦一乐，当时确实觉得很寻常，可是一旦回想起来，便意味无穷，有如淡薄的水酒，只要日子久了，也会有几分醇化。恨不得能让时光倒流，把那些寻常事再重复一遍。重复不可能，只有"沉思往事立残阳"了，不过，"残阳"过于衰飒，纳兰性德年始 30 便已逝世，他说"立残阳"，如果不是为时太早，就是略有征兆。我比他多活了 50 年，却不愿立在残阳里沉思往事。若把"残阳"改为"斜阳"，则更适合我的心情，因此我把这部集子叫作"立斜阳集"。②

回忆，是一种记忆的新发现，也是一种过去事物的重新组合和认识。在回忆中，过去的激情、情绪才被唤回，过去的人事才会重新呈现；在回忆中，模糊的变成清晰的，表面的变成本质的。冯至在对过去的回忆中，重新确认了自我，重新获得了诗意的存在。

回忆，实乃存在之思。

---

① 《纳兰词笺注》，上海古籍出版社 1995 年版，第 32 页。

② 冯至：《立斜阳集》，见张恬编《冯至全集》第 4 卷，河北教育出版社 1999 年版，第 264 页。

第三节　世界性学者

作为一个学者，冯至一生中研究的对象，只有中国的杜甫，德语文学中的歌德、席勒、里尔克等少数几位作家。但在有限的范围内，他却以常人难以企及的坚韧、耐力和领悟力，挖掘出了真正的宝藏，创造了一个独特的王国。

冯至在外国文学研究上作出了卓越的贡献，特别是他在歌德研究上，具有开创性意义，也耗费了他相当大的精力。歌德的诗是他研究的精华，内中包含着他博大而精微的思想，它既是人类抒情的顶峰，也是人类思维的结晶。其中包含着丰富的矿藏，读者若处于被动地位不肯多费力气挖掘，只会空手而归。冯至在前后两个时期，都以难见的耐心、深入的体验，去发掘其蕴含着的人类智慧的精华，并将它们用通俗的语言描述出来。可以说，面对一个博大的对象，他以自己沉潜的思考、细致的体味，建立了与之对应的精神世界。

冯至在德语文学研究方面的成就，已开始引起国际性关注：

1980年，瑞典皇家文学、历史、文物科学院聘他为院士；

1981年，联邦德国麦茵茨科学院聘他为院士；

1983年，联邦德国慕尼黑学院授予他1983年度歌德奖章；

1985年，东德高教部授予他"格林兄弟文学奖"；

1986年，奥地利科学院聘他为通讯院士；

1987年，获得联邦德国国际交流中心奖；同年12月15日，联邦德国驻华大使韩培德代表联邦德国总统魏茨泽克授予他"大十字勋章"，以表彰他对中德两国文化交流作出的卓越贡献，这是中国文化界获得的联邦德国最高荣誉勋章。

授奖仪式在联邦德国驻华大使馆内举行，韩培德大使首先代表联邦德国总统致辞，他说：

　　通过这枚勋章，我们对中国精神生活的一位优秀代表表示敬意。
作为作家、文学家和翻译家，您深入研究德国，数十年来为我们两
国人民相互了解作出了重要贡献。您像不多的其他几位学者那样起
到了两国人民和两种文化间介绍人的作用……您注意到的也许不仅
是能够从我们浪漫主义诗人和思想家身上找到的文学的美学观点。
您特别研究的诺瓦利斯和里尔克都试图从其内在联系解释人和人在
世界上的地位。但是，您也认识到，这两位诗人只代表我们人民性
格的一面。您一生反复研究的海涅和歌德象征着那种试图包括人类
到那时为止的全部思想，他们特别感到对人类应该按照什么规则在
一起生活的问题负有责任……①

　　接受这枚勋章，冯至心情非常激动，他觉得这不仅是对他本人的鼓
励，它也将对催进中国日耳曼学的研究起好的作用，他用这样的言辞表达
了自己的心情：

　　大使阁下，在我接受这个具有重要意义的勋章时，我怀着崇敬
的心情想起德意志民族历史上的两个伟大人物：哲学家莱布尼兹和诗
人歌德。前者生活在十七世纪后半期至十八世纪初期，后者生活于
十八世纪后半期至十九世纪三十年代，那时中国对于他们还是一个
辽远的国土，他们只能从少数西方传教士的报道和零星翻译中简略
地知道中国的一些事迹。但他们对于中国怀有深厚的情谊。莱布尼
兹迫切地希望了解中国人的哲学、伦理、宗教，并且认为在这些领
域内中国和西方可以互相补充……至于歌德，他与友人谈话中，一
再提到中国人与德国人很相似……实际上中国人和德国人的思想感
情在某些方面并不可能很相似，但是我却珍视歌德的话，因为它使
我感到德国人民精神世界中一个伟大的代表者对于当时还十分辽远

---

① 《韩培德大使的颂辞及冯至的演说》，《世界文学》1988 年第 1 期。

的中国怀有一种深厚的感情……我在接受这具有历史意义的勋章时，缅怀那两个伟大人物，他们渊博的学识、崇高的理想，以及对中国人民的深厚感情，更加促使我为增进中德文化交流、加强两国人民的友谊继续努力工作。①

荣誉，对于冯至来说，只是一种过眼烟云，无论在任何场合，任何文章中，他很少提及这些。在冯至这里，还有什么比自己的内心完善更重要的呢？他将自己大半生的精力献给了德语文学研究，不只是因为将其作为一种事业，一种做人的责任，而且更因为德语文学那博大、智慧、深沉的品格对他具有难以摆脱的吸引力。无论是歌德，还是里尔克，都曾是他一生中思想的伴侣，都曾构成他精神世界的一部分，如果没有这些，还会有现在的"他"吗？

令他欣慰的是，这份来自异国的深沉、博大的精神财富，正为一批更年轻的日耳曼学者继续研究着，使它成为人们精神世界的一个重要补充。

1990 年 10 月 27 日，首届"冯至德语文学研究奖"颁奖会在北京举行，王师丹等三人获首届奖。冯至亲自为他们颁奖，并讲了话，他说，学术研究很辛苦，要踏踏实实，既不要拿些一知半解的名词来吓唬人，也不要不敢接受外国的东西，不要把尼采、弗洛伊德这些极具代表性的德国文艺思潮视为洪水猛兽，而应对它们进行认真的、深入的、有辨析的学术研究。"冯至德语文学研究奖"，是外国文学界第一个研究奖，它不仅引起了德语文学研究界的关注，也在整个外国文学研究界引起热烈反响。

---

① 《韩培德大使的颂辞及冯至的演说》，《世界文学》1988 年第 1 期。

第九章　走进深山

在中国现代文坛上，冯至是一位比较特殊的存在。与一般作家相比，他集学者、译者、作家身份于一身，其创作将学术、思想融汇于文学作品，文学因思想涉猎的内容而变化，使其作品带有强烈的学者特色；与同时代具有留学经历的作家相比，冯至具有明显的德国情结，其文学创作带有较多理性的痕迹；而与同样有留德经历的别的作家相比，冯至具有明显的诗人气质及学院特色。冯至的思想转变过程，集中体现了中国学者在西学东渐时代对西方现代思潮整体上的筛选，从另一个侧面展现了中国现代社会道路选择过程的历史必然性。从这一新的时代背景出发，重新梳理冯至与歌德的关系，以期通过这种关系，探讨西方现代思潮与中国语境结合的内在机理，反思中国现代化道路选择的历史性与必然性，是一个重要的课题。

冯至曾这样描述自己半个世纪与歌德接触并接受其影响的过程：我逐渐向歌德接近，好像走进难以攀登的深山……下面，我们就来看看，冯至是如何遇见歌德，并攀上歌德思想这座精神高峰的。

第一节　从里尔克到歌德

如果说，冯至早年的孤独感，使他倾向于表达自我的情感，将自我与万物相区分，那么，里尔克使冯至第一次意识到自我与万物之间的联系，将自我与万物重新联系起来。在这一新的联系中，诗人要做的，正是克制、隐忍，使自己沉潜于自我万物之中，并在诗中表达这种克制、隐忍与自然融为一体的经验，这便是《十四行诗》《山水》写作的背景。通观冯至的一生，其一生的创作经历了六个阶段：关注自我情感、关注自然、关注社会、关注时代、讴歌时代和全面反思等不同阶段。与里尔克的结合，使冯至完成了由关注自我情感向关注自然的转变。在这一转变中，冯至希望通过艺术找到由特殊到一般、个体到普遍的体验之路，其《十四行诗》《山水》，正呼应了冯至的这一需求。

里尔克使冯至成长为具有现代意识的新人，但同样也留给冯至新的问题。这一问题以两种方式表现出来：

一、里尔克使冯至对艺术的追求，从狭小的个人主义伸展到人类的普遍存在，使冯至关注人类存在的本质，并通过艺术展示这一本质。但当冯至关注在作品中表达普遍真理时，他实际上已经预设了一个离开了具体的时代与生活语境的、抽象的、永恒的普遍人性，而其对普遍真理的呼唤，正奠基于这样一种人性。也就是说，当冯至跟随里尔克，沉潜于物性之时，必然离开了对现实时事的关注。就如他在《C君的来访》中所述所的那样：

> 现在人生的唯一妙诀是"上穷碧落下黄泉"，上穷碧落是研究天文，下黄泉是弄地质。这两件事都同"人"不大发生关系……①

二、当冯至将上述普遍人性视为人生的追求时，本质上也预设了一种艺术至上论。被抛入世间的个体在面临着必然的死亡时，其超越死亡的方式是追求永恒的真理，这一真理可以通过艺术表达出来。因此，艺术是

---

① 冯至：《C君的来访》，见张恬编《冯至全集》第 3 卷，河北教育出版社 1999 年版，第 6—7 页。

可以对抗死亡、超越命运、获得永恒意义的方法。艺术比个人的生死、社会的发展更具有本源的意义。

里尔克使冯至潜意识里接受了个人主义与艺术至上论，使得冯至在心理上远离了他所处的时代。但当冯至随西南联大颠沛流离于大半个中国，亲身经历了战争所带来的流离失所、通货膨胀、死亡威胁，体验到具体的民族、集体等概念时，冯至意识到：

> 眼看着光明与黑暗的对立日益明显地呈现在人们面前，再也不能容许给现实蒙上一层使光明化为朦胧、使黑暗变得冲淡的轻纱了。①

在这里，冯至发现了一个新的问题：里尔克式的超越完全隔离了人与时代的关系，隔离了人的社会属性，这是不是一种新的虚无呢？尤其是在抗日战争时期：

> 社会变动很大，人们的反应也格外锐敏。战争失利的消息频频传来，本应增强大家的信心，克服困难，争取转败为胜，可是悲观的、虚无主义的论调应运而生，在一部分人中间散布着、蔓延着，给抗日战争唱反调。②

正是在上述背景下，冯至意识到个人主义、艺术至上论与集体主义与民族生存之间的矛盾。是履行社会义务还是致力于表达自我？是否需要在时代的呼唤中放弃个人主义与艺术至上论的立场？冯至需要新的决断与断念，这使他在抗日战争时期常常感到有突破旧我生成新吾的冲动。

---

① 冯至：《〈论歌德〉的回顾、说明与补充（代序）》，见范大灿编《冯至全集》第 8 卷，河北教育出版社 1999 年版，第 6 页。

② 冯至：《〈论歌德〉的回顾、说明与补充（代序）》，见范大灿编《冯至全集》第 8 卷，河北教育出版社 1999 年版，第 6 页。

　　因此，冯至在完成《十四行诗》《山水》和《伍子胥》之后，陷入长时期的停滞。我们可以想象冯至决断时的犹疑与不舍。但通过《伍子胥》一文，我们也能感觉到冯至对决断与断念的推崇。相对于许多文人义无反顾地投身于抗日大潮，不"在小花小草中寻求趣味"（老舍语），冯至需要为自己的决断寻找理论依据和前人经验，"在'个人思想矛盾重重'的痛苦下，冯至一方面用从里尔克那里学到的忍耐，用工作去驱除寂寞；一方面寻求着调整人生和自我变化的依据。这时，歌德对他产生了很大影响。"①

　　可以看出，这个时期的冯至，里尔克式的谦逊、忍耐、沉潜，已不能为之提供精神的出路，而歌德的生存智慧与人生体验，自然吸引了他的注意。至此，冯至开始了与他认为最能代表德国文化高峰的歌德半个多世纪的情缘。

　　歌德研究，是他毕生心血之凝聚，半个世纪以来，他缓慢而艰难的接近对象，最终达到了与其浑融的境界。他曾这样描述自己的研究过程：

　　　　我逐渐向歌德接近，好像走进难以攀登的深山，每走一程，都要付出一定的气力，但一程过后，便会看到一种奇景：时而丛林茂密，时而绿草如茵，时而奇峰突起，时而溪水潺潺，随时都有新的发现。他很大一部分著作使我从冷淡转为亲切，从忽视转为尊重，从陌生转为略窥堂奥，它给疲倦的行人以树荫、以清泉，给寻求者以智慧，它使人清醒，不丧失勇气。从这方面看来，歌德比我们年轻时喜爱的诗人们更为博大，更为健康。②

　　与其说是一种研究，不如说是两颗心灵的接近和相通，在对歌德作

---

① 殷丽玉：《论冯至四十年代对歌德思想的接受与转变》，《文学评论》2002 年第 4 期，第 126 页。
② 冯至：《歌德相册里的一个补白》，见《冯至选集》第 2 卷，四川文艺出版社 1985 年版，第 304—305 页。

品深刻要义的发现中，冯至也向世界展示了自己宽阔的胸襟。

1986 年，他的论文集《论歌德》由上海文艺出版社出版。上卷收入 1948 年南京中亚书局出版的《歌德论述》中的论文，并做了修改；下卷收入 1978 年到 1984 年写的 8 篇论文。在序言中，他叙述了自己研究歌德的历程。

该书的上下两卷，分别代表了冯至研究歌德的前后两个时期。前一个时期，是 1948 年以前，研究的重点是蜕变论、反否定精神、向内而向外的生活。这几点，从中国当时的现实出发，阐发了歌德精神的内涵及价值。后一个时期，即 1978 年以后，主要是对歌德的更深入认识和反思，分析了歌德"这一个"及其与环境的关系，系统总结了歌德的创作实践和美学原则，即："公开的秘密""从特殊到一般""我们都是集体性人物"等。

第二节 "蜕变论"的影响

冯至与歌德的关系，体现在冯至被歌德所影响及其对歌德思想的反思过程中，也体现在创作理念与创作习惯之中。

在 19 世纪 20 年代，冯至就曾读过歌德《少年维特的烦恼》并和歌德的少年维特共同感伤，留学德国的经历又使他更为深刻地了解了歌德。在他看来，歌德不再仅仅是一个作家，而是介于思想家与作家之间的哲人。正如我们上文所述，冯至对歌德思想的接受，源于其个人主义与艺术至上论与时代的脱节，冯至需要为自己人生道路进行决断。作为一个学者，冯至的决断需要一定的学理性与实践性，这是冯至转向歌德的前提。也正是因为这一前提，青年歌德在狂飙突进时维特式的感伤对冯至的影响并不深刻，相反，中年或晚年歌德的思想、人生态度和创作理念对冯至构成了全面的影响。在他看来，晚年歌德的作品《浮士德》《维廉·麦斯特》《西东合集》等：

　　已经不是狂飙突进时热情澎湃、与自然相拥抱的青年，而是日趋冷静的成人，他在实际工作中得到锻炼，在科学研究中受到启发，因而对于宇宙和人生有了更深刻的认识。①

　　所以，"冯至更关心的，不是狂飙突进时期的早年歌德，而是晚年或后期的歌德。更值得重视的是，当他流露出这种倾向的时候，他自己实际上还未过而立之年，而这种倾向却差不多延续了数十年之久。"②

　　在冯至那里，他并没有将《浮士德》《维廉·麦斯特》"当作纯粹的小说和剧本来看待，它们对于我是两部'生活教科书'。作为世界名著，它们当然给我以审美的教育，更重要的是教给我如何审视人生。"③可以看出，歌德对于冯至的意义，并不是一个作家对于另一个作家的心理共鸣，也不是一个学者对于研究对象的冷静审视，而是将歌德视为自己的人生导师，通过学习研究歌德的作品，熔铸自己的世界观，寻找个人的决断之路。

　　晚年歌德最重要的思想便是蜕变论。冯至认为歌德的蜕变论说出了世界的本质：

　　　　歌德通过对植物的观察，认为千种万类的植物都是从最早的一个"原型"即原始植物演化出来的。它们一个阶段一个阶段地转变，而且不断提高。歌德把这种理论称为"蜕变论"，并把它运用在动物、矿物上边，甚至用以解说人的成长和社会的发展。④

---

① 冯至：《在联邦德国国际交流中心"文学艺术奖"颁发仪式上的答词》，见张恬编《冯至全集》第5卷，河北教育出版社1999年版，第202页。
② 张辉：《冯至：未完成的自我》，文津出版社2005年版，第107页。
③ 冯至：《在联邦德国国际交流中心"文学艺术奖"颁发仪式上的答词》，见张恬编《冯至全集》第5卷，河北教育出版社1999年版，第202页。
④ 冯至：《〈论歌德〉的回顾、说明与补充（代序）》，见范大灿编《冯至全集》第8卷，河北教育出版社1999年版，第6页。

歌德的蜕变论，具有达尔文进化论的原始因子。歌德将蜕变论从自然领域扩大至社会领域，认为万物的本质都是一种蜕变，人也必须求变，"一个人的一生也不可凝滞，必须有变化。……这自灭而又自生的深义，这'死和变'的真理，在歌德作品里到处可以遇到"①，这对冯至的思想产生了极大的影响。

歌德的蜕变论带有诸多德国思维方式的痕迹。不同于英美相对实用的思维方式，德国文化与希腊文化具有直接的渊源。希腊思想重视世界的本源问题，强化用理性去接近认识世界。歌德尽管不是哲学家，但其追求世界本源的努力在作品中仍有表现。在他看来，不解决世界是什么的问题，人类的行为就难以进行彻底的说明与指导。因此，歌德通过观察，得出了世界的本质在于蜕变的结论，认为自然界与社会界都服从这一根本的世界规则。歌德的蜕变论为冯至思想与创作提供了新的理论基础：

首先，在思想上，歌德蜕变论使冯至意识到"变"乃世界的本质，也是世界的常态：

> 只要你还不曾有过
> 这个经验：死和变！
> 你只是个忧郁的旅客
> 在这阴暗的尘寰。②

在这一点上，冯至将歌德思想创造性地与《易经》结合起来，用易经"自强不息"的精神解读浮士德精神。"我曾经引用《易经》的一句话'天行健，君子以自强不息'来概括浮士德的一生。"③《易经》对世界的认

① 冯至：《从〈浮士德〉里的"人造人"略论歌德的自然哲学》，见范大灿编《冯至全集》第 8 卷，河北教育出版社 1999 年版，第 59 页。
② 冯至：《浅析歌德诗 13 首》，见范大灿编《冯至全集》第 8 卷，河北教育出版社 1999 年版，第 148 页。
③ 冯至：《〈论歌德〉的回顾、说明与补充（代序）》，见范大灿编《冯至全集》第 8 卷，河北教育出版社 1999 年版，第 6 页。

识正是"变"，在这里，冯至将歌德的蜕变论与中国"生生之谓易"的思想结合起来。这种结合，为冯至"在变化多端的战争年代，我经常感到有抛弃旧我迎来新吾的迫切需求"① 提供了理论基础。蜕变论不仅构成了冯至所认可的世界规则，构成了冯至坚持学习、思想随时代变化而变化的思维习惯，也为冯至接受歌德思想和必要时超越歌德思想做好了心理上的准备。

其次，在世界观上，受歌德的影响，冯至一生的世界观是变化的："生活在 20 世纪的中国，他（冯至——引者加）的思想感情青年时在'五四'精神的感召下得到过一些解放，中年时在抗日战争艰苦的岁月里受到过一些锻炼，新中国成立后，万象更新，世界观起了一些变化……进入老年……懂得了一些实事求是的真理。"② 大致来讲，冯至的世界观可分为个人主义时期、蜕变论时期和马克思主义时期。蜕变论在冯至世界观的转变中所起的作用在于：它是冯至由个人主义向马克思主义思想过渡的中间环节。冯至接受歌德思想，是为了突破其前期的个人主义，那么，蜕变论的精义，则为冯至接受马克思主义提供了一种思想准备，而马克思主义思想则为冯至超越和反思歌德思想提供了一种全新的思想武器。世界观的变化使冯至在不同时期的创作风格也不相同，使冯至一生的创作呈现出特有的阶段性特色：个人主义时期的代表作包括《昨日之歌》《十四行诗》《伍子胥》等，蜕变论时期的代表作为《杜甫传》③，而新中国成立后所写的《西效集》《立斜阳集》等则是在马克思主义思想指导下完成的。

再次，蜕变论也影响了冯至对歌德的认识。即使蜕变是世界的本质，那么，不同时期对歌德有不同的认识符合蜕变论的本质。自 1941 年翻译《歌德年谱》起，冯至对歌德思想的理解随着时代的不同而变化："我一生

---

① 冯至：《〈论歌德〉的回顾、说明与补充（代序）》，见范大灿编《冯至全集》第 8 卷，河北教育出版社 1999 年版，第 7 页。

② 冯至：《诗文自选琐记（代序）》，见刘福春编《冯至全集》第 2 卷，河北教育出版社 1999 年版，第 163 页。

③ 冯至的《十四行诗》也受到歌德的影响，但相对来讲，受里尔克的影响更大。

的思想感情随着时代与年龄的转变也在转变，因此我对于歌德的认识不可能是始终一致的。"① 可以说，冯至对歌德的接受过程一直伴随着对歌德思想的反思："20 年代冯至接受'维特'却反感作为庸人的歌德；40 年代，冯至钦佩歌德对人生和自然的洞察和他的生活智慧，这时的冯至更多的是从个人思想与生活的冲突，从个人的人生困惑与人生抉择出发，从寻求'生活智慧'的角度去接受歌德的。这是对歌德的人生观乃至生存方式的认同。"② 可以说，由于冯至接受歌德的时代语境与个人诉求，使得冯至在接受歌德的同时也在反思歌德，而歌德蜕变论又为他的这一反思提供了理论基础。

第三节　否定与反否定精神

冯至沉浸于歌德思想的目的是为自己的人生规划方向，既然蜕变构成了世界运行的基本规则，那么，对于个人来讲，向什么方向变、怎么变就构成了最重要的现实问题。在这里，冯至认为，歌德笔下的《浮士德》，是肯定精神与否定精神斗争的历史，是对否定精神的反抗，也是人类蜕变的方向。通过反否定精神，歌德宣告了虚无主义精神的失败。因此，反否定精神构成了人类蜕变的根本方向。冯至对反否定精神的解读，包括如下两个方面的内容：

第一，什么是否定精神。冯至认为，所谓否定精神，是指虚无主义精神，这主要体现在歌德《浮士德》中的魔鬼靡非斯托非勒斯身上。靡非斯托非勒斯认为：人生是无意义的，不仅奋斗是无意义，追求也是无意义的，生命的本质就是虚无。

---

① 冯至：《在联邦德国语言文学科学院"宫多尔夫外国日耳曼学奖"颁奖仪式上的答词》，见张恬编《冯至全集》第 5 卷，河北教育出版社 1999 年版，第 218 页。

② 殷丽玉：《论冯至四十年代对歌德思想的接受与转变》，《文学评论》2002 年第 4 期，第 128 页。

冯至认为，歌德所塑造的靡非斯托非勒斯有五个方面的特征：一、不认识人类有一种积极的力量，不认可人类的追求；二、赞颂黑暗；三、虚无主义哲学；四、不择手段；五、讥讽和嘲笑一切。冯至认为，这五个方面代表了否定精神的五种表现形式，也是虚无精神的具体表现。歌德之所以要塑造靡非斯托非勒斯这个形象，就是将这种否定精神或虚无主义人格化。在歌德所处的年代：

> 这种精神（否定精神——引者加）盘踞在一个聪明人的心里，往往推翻人生中一切的努力、一切的建设与庄严，以致无所建树地沉沦下去。①

歌德认为当人类的主体意识勃发、积极地追求自我价值的实现时，总有一种虚无主义力量否定这种主体意识，这种否定精神构成了人类最大的诱惑和威胁。这种力量就是靡非斯托非勒斯这个形象的来源，也被称为"消极的本质"。虚无主义视人类所有的追求都是无意义的，人类所有为自身行为寻求意义的方式都是无用的，人最终一定会回归虚无。浮士德所面对的，正是这种否定力量对他的诱惑。这一力量与其说是来自魔鬼，不如说来自主体内心的深处。"靡非斯托非勒斯这些讥嘲与毒辣的讽刺，歌德自己也承认，是他本人'气质中的一部分'。"②

歌德所谓的否定精神本质上来源于现代主体意识斩断了其与家族的联系后，如何寻找生命的意义问题。这一问题与冯至感受到的孤独在本源上是一致的，这也正是冯至接受歌德的精神前提。孤独个体的所有奋斗，当死亡来临之时，这些奋斗与追求有什么意义？这不仅是歌德面临的问题，也是里尔克面临的问题，对于处于民族危亡、虚无主义盛行时期的冯

---

① 冯至：《浮士德里的魔》，见范大灿编《冯至全集》第8卷，河北教育出版社1999年版，第35页。

② 冯至：《浮士德里的魔》，见范大灿编《冯至全集》第8卷，河北教育出版社1999年版，第35页。

至，回答这一问题更为迫切。正因如此，克服虚无主义精神，寻求生命的意义，是冯至选择歌德思想规划自己人生方向的重要原因。

第二，何为反否定精神？否定精神体现为一种生活态度，其特点一是旁观的态度，二是消极的态度。旁观与消极的本质在于主体的虚无主义态度。在这里，存在主义使冯至意识到个人要通过决断彰显存在，从而避免旁观与消极，但纯粹的决断是不够的。冯至通过《伍子胥》展示了决断与担当对于存在的意义，但《伍子胥》也留给冯至一个问题：在承担了所有决断结果之后，决断本身要不要方向？如果人类自我选择了以否定方向作为人生的目标，这也是决断，进行决断的人同样也承担了这样一个决断的后果，但这种决断本质上是一种旁观与消极的决断，并没有带来真正的蜕变。因此，只有遵循歌德的反否定精神，才能带来真正的改变，也才能真正克服虚无主义、抵御《浮士德》里的魔对人类所构成的诱惑。

冯至认为歌德提出了两种反否定精神的方式：一是积极奋进的人生态度；二是克制、隐忍和断念。前者指向人类对自我的超越，后者则指向在超越过程中如何抵制虚无主义的诱惑。冯至认为：理解死与变的真谛，就会不停地超越自身，为自身每一天的存在赋予意义。因此，冯至赞赏积极、认真工作的歌德，通过工作而重回青春、得到再生的歌德。这种歌德精神不仅体现在他塑造的浮士德身上："奋斗终身的浮士德在百岁高龄虽不免于死亡，最后还是宣告了虚无主义者魔鬼的失败"[1]，也体现在歌德"六十余年创作生活始终不曾显出衰老……每次的再生都成为一个新的开始"[2] 的个人生涯中。这是积极奋进的人生态度的内在含义。

歌德后期接触社会中，又认识到，积极奋进的人生不仅仅有热情，还有一种比热情更宝贵的东西，便是"责任"。与此同时，他从意大利艺术中也看到了"节制"的重要，认为艺术的价值不在情感的抒发，而在忍

---

[1]　冯至：《〈论歌德〉的回顾、说明与补充（代序）》，见范大灿编《冯至全集》第 8 卷，河北教育出版社 1999 年版，第 6 页。

[2]　冯至：《歌德的〈西东合集〉》，见范大灿编《冯至全集》第 8 卷，河北教育出版社 1999 年版，第 63 页。

耐和负担，"责任""节制"构成了歌德的另一面，这性格的两面既相互矛盾，又紧密相关，情感的力量多么强烈，节制和责任的力量就多强烈，二者都在发展，互相浑融，构成古典式歌德。至此，冯至已将精神升华后的歌德作为人生榜样：

> 在寂寞的晚年，断念和工作，成为歌德生活的原则，他工作，与其说是自慰，毋宁说是一种义务、一种责任。①

因为责任与节制，歌德果然断念，选择了克制。他所断念的东西，包括少年时维特的忧郁与任性，包括老年时"无论如何也不愿再沦陷在这景况里了"的"最高的情欲"②。在歌德看来，任性与忧郁、浪漫的人生情怀、浑浑噩噩地生存等人生态度非常简单，对人类有着非凡的吸引力；而积极奋进的人生，需要克制自己内心对这种人生态度的渴望。在晚年歌德那里，克制自我，与感伤、忧郁等非理性态度断念，摆脱狂飙突进运动时的激进和不切实际，尊重现实的秩序，踏踏实实地工作，是人类面对死与变的唯一正确的态度，只有通过这样的态度，人类才会通过蜕变到一个新的境地克服虚无主义的诱惑："人的变老并不是日就衰颓，而是走入一个新的境地。"③

通过走入新的境地，以克服死亡与虚无，就需要对自己过往人生进行反思与超越，为每一个阶段的人生赋予新的意义，使之充实与丰满，这是反否定精神和蜕变论的共同要求。歌德的一生，正是反思与超越生存方式的样本，他不仅示范了人的一生可以经历几次新的开始：

---

① 冯至：《歌德的晚年》，见范大灿编《冯至全集》第 8 卷，河北教育出版社 1999 年版，第 79 页。

② 冯至：《歌德的晚年》，见范大灿编《冯至全集》第 8 卷，河北教育出版社 1999 年版，第 77 页。

③ 冯至：《歌德的晚年》，见范大灿编《冯至全集》第 8 卷，河北教育出版社 1999 年版，第 79 页。

　　歌德的一生不是直线的，而是轮转的，在他一生内可以看出有几次新的开始。他说："没有人应该追怀过去，只有看定永久的新，真正的怀念必须是创造的，创造一个新的更好的事物。"①

同时，也示范了如何通过断念，进行这种新的开始：

　　歌德每逢对于自己克制一次，便走入一个新的境界，得到一个新的发展。②

在这里，歌德对冯至的影响已经超越了文本层面，进入到生活智慧层面。

　　歌德的反否定精神为冯至寻找人生的意义，起着非常重要的作用。首先，它使冯至意识克服虚无主义的重要性。这使冯至的现代主体意识勃兴后，尽管感觉到孤独，但仍没有坠入虚无、变成"玩世不恭"的人，使冯至克服了战争年代极易形成的幻灭感，当面临着被同行指责为"在小花小草中寻求乐趣"时，仍然没有堕入虚无主义，而是追求一种积极奋发的人生态度。"对冯至而言，断念同样并不意味着虚无地看待世界，更不是放弃责任渐渐屈服于现实从而萎靡堕落，而是相反，要在工作中承担义务和责任。"③ 在这里，反否定精神为冯至提供了一种正面的、积极的力量与人生态度。

　　反否定精神不仅为冯至提供了一种正面的、积极的人生态度，它还使冯至形成了一种良好的思维习惯，那就是反省与否定。为防止自己滑入虚无主义，反否定精神的个体必须不停地自我反省。可以说，自我反省是反否定精神的思维方法。在冯至一生的创作与学术研究中，自我反省一直

---

① 冯至：《歌德的晚年》，见范大灿编《冯至全集》第 8 卷，河北教育出版社 1999 年版，第 79 页。

② 冯至：《歌德与人的教育》，见范大灿编《冯至全集》第 8 卷，河北教育出版社 1999 年版，第 84 页。

③ 张辉：《冯至：未完成的自我》，文津出版社 2005 年版，第 128 页。

是他坚持一生的思维习惯，如其晚年就指出"三十年代我否定过我二十年代的诗歌，／五十年代我否定过我四十年代的创作，／……我这一生都像是在'否定'里生活"①。这种反省精神，培养了他学习而不固守、认真而不过于执着的学术品性与创作风格，也为他反思、超越歌德提供了一种思想上的准备。

反否定精神对冯至的意义决不仅限于为他提供了一种正面的人生态度和反省意识，更为他深刻预见现代个体主义勃发后所面临的精神危机提供了一个契机，使冯至意识到个体主义有可能滑入的深渊——当个人完全脱离了集体，就会产生两种可能：一是通过个体与集体、特殊与普遍将个人与永恒联结起来；二是堕入虚无主义，自觉地沉沦下去，变成一个类似于靡非托勒非斯的玩世不恭的人。这两种都来自于人的决断。在这两种可能性中，个体要么与永恒联系起来，要么与虚无联系起来，而时代对冯至的考验则是：离开了民族，离开了集体的支撑，在林场茅屋里可以完成个人与永恒联系起来的诗篇，但不可能拥有生存的支持与保证。永恒还是当下，需要冯至立即作出决断，他的答案，就是回到昆明城里，接受时代的洗礼。可以说，反否定精神使冯至深刻洞见了个人主义的命运：当个人摆脱了集体，将个人的决断视为人生的意义，仅靠个人对自我决断的反省，能否避免堕入虚无主义的陷阱？在这里，歌德努力工作的姿态，浮士德最终通过事业克服虚无主义的精神，为冯至在反否定思想中逐步回归时代、迈向集体主义，提供了人生态度方面的重要启示。

第四节　向内与向外的生活

反否定精神仅仅为人们提供了一个蜕变的方向，如何才能产生具体蜕变？冯至认为：歌德不仅提出了蜕变及蜕变的方向，也告诉了人们如何

---

① 冯至：《自传》，香港《诗》双月刊"冯至专号"第 2 卷 1991 年第 6 期，第 13 页。

蜕变，更通过自己的一生亲身实践了这种蜕变的方法，那就是向内与向外的生活：

> 歌德在他的一生中努力向外发展，担任行政工作，观察自然界的万象，与同时代的人有广泛的交往，但也经常感到有断念于外界事物、返回内心世界的需要。从外界他吸收营养，积累经验，随即在内心里把营养和经验化为己有。①

在这里，歌德指出了如何在集体中生存，顺应集体的需要，同时又保存自我内在决断能力的实现方法。在这种方法中，歌德实际上提出了两个预判，并基于这两个预判，提出一种可行的生活智慧。

首先，歌德提出了集体主义将是个人生存背景的预判。"歌德生活在18世纪后半叶与19世纪前期，正是个人主义盛行的时代，可是他诗人的预感已经感到集体生活的将要到来。"② 在这里，尽管歌德并没有用过多的哲学思考对主体间共同生存进行总结与归纳，但天才诗人的敏感仍使他意识到：个人主义与虚无主义存在着某种程度上的因果关系。个人主义的本质是将个人与外界脱离开来，而一旦完全将个人独立出来，个人行为的意义就只能靠自我赋予。而个人必死的命运会使得所有的行为都失去了存在的价值，使人们有可能产生虚无主义。要克服虚无主义思想，必须将个人与外界重新联系起来，将人的行为放置在社会整体发展中进行意义赋予和价值评判。这也正是歌德最终让浮士德通过改造自然、为人类造福赋予浮士德人生意义的原因。而当个人重新与社会联系在一起后，一个新的集体主义必然到来。这是歌德蜕变论对人类命运的终极思考，也是其向外生活的理论依据与现实意义。而冯至接受歌德思想的起因，来自于其个人主义

---

① 冯至：《〈论歌德〉的回顾、说明与补充（代序）》，见范大灿编《冯至全集》第8卷，河北教育出版社1999年版，第7页。

② 冯至：《歌德与人的教育》，见范大灿编《冯至全集》第8卷，河北教育出版社1999年版，第85页。

与艺术至上论在救亡与图存背景下与时代的疏离。在冯至的生活时代，救亡与图存是冯至外在生活的核心任务，而只有集体主义人生态度才能在这一背景下生存下去。正因如此，歌德对集体主义的预判为冯至决断自己的人生道路提供了重要思想基础。

其次，歌德提出了在集体主义生存背景中如何保持个人决断能力的具体方法。集体主义是个体无法抗拒的生存背景，但这并不意味着个体完全沉没于集体，失去个性，而是意味着个体以新的方式在集体主义中保留自己的个性。歌德仍然认为个人的决断在集体主义生存中仍是个人生命意义的体现，在集体主义生存背景下，个体仍然可以通过自己的决断为自己的生命赋予意义。冯至认为：歌德不仅通过《威廉·麦斯特》的漫游生活，也通过离开魏玛宫廷、向外漫游、回归魏玛的个人经历展示了如何保持个人决断力的意义，而保留个人的决断力，正是"向内生活"的核心要义。歌德"向内的生活"对冯至在集体主义生存背景下保留自己的个性提供了一种思想上的支持，使冯至找到了在集体主义时代，如何在通过"向内的生活"形成自我决断力的根本方法。

再次，歌德提出了"向内又向外的生活"的具体的生活方式，并通过自己的一生验证了这一生活方式。歌德的生活态度使冯至学会了在集体主义时代生存的生活智慧。冯至所理解的歌德，决不仅仅是写作《浮士德》和《威廉·麦斯特》的作者，而是集作家、学者和魏玛宫廷枢密顾问于一生的活生生的人。歌德的思想和人生道路都是冯至决断时重要的"生活智慧"。"若是说我青年时读《维特》有如读亲密的友人的书信，那么我在中年读《浮士德》和《维廉·麦斯特》就像是读'生活教科书'了。"①从冯至个人的心路历程来看，冯至的孤独感使其初具现代意识，留学德国的经历加强了这种孤独感，因此，当他重回祖国，流离于大半个中国、落脚于昆明时，他实际上也在寻找走出孤独的方法。在里尔克那里，冯至通

---

① 冯至：《在联邦德国语言文学科学院"宫多尔夫外国日耳曼学奖"颁奖仪式上的答词》，见张恬编《冯至全集》第 5 卷，河北教育出版社 1999 年版，第 220 页。

过将自己想象成一个"物"来克服孤独感，在林场茅屋里回避时代问题。但面对民族的危难，这种沉潜于物的方式所形成的超越本来就是不现实的，也不可能是长久的。在这里，冯至意识到他与环境之间的矛盾，这一矛盾促使他在歌德的生存方式中获取智慧。冯至意识到：

> 他（歌德——引者加）从来都与周围的生活世界建立起和谐的联系。也就是说，歌德是一个不断地从生活中学习如何获得人生经验和智慧的人，诗对于他，只是生活的一部分，而非生活的全部；与社会建立牢固的联系，在自我与生活之间取得适度、和谐、平衡的关系，以此获得更多人生此在的东西，这样他在任何时候都会牢牢地生活在大地上。①

在这里，冯至已经将歌德视为集体主义时代的生存导师，歌德在追求个人理想与社会需求之间平衡的实际主义态度对冯至产生了强烈的影响。

歌德"向内又向外的生活"和"有多少人在战斗，在流血，在死亡"②的国内形势，使冯至开始在人生方向与创作态度上产生了真正的蜕变：

> 从书本里接受智慧，从现实中体会人生，致使往日的经验和眼前的感受常常融合在一起，交错在自己的头脑里。③

如果说，在昆明的林场茅屋，冯至思考的是个人与永恒之间的联系，是通过个人体会永恒的力量，创作了许多带有明显存在主义特色的作品；

---

① 殷丽玉：《论冯至四十年代对歌德思想的接受与转变》，《文学评论》2002 年第 4 期，第 127 页。

② 冯至：《从癸亥年到癸亥年——怀念杨晦同志》，见《立斜阳集》，工人出版社 1989 年版，第 25 页。

③ 冯至：《我和十四行诗的因缘》，见张恬编《冯至全集》第 5 卷，河北教育出版社 1999 年版，第 94 页。

那么，当歌德立世的态度使冯至意识到个人主义与存在主义写作的局限之后，冯至就需要在"林场茅屋"与"昆明城里"做一个决断。前者是他的存在之思、生命之思，后者则是明确的时代需求。上述歌德的生存态度，构成了冯至进行决断的重要思想资源。这也正是冯至 40 年代初开始转向歌德研究的重要原因。

正是在歌德对集体主义生存的预判中，冯至认识到生存的本质。而歌德实际主义的生活态度，其自由穿梭于魏玛宫廷与个人创作之间的生活智慧，构成了冯至 40 年代思想上的转折——从前期的存在主义之思转向后期对社会、时代的关注——的他山之石，其标志正是《杜甫传》的写作与出版。40 年代初期，冯至的作品基本上囿于个人主义的视野，主题则是超越孤独。40 年代后期，冯至逐渐放弃了个人主义的写作态度，转向了集体主义，作品中明显增加了对社会与时代的关注。在这一过程中，歌德"向内与向外的生活"的生活智慧与中国救亡图存现实的结合，为这一转折提供了核心的思想资源。在这一过程中，尽管冯至的决断是艰难的，但一旦决断，冯至就再也不曾回头，直至终生。

对于冯至的这一转向，有人认为"意味着他所信仰的'个体'的防线将要崩溃，'自我'世界的根基将要塌陷，他的艺术将要终结。"[1] 但对于冯至本人来讲，这一转折却意味着"精确地认识自己的事务而处处为全人类着想"[2] 的新人的出现。这种向内与向外的生活态度，扩大了他的格局，为其创作赋予了新的时代力量。诗人首先是人，是隶属于某个集体、生存于一个特殊时代的个体，作为个体来讲，向集体的回归是克服个人孤独感的根本方法。冯至从歌颂孤独起步，通过里尔克的沉潜于物、存在主义的个人决断到歌德的向内与向外的生活，终于在集体主义的生活态度中找到了克服个人孤独的根本路径——抛弃个人主义，将自己作为一滴水，

---

① 殷丽玉：《论冯至四十年代对歌德思想的接受与转变》，《文学评论》2002 年第 4 期，第 129 页。

② 冯至：《歌德与人的教育》，见范大灿编《冯至全集》第 8 卷，河北教育出版社 1999 年版，第 86 页。

汇入集体的大海之中。在这里，我们可以看到，冯至已经将歌德所倡导的断念、隐忍、克制等概念运用到极致，其断念的不仅是自己的情绪，还包括创作之由出发的个人主义，更包括其前期所信奉的艺术至上论，甚至还包括自己的生命之思。

　　冯至独特的创作经历决定了他向集体主义回归的必然性，而歌德的影响为这一回归提供了理论的证明与人生实践的引导。从创作的角度讲，这种对孤独感的断念不利于诗的创作，其作品难以引起跨时代的共鸣；但对于冯至的人生来讲，当他通过个人决断将个人命运放置于民族大义之中时，民族大义使他通过向外的生活克服了自己的孤独感，个人决断使他保持着向内的生活，并仍然感觉到个体的存在。向内与向外的生活使冯至在顺应时代与表达自我之间达到了一个新的平衡。而这一新的平衡，与歌德从狂飙运动的《少年维特的烦恼》起步、历经《浮士德》和《威廉·麦斯特》式漫游与探寻、终在魏玛宫廷与个人创作中找到一个自由的平衡点的人生的道路何其相似。从某种程度上讲，冯至的人生不仅贯彻了歌德的思想，更是将歌德的人生智慧贯彻到自己的生活之中。在这里，我们可以充分理解到，冯至与歌德的因缘并非巧合，而是如冯至自己所说："这因缘并不神秘，它可能是必然与偶然的巧妙遇合。"①

　　具有现代意识的个人主义兴起有一定的条件，那就是社会满足了个人生存的基本条件。但现代中国并不具备这些基本条件。在民族生存岌岌可危的前提下，救亡与图存是所有人生存的第一要义。歌德向内与向外的生活态度，使冯至开始关注个体"向外生活"的基本条件，关注产生歌德的社会条件："过去我虽然从歌德那里得到不少教益，但对于歌德之所以为歌德还是知之甚微的……用心去了解歌德所处的时代和他与社会的关系。"②并意识到现代个人主义的条件及在其生存的年代中尚不具备。这一

① 冯至：《我和十四行诗的因缘》，见张恬编《冯至全集》第5卷，河北教育出版社1999年版，第98页。
② 冯至：《〈论歌德〉的回顾、说明与补充（代序）》，见范大灿编《冯至全集》第8卷，河北教育出版社1999年版，第9页。

关注使冯至意识到自己的不切实际。可以说，冯至在歌德影响下所形成的向内与向外的生活智慧，为冯至后来反思歌德、超越歌德埋下了伏笔。

第五节　对歌德的反思

由于冯至接受歌德的前提是寻找自己的人生道路，这决定了冯至在接受歌德时，其视野是基于"向外的生活"的需求。换言之，冯至对歌德思想的接受，实际上已经预设了"自己要向外生活"这一前提。歌德对冯至的意义在于：歌德为冯至"向外的生活"提供了一个完整的理论，为冯至如何"向外生活"提供了系统的方法与实践。因此，对于冯至的人生来讲，时代的需求显然比歌德的思想更具本源性，也更为重要。是冯至对时代的理解需要歌德思想指引，而不是歌德为冯至理解时代提供了理论支点。这一点对冯至非常重要，因为这决定了歌德并不是冯至的最终归宿，时代才是。冯至是要借助歌德回归时代，做到顺应时代和表达自我之间的完美平衡。只有在这一意义上，歌德的思想及其人生实践才构成了冯至的"生活智慧"。

冯至对"向外的生活"的关注决定了他会时刻关注对时代的不同解读。对于一个学者来讲，同行的评论、国人的命运、自己的生存压力等等，都需要从学理上穷根究底，在这个地方，17、18 世纪的德国学者歌德对时代解读并不能满足 19 世纪学者的冯至对中国社会现实解读的需要。随着时代的变化，冯至意识到自己对歌德的理解还需要随时代的变化而变化，他需要走出歌德。而要走出歌德，就需要关注产生歌德的土壤，探究歌德思想与其所生存于其中的社会之间的关系。"把他看作是与他的时代不可分割的'社会的人'"。① 当意识到这点之后，冯至就踏上了把歌德从"抽象的人"拉回到"现实的人"和"社会的人"的反思之路。

---

① 冯至：《〈论歌德〉的回顾、说明与补充（代序）》，见范大灿编《冯至全集》第 8 卷，河北教育出版社 1999 年版，第 8 页。

在冯至反思歌德的过程中，1948 年，冯至读到了恩格斯对歌德的
评论：

> 恩格斯说："歌德有时非常伟大，有时极为渺小，有时是叛逆的、
> 爱嘲笑的、鄙视世界的天才，有时则是谨小慎微、事事知足、胸襟
> 狭隘的庸人。……因此，在这宏观的局面里看歌德，比孤立地读歌德
> 的作品就艰巨的多了。"①

真可谓论世而知人。从此开始，冯至开始全面反思歌德，逐渐用马
克思主义观点，分析德国社会对歌德的影响，进而认识到任何人都不可能
离开他的时代。歌德再伟大再努力，亦摆脱不了当时外部的德国的时代环
境，使得身上不可避免地沾染了狭隘与鄙俗。他能创造的博大精神，但也
有时而庸俗、渺小的现实。比如，他在魏玛公国担任行政工作，小心谨
慎，对王公大人唯唯诺诺；他视秩序为生活，本能的憎恶群众运动；他希
望平静的生活，远离革命洪流，反对革命暴力，敌视群众运动。"歌德在
精神世界里所想的、所创造的是那样博大，而在现实生活里又显得那样渺
小，歌德虽然说思与行同样重要，向内与向外也等量齐观，实际上则思多
于行，向内多于向外，二者相比，有很大的悬殊。这个悬殊不能由歌德本
人负责，主要是……德国实际情况给造成的。"②

对歌德的反思，对习惯了否定自我的冯至来讲，是一种必然，这种
反思，从某种意义上讲，也是他攀登歌德这座大山的一部分重要的历程。
也正是通过这一反思，冯至意识到："歌德的自然规律、蜕变学说也不能
说完全符合客观实际。"③

---

① 冯至：《〈论歌德〉的回顾、说明与补充（代序）》，见范大灿编《冯至全集》第 8 卷，
河北教育出版社 1999 年版，第 8—9 页。
② 冯至：《〈论歌德〉的回顾、说明与补充》，见范大灿编《冯至全集》第 8 卷，河北教育
出版社 1999 年版，第 15—16 页。
③ 冯至：《歌德与杜甫》，见范大灿编《冯至全集》第 8 卷，河北教育出版社 1999 年版，
第 188 页。

　　回顾冯至的创作经历，他从抒发个人的孤独感起步，历经里尔克、存在主义和歌德的影响，其中，冯至最为坚守的，就是他对个人生命的沉思。即使歌德的影响，使他从个人主义走向了集体主义、在"向外的生活"中寻求自身的价值，他也没有完全放弃个人的立场，继续通过"向内的生活"和自我决断来彰显个人的存在。可以看出，对个人身份的坚守，始终是冯至思考的底线。在某种程度上，歌德蜕变论、反否定精神与向内又向外的生活，反而加剧了冯至在集体主义时代对这一底线的守护。

　　通过个人身份对生命进行沉思，本质上仍是某种程度的个人主义，借用中国古代对意境的评论，仍是一种有我之境，尚未达至无我之境。这同样适用于冯至。如何在反思歌德的过程中作出精神超越，如何去定位自己与人民群众的关系，直到把自己视为人民的代言人，不仅需要他的内"思"，还需要他的外"行"，要求他在诗的创作上，越多地走进民众、靠近人民，"不断地加强思想性和提高艺术性，创作出为人民喜爱的诗篇。"①新中国成立后，冯至认真地在思想上改造自己，努力回应上述要求。其50年代所创作的《西郊集》，集中反映了他的这一追求。在这里，冯至体现出强烈地理解时代、贴近现实和融入民众的渴望。

　　冯至融入人民的渴望是真诚的，但旧的写作习惯与创作理念，并没有随冯至思想的改造而改造，尤其是对于一个经历了时代剧变但又拥有系统的创作理念的作家来讲。旧的写作习惯，经历了时代、理论的各种考验，是他前半生生命的直接体现，舍弃摆脱它们，意味着完全否定前半生的人生经验。冯至可以接受人生理念的蜕变，但蜕变并不等于否定。因此，纵观冯至新中国成立后的创作，可以看出，当冯至在思想改造自己，向顺应时代的新人蜕变的同时，他仍然坚持着旧的创作理念、写作习惯与意象选择，毫无疑问，这些多是在里尔克、歌德等人影响下形成的。这意味着：冯至在思想上可以走出歌德，但在创作上则很难完全走出歌德的影

---

① 冯至：《〈十年诗抄〉前言》，见刘福春编《冯至全集》第2卷，河北教育出版社1999年版，第138页。

响，我们至少可以通过下述两个方面看到这一影响。

一是创作中情感的抒发方式。冯至继承歌德的观点，认为文艺要表达真情实感，直到晚年，他还在赞扬歌德对空洞言辞的防御。[①] 在表达真情实感的过程中，为增加文艺创作的永恒性，对个人的情感要加以克制。新中国成立后的冯至在思想上改造自己的热情是真诚的，不再刻意追求创作的永恒性，而是追求时代感，但由歌德所形成的克制的理念，并没有随着这一追求而改变，其创作在情感的抒发方面仍然保留着对自我情感的克制。

这种克制体现在他的创作中。在建设新中国的时代里，冯至与大部分诗人一样，生发出一种新的创造激情，"在漫长而黑暗的 30、40 年代里，他们始终为愁云惨雾笼罩，那么，到了 50 年代，则是为激情的阳光所燃烧。"[②] 如何有效地表达这一激情，是每一个生活在新中国的文艺工作者都在考虑的问题，包括冯至。冯至表达这种激情的方式体现在旧诗的改编与新诗的创造之中：在旧诗的处理上，冯至在 50 年代对自己以前的部分诗文进行了改编："有个别诗句，尤其是诗的结尾处，写得过于悲观或是没有希望，我不愿用往日暗淡的情绪感染今天的读者，我把那样的句子作了改动。"[③] 比如将《吹箫人》的结尾改成"但愿他们得到一对新箫，把箫声吹得更为嘹亮"[④] 等。在新诗的创作中，冯至也在尽力地抒写新的时代和新的事件，其选材明显地以歌颂时代为导向，比如《歌唱鞍钢》、歌唱《我们的西郊》和《三门峡》等。

对于冯至来讲，这种改编或创作，已经表达了他对新时代的热忱和

① 冯至：《空洞的话》，见张恬编《冯至全集》第 4 卷，河北教育出版社 1999 年版，第 9 页。
② 胡辉杰、汪云霞：《论 20 世纪 50 年代中国现代主义诗人的身份焦虑——以卞之琳、冯至、穆旦为例》，《社会科学家》2004 年第 2 期，第 20 页。
③ 冯至：《诗文自选琐记（代序）》，见刘福春编《冯至全集》第 2 卷，河北教育出版社 1999 年版，第 164 页。
④ 冯至：《诗文自选琐记（代序）》，见刘福春编《冯至全集》第 2 卷，河北教育出版社 1999 年版，第 165 页。

激情，但与时代所需要的强烈的激情来讲，冯至所表达的热情的强度是不够的。在这里，我们可以看出，冯至从歌德那里继承下来的克制的习惯，仍然影响着冯至。与时代所需要的"英雄气概可以覆地翻天（郭沫若《迎春序曲》)"的豪情相比，冯至克制与隐忍的情感抒发方式显然"写得过于平淡，缺乏激情"①了。冯至将之归结为"自己的笔惯于写旧社会的事物，写新事物往往不能深入。"②在冯至"诗要有真情实感，也就是真实"③的自辩中，我们仿佛又听见了歌德"力求不撒谎，有勇气把感到的一切都照实说出来"④的那种不违背心灵真实感的创作原则。同时，我们也看到，对自我激情的克制，已经成为冯至内化于心的写作习惯。他仍然秉承着歌德"从特殊见一般"的表达原则，希望用情感的克制，使自己的创作见到一般。但这种表达原则，在反映时代方面，更有利于叙事，而不利于抒发情感。这也正是何其芳对他在新中国成立后叙事诗的评价高于抒情诗的原因所在："《韩波砍柴》和《人皮鼓》是还保留有作者早期的叙事诗的某些长处，而又比过去写得更加精炼的作品。"⑤可以看出，冯至在抒情上一直保持着克制的习惯，这一习惯，并没有因新时代而改变多少。

二是意象的选择方式。冯至跟随里尔克，强调诗的视觉意象。这种通过视觉意象表达情感、描写人物的习惯，在歌德那里得到了加强。相对于听觉、触觉、通感等意象，冯至一直强调视觉意象。综观冯至一生的创作，尤其在诗的创作中，可以看出：冯至基本上通过视觉意象抒发情感，在早年的《昨日之歌》中，冯至抒发情感所使用的意象是绿衣人、满天星

---

① 何其芳：《诗歌欣赏》，转引自冯至《诗文自选琐记（代序)》，见刘福春编《冯至全集》第 2 卷，河北教育出版社 1999 年版，第 176 页。

② 冯至：《诗文自选琐记（代序)》，见刘福春编《冯至全集》第 2 卷，河北教育出版社 1999 年版，第 176 页。

③ 冯至：《从五四到新的诗歌》，见张恬编《冯至全集》第 5 卷，河北教育出版社 1999 年版，第 100 页。

④ [德] 歌德：《歌德谈话录》，朱光潜译，人民出版社 1982 年版，第 22 页。

⑤ 何其芳《诗歌欣赏》，转引自冯至《诗文自选琐记（代序)》，见刘福春编《冯至全集》第 2 卷，河北教育出版社 1999 年版，第 176 页。

光、暮雨等；在其中年的《十四行诗》中，冯至宇宙之思主要通过彗星、昆虫、有加利树、鼠曲草等视觉形象来表达，即使在那些通过描述听觉的作品中，如《十四行诗》之六《原野的哭声》，冯至也将听觉转换成视觉形象抒发情感，通过"看见"一个因玩具的毁弃、病创的儿子而啼哭的儿童或农妇，抒发"绝望的宇宙"的情绪。① 新中国成立后，冯至世界观的改变和诗歌内容发生了很大的变化，但他利用视觉形象抒发情感的方式，并没发生根本的变化。50 年代，在冯至的《西郊集》和《十年诗抄》中，其所使用的意象仍然是视觉意象。以《我们的西郊》为例：

> 我们的西郊天天在改变，
> 随时都变出来新的形象，
> 不久以前，
> 遍地是荒坟，
> 今天是高楼，
> 晚上灯光明亮。……

在这里，冯至对意象的选择包括荒坟与高楼、补丁的衣裳与新鲜花样的新衣、公园里饥饿的禽兽与越南、印度的大象、狭窄的公路与新路等，让我们重新体会到歌德晚年《守望者之歌》的写法：

> 为观看而降生，
> 为瞭望而工作，
> 我置身于望楼，
> 为宇宙而欢乐。
> 我眺望远方，

---

① 冯至：《十四行集：原野的哭声》，见刘福春编《冯至全集》第 1 卷，河北教育出版社 1999 年版，第 221 页。

我俯视近处，

望月亮和星辰，

视树林和麋鹿。

我在宇宙万象中

看见永恒的装饰，

正如我喜爱它们，

我也喜爱自己。

你们幸福的眼睛，

你们目光所及，

不论是些什么，

都是这样美丽！①

重新体验了歌德的对光的需求，"把窗子打开，让更多的光进来。"②可以看出，在思想上，冯至在努力走出歌德，但在表达习惯上，冯至仍然沿用着通过里尔克、歌德所形成的"长于用眼睛观看"习惯。

冯至集译者、学者与作家一身的身份，使他能在时代的大潮中，相对自由地保持着对生命的沉思，同样地，这种自由也增加了他思考的深度与广度。作为一个不停反省自我、不断探索生命的沉思者，冯至对歌德的接受与反思，代表了一个时代对于思想的选择。

因此，如何认识时代，认识时代与自我的关系？冯至与歌德的关系，正彰显了时代如何筛选思想思潮，并进而影响了个人的选择。经由歌德，冯至向集体主义的回归，代表了一代进步知识分子，对时代需求的回应与个人命运的自觉担当。但深陷于时代错综复杂关系中的个体，却很难认识时代对自我选择的决定作用。这也正是晚年冯至呼唤"自知之明"的原因。

----

① 冯至：《更多的光》，见范大灿编《冯至全集》第 8 卷，河北教育出版社 1999 年版，第 195 页。

② 冯至：《更多的光》，见范大灿编《冯至全集》第 8 卷，河北教育出版社 1999 年版，第 190 页。

第十章　青山默默

第一节　冯至的意义

从1921年写《绿衣人》开始，冯至走过了70多年的历程。70多年中，冯至以他极大的忍耐和执着，划出了一道有力的弧线，一弯灿烂的彩虹。它们由一个个独特的片断和辉煌的瞬间组成。

作为一个诗人、作家，他坚持用心灵倾听这世界，为这世界留下了真实、动人和充满神启的符号：

——他的《昨日之歌》《北游及其他》，婉转、凄苦、美丽，集中反映了那一时代青年人的苦闷和忧伤，因此被鲁迅称为"中国最为杰出的抒情诗人"；

——他的《十四行集》以"心灵的狭小，容纳了大的宇宙"，达到了现代诗的高峰；

——他的散文集《山水》，揭示了人与自然的内在联系，被称为40年代散文创作"一览众山小"之作；

——他的中篇小说《伍子胥》，以巨大的心灵力量，显示了人的决断的重要和存在的自觉，有震撼人心的深度。

冯至的文学创作，善于通过特殊描述一般，通过自然中的常见之物表达世界的永恒和普遍，这种将哲思与文学相融合的特点，使其作品带有鲜明的知性品格。冯至正是通过对个人孤独感、世界永恒感的抒发,将中国新诗的知性特点提升到一个新的高度。

冯至一生在创作上的转向,得益于他将异质的文化资源转化为自身生命沉思的精神资源,使其作品通过强烈的现代意识区别于中国古代抒情传统。他是中国较早在作品中抒发存在意识的诗人或作家,使中国新诗在发端处追求个人与永恒的联系,从而突破了功利性的文学定位,提升了中国新诗的品质,为中国新诗注入了一种新的传统。

他的作品,既与时代有所联系,又无一例外地超越了对世界一般意义的观察与思考,使其卓然于人群之外,因而冯至显然属于那种若干年后被发现、时间愈久愈有价值的作家。尽管冯至生前已受到鲁迅、朱自清等人的高度评价,被李广田称为“那在平凡中发现了最深的东西的,是最好的诗人”①,《十四行诗》被卞之琳称为新诗诞生至新中国成立最好的十本诗集之一,因为它们既是独辟了蹊径,也是独放了异彩②,但这些显然是不够的。著名诗人学者郑敏在 2015 年就这样评价冯至:“我认为他至今没有得到应有的评价,说他的诗独步诗坛也不为过。”③

作为一个翻译家和学者,冯至是中国德语文学研究的开创者和杰出学者,尽管近代以来,像梁启超、王国维、鲁迅都向国人介绍了尼采等作家,但冯至无疑是其中用力最多、成果最多的学者:

——他较早翻译了歌德的《威廉·迈斯特的学习时代》、海涅的《德国,一个冬天的童话》、席勒《审美教育书简》、里尔克《给一个青年诗人的十封信》及里尔克、荷尔德林、尼采的诗歌。

——他深入研究了歌德、里尔克、诺瓦利斯、海涅、席勒、尼采等众多作家,其中歌德研究达到了学术峰巅。冯至的歌德研究,不仅为我国学术界提供了歌德研究的最高成果,更是通过其对歌德思维方式与生活智慧的践行,向后来者亲身示范了学术研究之思与个人生命之行的关系。

---

① 《沉思的诗》,见《李广田文学评论选》,云南人民出版社 1983 年版,第 269 页。

② 卞之琳:《人与诗:忆旧说新》,三联书店 1983 年版,第 269 页。

③ 《环球人物》杂志 2015 年第 6 期。

——他还是著名的杜甫专家，他撰写了第一部《杜甫传》，破除了过去考据、注释、欣赏的旧模式，开辟了现代传记写作的新阶段，受到广泛好评，特别是冯至从传统文学汲取了个体承担群体、个人担负时代的思想资源。其中，爱国、爱民，忍耐和承担苦难的精神，契合了特殊时代需要。

作为我国最早的"开眼看世界"的人文知识分子之一，冯至及其同代知识分子对上述作家与学者的研究为我国新旧学术思想的更替与转化提供了重要的学术资源，奠定了我国人文学科学术范式的初步方向。在学术思想上，冯至对西方存在主义、里尔克和歌德思想的译介与研究，使我国人文学术的研究与西方现代思潮相衔接，并初步展示了理性和逻辑在人文学科研究的应用前景。

作为一个思想家，冯至深入思考了现代个体意识觉醒后个人与集体的关系，并逐渐意识到虚无主义作为缺失了集体意识的个体有可能滑入的深渊。在回归集体的过程中，冯至展示了平衡时代需求与追求自我表达的艰苦心路历程，成为我国近代知识分子在思想或信念选择时的先行样本。而冯至在思想选择时不停地自我否定的精神，也代表了我国知识分子认真思考、自觉担当和勇于探索的科学精神。

——他较早地从里尔克、荷尔德林、歌德、尼采、基尔凯郭尔、诺瓦利斯这些近现代杰出的思想家和作家那里，学会了倾听和预见，学会了观察、隐忍和承担，并努力将其思想的精华引进域内，用以指导人们克服平庸、麻木，担当起时代的责任和国家的命运。他的思想的触角总是达到寻常人容易忽略的领地，他开启的是现代的独立的思考。

——他的思想历程，再现了我国现代诗人诗与思对话的创作之路：作为一个诗人，冯至以其敏锐的内心体验着生命；作为一个思想者，冯至又以学者的冷静审视着自己生命的体验。与一般学者与作家不同的是，冯至一生并未因理性的审视而失去体验生命的热情与真诚，也未因感性的敏锐而影响观察生活的客观与深刻，而是将感性与理性、诗与思之间的对话变成不同时期的创作资源，使其生命在不同的维度焕发出思想的光芒。

——冯至一生思想的探索具有学院派知识分子典型特点：他对世界的思考，基本上以完善个人心灵、而不是以重构世界秩序或救赎人类等伟大梦想作为自己人生的终极目标。其生活态度是回归内心、认真工作、严肃思考，时刻保持着自己灵魂的洁净。从这一角度来讲，冯至是一位优秀的作家、学者，但很难说他是一位伟人。作为一个生存在特定历史时期的学院派知识分子，冯至真诚地探索并完成了时代赋予他的使命。

——他也是一个真正否定型的精神探索者，他一生都在审省，都在否定，都在不断否定中前行，都在与自己身上的孤独、怯懦做斗争：

> 三十年代我否定过我二十年代的诗歌，
> 五十年代我否定过我四十年代的创作，
> 六十年代、七十年代把过去的一切都说成错。
>
> 八十年代又悔恨否定的事物怎么那么多，
> 于是又否定了过去的那些否定。
> 我这一生都像是在"否定"里生活，
> 纵使否定的否定里也有肯定。
>
> 到底应该肯定什么，否定什么？
> 进入九十年代，要有些清醒，
> 才明白，人生最难得的是"自知之明"。①

不断否定，不断克服，使他总是从人生的一个境界达到另一个境界，正像他自己讲的"在停留中有坚持，在陷落中有克服"②。尽管有时这克服仍为后来的克服所否定，但整体的过程却显示了一个现代知识者独特的精

---

① 冯至：《自传》，香港《诗》双月刊"冯至专号"第 2 卷 1991 年第 6 期，第 13 页。
② 冯至：《〈伍子胥〉后记》，见张恬编《冯至全集》第 3 卷，河北教育出版社 1999 年版，第 425 页。

神轨迹，创造了生命的内在价值和意义。可以说，冯至精神探索之路，既再现了我国现代知识分子接受西方现代思潮并与中国现实相接轨的思想之路，又表达了个体与群体、时代发展与个体选择中普遍存在的迷茫与困惑。在某种程度上，冯至代表了我国内省型知识分子的自我超越之路，这是一个艰难的心路历程。

这些，几乎用了冯至毕生的精力去采集、积累、等待，但回头来看，他又淡然得很，坦然得很。他常跟别人讲，自己一生的写作能留下的不多，写诗"何曾一语创新声"，写文章也没有"传诵一时"之作；他对研究他的人也说，自己经历平凡，不必为此消耗时间。显然，他是那种静默自守，不事喧哗，更注重内心生活的人。固然，如他自己所说，"没有写过传诵一时的文章"，但他的作品如陈年佳酿，日子愈久，愈会散发浓郁的芳香，那属于沉潜、深邃、耐得长久咀嚼的一类。他确实没有大起大落的经历，却总能从平凡中体味出深的意义，喜欢坦然立于现实的人生，以一己的"渺小"，最大限度地去承担和发挥自己。青山默默，沉夜寂寂，冯至一生中在静默中探寻着生命的意义，并最终化为静默的守持，正如他诗中所讲：

> 一切的形容、一切喧嚣
> 到你身边，有的就凋落，
> 有的就化成了你的静默：
> ……①

在文学史上，有两类截然不同的作家，一类曾轰动一时，最终归于默默无闻；另一类不显山露水，但随时间之推移，却越来越显示其独特的光辉，冯至正属后者。1990 年盛夏，他写了《读〈距离的组织〉赠之琳》，

----

① 冯至：《鼠曲草》，见刘福春编《冯至选集》第 1 卷，河北教育出版社 1999 年版，第 219 页。

诗说：

　　你组织时间的、空间的距离，
　　把大宇宙、小宇宙不相关的事物
　　组织得那样美，那样多情。
　　我的时间空间我不会组织，
　　只听凭无情的岁月给我处理。

　　我常漫不经心地说，
　　歌德、雨果都享有高龄，
　　说得那高龄竟像是
　　难以攀登的崇山峻岭；
　　不料他们的年龄我如今已经超过，
　　回头看走过的只是些矮小的丘陵。
　　我们当年在昆明，没有任何工具代步，
　　互相交往从未觉得有什么距离；
　　如今同住在这现代化的都市，
　　古人却替我说了一句话——
　　"咫尺天涯"。

　　今天我要抗拒无情的岁月，
　　想召回已经逝去的年华，
　　无奈逝去的年华不听召唤，
　　只给我一些新的启发。
　　你斟酌两种语言的悬殊，
　　胜似灯光下检验分辨地区的泥土；
　　不管运命怎样戏弄你的盆舟，
　　你的诗是逆水迎风的樯橹。

　　　　大家谈论着你的《十年诗草》，

　　　　也谈论你迻译的悲剧四部，

　　　　但往往忽略了你的十载《沧桑》

　　　　和你裁剪剩下的《山山水水》，

　　　　不必独上高楼翻阅现代文学史，

　　　　这星座不显赫，却含蓄着独特的光辉。①

写的是卞之琳，又何尝不是他自己呢。一方面，惜悔一生只越过些"矮小的丘陵"；一方面静默自守，听凭无情岁月将自己处理。

　　岁月确实在无情处理，重新组织已经存在的一切，使不该留下的终归要被筛选，该留下的，终归要留下。在现代文学史上，"冯至"这个星座不算显赫，"却含蓄着独特的光辉"，后人将给予长久的敬意。

第二节　静　默

　　1992 年 9 月 17 日，冯至在北京建华南里他的寓所里，平静地度过了 87 岁的寿辰。不必有热烈的场面和祝颂，几位老友、家人们的祝福，足使他心慰。之前，外文所的同事筹划为他过 88 岁寿辰，想圆"双八"讨个吉祥，被冯至夫妇谢绝了。他感谢妻子姚可崑，他们从 1935 年结婚至今，已共同度过 57 年的日子。57 年，短暂而又漫长，在心灵的相互领会、支撑中，她也构成了他精神世界的一部分。

　　生日刚过 10 天，冯至就因尿血住进北京协和医院，11 月 11 日出院。出院后，冯至一边写作，一边治病，除了回复几封来信，他完成了一生最后一篇文章《赣水滇池忆孝开》，回忆了他与孝开即陈士骅一生的交往，

---

① 冯至：《读〈距离的组织〉赠之琳》，见刘福春编《冯至全集》第 2 卷，河北教育出版社 1999 年版，第 288—289 页。

特别是一起在昆明、赣州的难忘岁月。

1993 年 1 月 26 日，因病情加重，他重新住进协和医院，诊断为"心力衰竭综合肺炎并发症"，之后，又确诊为肾癌转移，1 月 22 日下午 2 时 20 分，冯至去世，享年 89 岁。

早在 1989 年 7 月 7 日，冯至先生就写好了遗嘱，1990 年 12 月又重新抄写，这份遗嘱，正如冯至为人为学为诗为文，体现了一如既往的对生与死，家庭与社会的价值理念的坚守：

我的遗嘱

1. 我并不是预感我将不久于人世。但是像我这样的年龄，不能不想到以下的几件事。可崑和两个女儿若是偶然读到了，不要说我是胡思乱想。这是我经过长期考虑郑重写下来的。

2. 不举行任何仪式。若有必要通知亲友，名字前不冠以任何头衔与职称。请以外文所的名义通知与我有关的外国学术机构（如瑞典、德国美因茨、奥地利三处的科学院），可加"教授"或"研究员"称号。骨灰埋入地下，投入水中，皆无不可。如得不治之病，长期卧床，不能立即死去，为了不给家人朋友增加负担，我恳求"安乐死"。

3. 关于图书，除家中需要使用的以外，外文部分赠给外文所图书室，中文部分由家人斟酌处理。本人著作以及有关资料，除家中留作纪念的以外，赠给中国现代文学馆[1]。若有副本赠给北大图书馆。朋友的著作最好能保存下来。

4. 我从国外得的奖金（除一部分已折合人民币作为德语文学研究奖金，另一部分用以购买图书捐赠外文所外），所剩余者由可崑经手分赠给我的两个女儿姚平、姚明，以辅助她们有出息的子女求学的费用，不作别用。在我名下储存的少量人民币，完全由可崑处理。

5. 希望与我有关系的后代，老实做人，认真工作，不欺世盗名，不伤天害理，努力做中华民族的好儿女。

冯至

1989 年 7 月 7 日

1990 年 12 月　重抄

[1] 我在 1990 年 9 月 17 日，已将一部分赠给文学馆。①

1993 年 1 月，距冯至进入北京写第一首诗，已有 72 年。72 年时岁，厚得像一本大书，蕴含着品味不尽、怀想不完的内容：

歌声从音乐的身上脱落，

归终剩下了音乐的身躯

化作一脉的青山默默。②

---

① 冯至：《遗嘱》，见冯姚平编《冯至全集》第 12 卷，河北教育出版社 1999 年版，第 615—616 页。

② 冯至：《什么能从我们身上脱落》，见《冯至诗选》，四川人民出版社 1980 年版，第 102 页。

冯 至 年 表

1905 年 1 岁

9 月 17 日出生于直隶省涿县（今河北省涿州市），原名冯承植，字君培。父亲冯文澍，在外地机关或学校做文牍之类的工作，常常失业。母亲陈蕙，安徽望江人，外祖父在涿县为官期间，与冯文澍结为夫妻。

姐冯承菜，时年 5 岁，有残疾，终生未嫁。兄冯承棨，时年 4 岁。

1908 年 4 岁

弟冯承棶出生。

1909 年 5 岁

在父母指导下，开始看图识字、读书、描红。

1912 年 8 岁

入叔祖创办的私立养正学堂读书。

1913 年 9 岁

入涿县两级小学就读，暑假后入高级小学。6 月，35 岁母亲去世，给他打击很大。

1915 年 11 岁

父亲与继母朱氏结婚。继母是北京人（祖籍浙江慈溪），待他很好。

1916 年 12 岁

夏，从涿县高小毕业。暑假后，继母力排众议，送他进北京四中读书。前三年走读，住在继母的堂弟朱受豫家中，舅父母视他亲出。舅父擅长国画，冯至从中受益不少。四年级时住校学习。教数学的黄自修先生和教国文的潘云超先生给他重要影响。

1919 年 15 岁

五四运动爆发。四中成立学生会，校园内贴满标语，学生们上街游行。

开始大量阅读《新青年》《新潮》《少年中国》《晨报·副刊》等。对新诗产生兴趣，尝试写作新诗。

暑假后潘云超因在《益世报》上发表支持学运文章被捕，黄自修先生调离了学校，继任者不擅教学，致使冯至对数学失去兴趣。施天侔先生代潘先生教国文，给予冯至西方文学方面知识，开始知道"写实主义""象征主义"等名词。

1920 年 16 岁

寒假开学后，与同学戴昌霆、陈展云等创办《青年》旬刊，共出 4 期。夏天，中学毕业考取农业大学，未入学，返回涿县，读到郭沫若、田汉、宗白华三人的通信集《三叶集》，开始知道歌德、海涅等人的名字。在上海《时事新报》副刊《学灯》上读到郭沫若的诗。

1921 年 17 岁

3 月，继母病逝。4 月，在北京胡同遇到一个邮递员，引发感触，创作了后来正式发表的第一首诗《绿衣人》。暑假后，考入北京大学预科

（当时学制六年，预科两年，本科四年），先在预科学习，广泛接触新文学书刊，喜欢阅读中国古典诗歌特别是唐宋诗词，开始大量阅读外国诗人作家作品，受郭沫若翻译的歌德《少年维特之烦恼》影响较大。

1922 年 18 岁

经北大同学卢季韶之兄卢伯屏介绍，与在济南山东第一女子中学任教的顾随（羡季）建立通信联系。下半年，进预科二年级，结识国文系讲授"文学概论"的张凤举教授。

1923 年 19 岁

5 月，经张定璜推荐，《创造季刊》2 卷 1 期发表冯至《归乡》组诗23 首，引起"浅草社"成员的注意，约请他加入浅草社。暑假中，参加浅草社在北京中央公园召开的茶会。通过这次活动，认识了北大同级同学陈炜谟，并开始和当时在上海复旦大学读书的陈翔鹤通信。

暑假，顾随来京，与顾随及卢伯屏兄弟相聚，交流中外文艺。

暑假后，入本科德文系。同时，旁听国文系鲁迅先生讲授《中国小说史略》。在张凤举教授家认识杨晦。

年底，陈翔鹤放弃复旦学籍来京，冯至、杨晦、陈翔鹤、陈炜谟成为无话不谈的朋友。

是年，在《文艺旬刊》《浅草季刊》等处发表诗《一个青年的命运》《残余的酒》，小说《蝉与晚祷》等。

1924 年 20 岁

6 月，受顾随之邀，暑假去青岛住一个多月。暑假开学后，又一遍听鲁迅讲《中国小说史略》。

下半年，北大派经济系教授陈启修赴苏联考察经济，郁达夫自上海来京，讲授统计学。冯至与郁达夫相识，时常一起去逛市场、旧书摊，还应邀到他家小饮。

写有短诗《春的歌》《在海水浴场》等，写散文《好花开在寂寞的园里》等，翻译歌德、海涅作品。

1925 年 21 岁

4 月 3 日下午，赠《浅草季刊》给鲁迅，鲁迅后在散文《一觉》中提及。在《浅草季刊》1 卷 4 期上发表梦幻剧《河上》和叙事诗《吹箫人的故事》。

9 月，本家叔叔冯文潜从德国回国省亲，从他那里首次知道里尔克，并接触到荷尔德林小说《徐培利昂》中的名诗《命运之歌》。

浅草社解散，秋天，与杨晦、陈炜谟、陈翔鹤创办《沉钟》，因而被称为沉钟社，该社一直坚持到 1934 年。10 月 1 日，《沉钟》周刊第 1 期出刊，连续出到 10 期。在上面发表短诗《遥遥》《我是一条小河》，叙事长诗《绣帷幔的少尼》，散文《记克莱恩特的死》；同时还发表译荷尔德林的《Hyperion 的运命歌》。

1926 年 22 岁

2 月上旬，在涿州老家致信北京诸友，鼓励大家振奋精神。本月《沉钟》停刊。

5—7 月间，多次拜访鲁迅先生，听他谈论文学、社会和人生，鲁迅希望他们不要总是搞翻译、写诗，要参加实际斗争。

秋天，第一次读到里尔克的《旗手》，受到意外震动。8 月，《沉钟》半月刊出刊。

在《沉钟》半月刊上发表叙事长诗《寺门之前》，梦幻剧《鲛人》，抒情诗《最后之歌》《迟迟》，译作《芦苇之歌》，散文《乌鸦——寄给 M 弟》等；另外，还写有诗《蛇》《无花果》《我只能》《桥》等。

1927 年 23 岁

1 月 26 日，《沉钟》半月刊第 12 期登有冯至、杨晦、陈翔鹤、陈炜谟 4 人署名的《沉钟社启示》，刊物暂告停止。4 月，诗集《昨日之歌》作为"沉钟丛刊"之一由北京北新书局出版，共收入抒情诗 48 首，叙事诗 4 首。

5 月，写信给鲁迅，表示毕业后希望去广州工作，并附寄《昨日之歌》。暑假，大学毕业，赴哈尔滨第一中学任国文教师。

本年还有诗作《冬天的人》《春愁》等，评论《谈 E.T.A. 霍夫曼》，还翻译了海涅的《哈尔次山游记》。

1928 年 24 岁

1 月，创作长诗《北游》，共 13 章。10 日，放寒假回北京。22 日与陈翔鹤、陈炜谟、冯雪峰在杨晦公寓相聚，并朗诵《北游》。

7 月，由哈尔滨返京，任教孔德学校，同时兼任北大德文系助教。

年底，在杨晦编辑的《新中华报》副刊上发表散文《拜访》《祈祷》《旅行》等。

1929 年 25 岁

1 月，《北游》在杨晦编辑的《华北日报·副刊》第 3—12 期上连载，署名鸟影。

2 月，在杨晦家中认识北平女子师范大学学生、正为《华北日报》编《妇女周刊》的姚可崑。

5 月，鲁迅回到北京，24 日上午与杨晦、陈炜谟到鲁迅寓所看望，并一同去中央公园午餐，一直谈到下午 5 时。

在杨晦编辑的《华北日报》副刊上发表散文《黄昏》《西郊遇雨记》《鸦片》等，表达了对童年和逝去的爱情的怀念。

8 月，第二本诗集《北游及其他》以"沉钟丛刊"名义出版，分三辑，收入长诗《北游》，抒情短诗 36 首，译诗 8 首。

冬，考取河北省教育厅官费留学，因河北省经费拮据，出国延期。

1930 年 26 岁

5 月，与废名合办小型周刊《骆驼草》，周作人给予支持。该刊于 5 月 12 日出第 1 期，11 月停刊，共出版 26 期。与当时任北大助教的梁遇春交往。在《骆驼草》上发表诗歌《送》《发》《等待》等，发表散文《父亲的生日》《C 君的来访》。

9 月 12 日，从北平动身，经西伯利亚、莫斯科等到达德国海德贝格，在海德贝格大学主修德语文学，兼及哲学和美术史。喜欢宫多尔夫的课，里尔克的诗及书信，凡·高的画。

到达海德贝格第二天，认识在这里学文学、研究美术史的徐琥（梵澄）。

1931 年 27 岁

年初，在海德贝格与梁宗岱相识。在宫多尔夫的课堂上，认识 F 君和鲍尔。从 F 君那里知道西方两个著名的论战家：丹麦的基尔凯郭尔和奥地利的卡尔·克劳斯。

4 月，下决心用 40 马克购买 6 卷本《里尔克全集》。4 月至 8 月，翻译里尔克《给一个青年诗人的十封信》。

夏天，宫多尔夫去世。冯至转学到柏林大学，开始研究歌德。

散文《礼拜日的黄昏》刊于 1 月 24 日的《华北日报·副刊》；译作里尔克《给一个青年诗人的十封信》分批刊于《华北日报·副刊》第 619 号至第 626 号。

1932 年 28 岁

6 月，徒步游撒克逊群山，至捷克边界，想拜访里尔克的故乡布拉格，因旅费不足而返。夏，朱自清由英国路过柏林归国，两人在一起晤谈。10 月，姚可崑来德，在柏林大学附设的德语班学习德语。

约 8 月，游吕根岛以排遣对友人梁遇春逝世之哀思。

下半年始在复刊的《沉钟》半月刊上发表作品，计有散文《塞纳河

畔的无名少女》，里尔克的一些译作，诗《豹》，散文《论山水》，小说
《布里格随笔》片断等。

1933 年 29 岁

1 月，希特勒被任命为国务总理。

2 月，发生国会纵火案，德国政治形势恶化。

4 月，离开柏林，重返海德贝格。6 月 6 日，与姚可崑订婚。

8 月，访问了宫多尔夫夫人。在《沉钟》第 21 期上，发表翻译的基
尔凯郭尔语录。

因阿莱文教授以犹太出身被撤职，放弃博士论文题目里尔克的《布
里格随笔》。指导教师改为布克教授，博士论文题目改为《自然与精神的
类比是诺瓦利斯创作中的文体原则》。

1934 年 30 岁

夏天，与姚可崑及德国友人鲍尔夫妇一起在瑞士东南特精省罗迦诺
的一个瑞士与意大利接壤的湖边小住。在《沉钟》半月刊第 31 期和第 34
期上，发表诗作《情歌》《诗四首》及翻译的《画家凡高与弟书》。摘译里
尔克长篇小说《马尔特·劳利茨·布里格随笔》，在 1 月份刊出的《沉钟》
半月刊第 32 期上发表。

1935 年 31 岁

6 月，以论文《自然与精神的类比是诺瓦利斯作品中的文体原则》，
获得博士学位。

7 月，结束留学生活，经法国、意大利归国。在巴黎，与姚可崑
结婚。

9 月初，抵达上海。与杨晦一起拜访鲁迅。鲁迅告诉他们说：半年前
在他编的《中国新文学大系·小说二集》中，选了一些"浅草"和"沉
钟"上的作品。在导言中，他称沉钟社为中国最坚韧的文学社团，称冯至

为中国最为杰出的抒情诗人。

不久回到北平。曾任北平中德学会常务干事。

1936 年 32 岁

暑假后，任上海同济大学教授，兼附设中学主任。

10 月 19 日，鲁迅逝世。10 月 22 日下午，参加鲁迅葬礼。10 月，戴望舒编辑出版《新诗》月刊，与卞之琳、梁宗岱、孙大雨任该刊编委。

12 月，在该刊 1 卷 3 期上发表译里尔克诗 6 首，并撰评介文章《里尔克》（为十周年祭日作）。

发表小说《仲尼之将丧》及散文《蝉与晚祷》（鲁迅认为是小说，称之为"幽婉的名篇"），同被鲁迅收入《中国新文学大系·小说二集》。

译作荷尔德林《命运之歌》刊于 5 月 27 日天津《大公报·文艺》第 153 期。

1937 年 33 岁

淞沪会战爆发，8 月底，随学校南迁至浙江金华。是年，发表散文《怀爱西卡卜》《罗迦诺的乡村》，诗《给亡友梁遇春》，译作《尼采诗抄》《里尔克〈给一个青年诗人的十封信〉译序》等。

1938 年 34 岁

年初，到达江西赣县。冯至介绍海德贝格的朋友维利·鲍尔来同济任教，二人在赣县重逢。

暑假后，继续随学校南迁，经金华、赣县、桂林、南宁等地，于 12 月份抵达昆明。父亲在北平逝世。译作里尔克的《给一个青年诗人的十封信》由长沙商务印书馆出版。

1939 年 35 岁

暑假后，辞去同济大学教职，改任西南联大外文系教授。8 月，应同济大学学生吴祥光邀请，参观距昆明 15 公里处的杨家山他父亲的农场，并提供两间可供躲避空袭和写作的茅屋。此后常去小住或邀友相聚。"林场茅屋"对冯至创作产生重大影响。在西南联大七年中，常在一起交谈的朋友有卞之琳、李广田、陈逵、翟立林，以及朱自清、罗常培等。

是年，写有散文《在赣江上》。

1940 年 36 岁

10 月，因昆明发生飞机轰炸事件，冯至一家迁往"林场茅屋"居住，每周进城授课两次，回来便潜心读书写作。直到次年 11 月。10 月 19 日，作纪念鲁迅逝世四周年的演讲，开始与学生社团冬青文艺社等接触。

1941 年 37 岁

春天，开始翻译俾德曼编的《歌德年谱》，分期在重庆《图书月刊》上发表。从西南联大外文系图书馆借出德国出版的 40 卷本《歌德全集》，集中研究歌德生平、作品、思想。集中读杜甫、陆游的诗、鲁迅的杂文、基尔凯郭尔的政论、里尔克的书信，受到不少启发。年初的一天，一个冬日的下午由于偶然触发，开始了十四行诗的写作，共写成 27 首。

秋，在一次欢迎老舍的聚会后，与闻一多在靛花巷教员宿舍里交流，闻一多称赞冯至介绍基尔凯郭尔的文章《一个对于时代的批评》，二人谈至深夜。写作散文《一棵老树》、评论《歌德的晚年》。

1942 年 38 岁

2 月，受贺麟之托开始翻译席勒《审美教育书简》，约一年译完。

冬季，读到卞之琳翻译的里尔克的名作《旗手》，一时兴会，开始写作中篇小说《伍子胥》，至次年春完成，共 13 章。

诗集《十四行集》由桂林明日社出版。写成散文《一个消逝了的山村》《人的高歌》等。

1943 年 39 岁

1 月 28 日，在昆明西南联大文史学会作《〈浮士德〉的魔》的演讲。

6 月 25 日，联大历史系学生丁名楠将他在旧书店买到的仇兆鳌的《杜少陵诗详注》转让给冯至，冯至反复研读，有了为其作传的想法。

9 月，散文集《山水》由重庆国民图书出版社出版，收入散文 9 篇。

是年起，开始为昆明的一些小型周刊写作杂文，计有《一个希望》《认真》《工作而等待》等。发表研究歌德的论文《〈浮士德〉里的魔》《〈维廉·麦斯特的学习时代〉中文译本序言》等。

1944 年 40 岁

参加联大学生组织的新诗社的活动。应《生活导报》编者熊锡元邀请，编了十几期的《生活导报》副页《生活文艺》。写散文《动物园》《忆平乐》，杂文《传统与"颓废的宫殿"》《阿果尼》等，论文《从〈浮士德〉里的"人造人"略论歌德的自然哲学》。

1945 年 41 岁

8 月 10 日，日本宣布投降，抗日战争胜利。

12 月，昆明发生"一二·一"惨案。冯至写了《招魂》一诗，后被镌刻在四烈士墓前。写成论文《尼采对于将来的预测》《杜甫和我们的时代》《我想写怎样一部传记》等。

1946 年 42 岁

7 月，与姚可崑携两个女儿回北平，任北大西语系教授。与朱光潜、沈从文、闻家驷、陈占元等同住中老胡同北大教师宿舍。9 月，《伍子胥》由上海文化生活出版社出版。开始撰写《杜甫传》并进行歌德研究。

1947 年 43 岁

5 月 4 日，北大举行文艺晚会，被邀前去演讲，在演讲中批判了战前李金发等人的象征诗。为天津《大公报》编"星期文艺"，在上面发表诗《那时……一个中年人述说五四以后的那几年》。发表散文《决断》，论文《歌德的〈西东合集〉》，开始陆续发表《杜甫传》章节。散文集《山水》由上海文化生活出版社重新出版，收散文13篇。

1948 年 44 岁

7月4日，到清华大学见朱自清最后一面；暑期受杨振声邀请，全家在颐和园内谐趣园后的霁清轩住一个月。陆续发表《杜甫传》章节。发表纪念朱自清的散文《朱自清先生》，写杂文《从前和现在》（为新诗社四周年作）。论文集《歌德论述》由上海正中书局出版。

1949 年 45 岁

1月，北平和平解放。

2月，参加游行欢迎解放军入城。

7月2日至19日，全国文学艺术工作者联合代表大会召开，冯至以北京代表团副团长名义参会。

杂文《写于文代会开会前》刊于7月2日《人民日报》特刊。

1950 年 46 岁

1月29日，在北京大学哲学讨论会上做关于歌德的报告。

春夏之间，随代表团出访苏联及东欧各国，写成散文集《东欧杂记》，11月，由北京新华书店出版。

1951 年 47 岁

1月至6月，写完《杜甫传》，在《新观察》上连载。

3月，人民文学出版社成立，兼任副总编辑，从下半年起任北京大学西语系主任。

7月，赴柏林参加第三届世界青年与学生和平友谊联欢节，又随以沈钧儒为团长的代表团参加 9 月 5 日召开的国际民主法学家会议，在民主德国逗留近两个月。

12 月，赴江西进贤参加农村土地改革，任土改团团长，至翌年 3 月。写成《韩波砍柴》。

1952 年 48 岁

9 月，全国高等院校系调整，北京大学迁址城外，冯至迁居燕东园 22 号。

12 月，参加在维也纳举行的保卫世界和平大会。《杜甫传》由人民文学出版社出版。

1953 年 49 岁

9 月，在中国文学艺术工作者第二次代表大会、文学工作者协会大会上作题为《我们怎样看待和处理古典文学遗产》的发言。

与朱葆光合译魏斯科普夫小说集《远方的歌声》，由人民文学出版社出版。

1954 年 50 岁

2 月，参加中国作家协会组织的作家到鞍钢参观访问活动。

6 月至 8 月，访问民主德国、罗马尼亚。

9 月中旬，以人民代表身份出席第一届全国人民代表大会。

译作海涅的《哈尔茨山游记》，由作家出版社出版。报告文学《张明山与反围盘》，由工人出版社出版。

1955 年 51 岁

6 月，任中国科学院社会科学部学部委员。

6 月 4 日至 28 日，作为人民代表到郑州、洛阳、陕县等地视察。《冯至诗文选集》于 9 月由人民文学出版社出版，收入 1927 年前诗 29 首，

1930 年到 1948 年间写的散文 9 篇，以及中篇小说《伍子胥》。

1956 年 52 岁

7 月至 8 月中旬，参加中国文联组织的赴西安、延安、兰州等地考察，写成《登大雁塔》《半坡村》《西安赠徐迟》等诗。

8 月 19 日，参加中共"八大"会议文件翻译工作。会议期间曾为毛泽东做翻译，毛泽东称赞写《杜甫传》是"为人民做了一件好事"。

12 月，与浦江清、吴天石合作注释的《杜甫诗选》，由人民文学出版社出版。

1957 年 53 岁

4 月下旬至 5 月初，以全国人民代表大会代表身份赴北京、上海视察，在上海看望沈尹默。

1958 年 54 岁

与田德望教授带领北京大学西语系德语专业部分青年教师集体编写《德国文学简史》，由人民文学出版社出版。

2 月，《西郊集》由作家出版社出版，收入 1949 年至 1957 年写的诗 50 首。

9 月，译作海涅诗选《西西里亚的纺织工人》由人民文学出版社出版。

1959 年 55 岁

8 月，为庆祝新中国成立 10 周年重新编订《西郊集》，增删各 5 首，更名为《十年诗抄》。9 月，此集在《西郊集》基础上修订而成，删去 5 首，增进 5 首，仍为 50 首。

10 月至 11 月，与成仿吾赴民主德国参加莱比锡卡尔·马克思大学 550 周年庆祝大会，会后又单独参加席勒诞生 200 周年纪念会。

1960 年 56 岁

7 月下旬，参加全国第三次文代会。

8 月 1 日，参加中国作家协会第三次理事会扩大会议，并做了发言"关于批判和继承欧洲批判的现实主义文学问题"。

9 月始，与北大师生同去北京十三陵泰陵大队参加劳动，时间半年。

1961 年 57 岁

参加中宣部、教育部组织的高等院校中文系、外文系教材编写工作，负责中国语言文学组。

1962 年 58 岁

4 月 17 日，在北京举行的纪念杜甫诞生 1250 周年大会上做《纪念伟大的诗人杜甫》的学术报告。写反映杜甫生活的小说《白发生黑丝》，写文艺评论《人间要好诗》。

1963 年 59 岁

文艺论文集《诗与遗产》由作家出版社出版，收入 1953 年至 1962 年写的论文 28 篇。

1964 年 60 岁

1 月至 2 月，与远千里一起访问古巴。

9 月，由北大调任中国科学院外国文学研究所所长。

10 月至次年 4 月，在安徽寿县参加"四清"运动。

1965 年 61 岁

9 月下旬至 10 月上旬，与尹达赴缅甸访问。从缅甸归来在昆明稍作停留，与李广田晤面，这是他们最后一次晤面。

1966 年 62 岁

"文革"开始，北大西语系"战斗队"去他家抄家，焚毁一些珍贵书画，其中有《杜少陵诗详注》、里尔克《给一个青年诗人的十封信》的修改稿，还有老舍请齐白石为他画的《匏瓜图》。

1970 年 66 岁

去河南息县干校劳动。

1972 年 68 岁

自干校返回北京，悲愤中写旧体诗，《冯至选集》中的《杂诗 9 首》主要写于此时。

1973 年 69 岁

译海涅《德国，一个冬天的童话》。

1977 年 73 岁

恢复外文所所长职务。

6 月，为《世界文学》复刊事访问茅盾。

6 月 17 日，写完《德国，一个冬天的童话·译本前言》。

9 月至 11 月，作为对外友协代表团成员，随团访问北欧五国：冰岛、瑞典、挪威、芬兰、丹麦。

1978 年 74 岁

《德国，一个冬天的童话》11 月由人民文学出版社出版。

12 月，当选为中国外国文学学会会长。写《鲁迅与沉钟社》《歌德的格言诗》。

1979 年 75 岁

6 月 7 日至 28 日，率领中国社会科学院代表团访问联邦德国，重访海德贝格。

8 月，写《自传》，收入徐州师范学院编《中国现代作家传略》。为《陈翔鹤选集》写序。

10 月 30 日至 11 月 16 日，参加第四次全国文代会。在作协第三次会员代表大会上当选为中国作家协会副主席。

1980 年 76 岁

3 月 6 日，被瑞典皇家文学、历史、文物学院聘为外籍院士。

10 月初，与姚可崑访问瑞典，在瑞典首都斯德哥尔摩文学、历史、文物学院例会上做《歌德与杜甫》的演讲。

11 月 19 日至 23 日，赴昆明参加中国当代文学研究会举办的学术讨论会，重访西南联大旧址和抗战时期的旧居。

《杜甫传》由人民文学出版社重版，增附录 4 篇。《冯至诗选》由四川人民出版社出版，分为 3 辑，共收入 1923 年到 1959 年间的诗作 101 首。

1981 年 77 岁

被联邦德国麦茵茨科学院聘为通讯院士。写回忆性系列散文"忆旧与逢新"，分别发表于《世界文学》。

1982 年 78 岁

3 月 22 日，在北京举行的歌德逝世 150 周年纪念会上作《更多的光》的学术报告。

6 月 1 日至 6 日，在海德贝格参加"歌德与中国——中国与歌德"国际学术讨论会，在那里作了《读歌德诗的几点体会》的报告，任《中国大百科全书·外国文学卷》编委会主任，并撰写词条"歌德""杜甫"。

辞去中国社科院外国文学研究所所长职务，任名誉所长。

1983 年 79 岁

3 月上旬，参加新时期诗歌评奖，并写诗歌评论《还"乡"随笔》。3 月 22 日，由联邦德国驻华大使修德代表慕尼黑歌德学院授予 1983 年度歌德奖章。

4 月 15 日，在北大西语系德语专业和中国社会科学院外国文学研究所德语北欧文学研究室联合召开的歌德学术讨论会上致开幕词。同时成立德语文学研究会，被选为会长。4 月 19 日，看望挚友杨晦。

5 月 14 日，杨晦逝世。

发表《诗文自选琐记》。写怀念杨晦的文章《从癸亥年到癸亥年》，写《谈梁遇春》。

1984 年 80 岁

6 月 5 日至 20 日，赴珠江三角洲参观。8—9 月在青岛疗养写作，写成回忆性文章《相濡与相忘——忆郁达夫》《仲平同志早期的歌唱》。为上海书店影印《骆驼草》写序。

1985 年 81 岁

1 月 10 日至 31 日，因肺炎住进中日友好医院。

3 月，写《新绝句十首》，开始了第四时期的诗歌创作。

8 月，《冯至选集》由四川人民出版社出版，分一、二两卷，第一卷为诗、梦幻剧、历史故事，第二卷为散文、杂文和文艺评论。

9 月至 10 月，写《回忆〈沉钟〉》《昆明往事》。

11 月，被民主德国授予"格林兄弟文学奖"。

12 月，与范大灿合译的席勒的《审美教育书简》由北大出版社出版。

1986 年 82 岁

6 月，住北京协和医院，割除左眼白内障。

被奥地利科学院聘为通讯院士。写《纪梦诗》《独白与对话》等，写回忆性文章《记陈展云》《我在四中学习的时候》。

9 月，论文集《论歌德》由上海文艺出版社出版，收入从 40 年代以来的歌德研究论文 15 篇，前有长篇序言，叙述自己研究歌德的历程。

1987 年 83 岁

6 月初，与姚可崑赴联邦德国接受联邦德国国际交流中心奖。5 日，联邦德国总统魏茨泽克接见冯至。6 日至 10 日，第三次重访海德贝格。

10 月 18 日，与姚可崑去广州，参加在中山大学举办的德语文学研究会第三届年会。23 日，设立"冯至德语文学研究奖"，用联邦德国国际交流中心授予的艺术奖奖金一万马克作为基金。

12 月 15 日，联邦德国驻华大使韩培德代表德国政府将联邦德国最高荣誉奖"大十字勋章"授予冯至。

写诗《西西里浮光掠影》等。《新文学史料》从 1987 年第 3 期至 1988 年第 3 期，连登《沉钟社通信选》，内有冯至致杨晦的 89 封信。

1988 年 84 岁

1 月 14 日，与臧克家、卞之琳、艾青一起参加"诗歌一日"活动。

5 月 16 日，获达姆施塔特德意志语言文学研究院授予的"弗里德里希——宫多尔夫外国日耳曼学奖"。

《冯至学术精华录》由北京师范学院出版社出版，分二卷，上卷收中国文学研究论文 20 篇，下卷收外国文学研究论文 19 篇。

1989 年 85 岁

4 月 6 日，出席由《诗刊》社组织的在京诗人、评论家座谈会，作《从"五四"到新的诗歌》为题的发言。

7 月，写了遗嘱初稿。

8 月至 10 月中旬，患胸膜炎，住北京协和医院治疗。8 月，首届"冯至德语文学研究奖"授奖大会在北京举行。写诗《维也纳一天的日记》

《蛇年即兴》等。《立斜阳集》由工人出版社出版，收入 1983 年至 1985 年所写的散文 23 篇，诗 36 首。

1990 年 86 岁

8 月，写诗《读〈距离的组织〉赠之琳》。

10 月 23 日，参加德语文学研究会第四届年会，致开幕词。

10 月 27 日，"冯至德语文学研究奖"举行第一次颁奖仪式。

1991 年 87 岁

3 月，写诗《自传》，称自己"一生都在否定里生活"。

7 月，香港《诗》双月刊出版"冯至专号"，收入冯至诗体《自传》，里面载有卞之琳、袁可嘉、邹荻帆、绿原、唐湜、谢冕等人的评论和纪念性诗文。

8 月 6 日，参加季羡林 80 寿辰纪念会，并发言。8 月 25 日，出席艾青作品国际研讨会开幕式，并发言。

9 月 24 日，出席鲁迅诞辰 110 周年纪念大会。

1992 年 88 岁

2 月，参加《外国文学评论》编辑部召开的"《在延安文艺座谈会上的讲话》与外国文学"座谈会，并发言。

9 月 14 日至 18 日，德语文学研究会第五届年会暨"冯至德语文学研究奖"颁奖仪式在上海举行，因身体不适，未能出席。9 月 29 日至 11 月 11 日，因尿血，住北京协和医院治疗。

11 月至年底，身体日渐虚弱，但仍坚持于 12 月 19 日写完最后一篇散文《赣水滇池忆孝开》。

1993 年 89 岁

1 月 26 日，病重再住协和医院，初诊"心力衰竭综合肺炎并发症"。

　　2月15日，病情恶化，发现癌细胞，不能言语。2月22日14时20分，呼吸停止，溘然长逝。

　　3月2日下午，冯至遗体告别仪式在北京八宝山殡仪馆举行。

参 考 书 目

1. [德] 海涅:《德国, 一个冬天的童话》, 冯至译, 人民文学出版社 1978 年版。

2. 冯至:《冯至诗选》, 四川人民出版社 1980 年版。

3. 冯至:《冯至选集》, 四川人民出版社 1985 年版。

4. 冯至:《论歌德》(一、二卷), 上海文艺出版社 1986 年版。

5. 鲍霁主编, 冯至著:《冯至学术精华录》, 北京师范学院出版社 1988 年版。

6. [德] 歌德:《威廉·麦斯特的学习时代》, 冯至、姚可崑译, 人民文学出版社 1988 年版。

7. 冯至:《立斜阳集》, 工人出版社 1989 年版。

8. 冯至:《冯至学术论著自选集》, 北京师范学院出版社 1992 年版。

9. 冯至:《文坛边缘随笔》, 上海书店 1995 年版。

10. 冯至著, 韩耀成等编:《冯至全集》, 河北教育出版社 1999 年版。

11. 冯至:《杜甫传》, 百花文艺出版社 1999 年版。

12. 姚可崑:《我与冯至》, 广西教育出版社 1994 年版。

13. 蒋勤国:《冯至评传》, 人民出版社 2000 年版。

14. 陆耀东:《冯至传》, 北京十月文艺出版社 2003 年版。

15. 张辉:《冯至:未完成的自我》, 文津出版社 2005 年版。

16. 冯姚平:《冯至与他的世界》, 河北教育出版社 2001 年版。

17. [德] 歌德:《歌德文集》(1—10 卷), 冯至等译, 人民文学出版社 1999

年版。

18. [德] 勃兰兑斯:《十九世纪文学主流》第二分册《德国的浪漫派》,刘半九译,人民文学出版社 1981 年版。

19. [奥地利] 里尔克:《罗丹论》,梁宗岱译,四川美术出版社 1985 年版。

20. [奥地利] 里尔克:《里尔克诗选》,绿原译,人民文学出版社 1996 年版。

21. 袁可嘉主编:《外国现代派作品选》第一册(上),上海文艺出版社 1980 年版。

22. 仇兆鳌:《杜诗详注》,中华书局 1979 年版。

23. 萧涤非:《杜甫诗选注》,人民文学出版社 1979 年版。

24. 郭沫若:《李白与杜甫》,人民文学出版社 1971 年版。

25. 卞之琳:《雕虫纪历(1930—1958)》,人民文学出版社 1979 年版。

26. 卞之琳:《人与诗:忆旧说新》,生活·读书·新知三联书店 1983 年版。

27. 梁宗岱:《诗与真·诗与真二集》,外国文学出版社 1984 年版。

28. 鲁迅:《鲁迅全集》,人民文学出版社 1981 年版。

29. 朱自清:《新诗杂话》,生活·读书·新知三联书店 1984 年版。

30. 李广田:《李广田文集》第三卷,山东文艺出版社 1984 年版。

31. 何其芳:《何其芳选集》(第一卷),四川人民出版社 1979 年版。

32. 艾青:《诗论》,人民文学出版社 1980 年版。

33. 肖驰:《中国诗歌美学》,北京大学出版社 1986 年版。

34. [德] 霍尔特胡森:《里尔克》,魏育青译,生活·读书·新知三联书店 1988 年版。

35. [德] 汉斯－尤尔根·格尔茨:《歌德传》,伊德、赵其昌、任立译,商务印书馆 1984 年版。

36. [丹麦] 索伦·克尔凯戈尔:《克尔凯戈尔日记选》,吴可佳译,上海社会科学出版社 1996 年版。

37. 郑敏:《英美诗歌戏剧研究》,北京师范大学出版社 1982 年版。

38. [德] 汉斯·萨尼尔:《雅斯贝尔斯》,张维武、倪梁康译,生活·读书·新知三联书店 1988 年版。

39. [美] W. 考夫曼：《存在主义》，商务印书馆 1987 年版。

40. 解志熙：《生命的沉思与存在的决断》，《外国文学评论》1990 年第 3、4 期。

41. 王汎森：《思想是生活的一种方式》，北京大学出版社 2018 年版。

42.《冯至专号》香港：《诗双月刊》第二卷 1991 年第 6 期。

43. 梅新林：《文学地理学：基于"空间"之维的理论建构》，《浙江社会科学》2015 年第 3 期。

后　记

　　去年秋天，翻看新出版的 2019 年第 21 期《新华文摘》，读到冯至女儿冯姚平女士写的《别了，道明好友》，文中提到："我想起 1992 年末，父亲在病中，我把第一本写他的《生命在沉思——冯至》一书拿给他，他翻看后对我说：'这个年轻人很聪明，他是根据我的作品写我的。'"

　　文章让我想起了 1991 年写作这本书时的情景，这本书的后记里记录了当时自己写作的初衷和当时对冯至的认知——

　　关于冯至，要说的书中基本说了，这里补充几点与传记有关的问题。

　　一点是，如何看待冯至？我感到，这些年的现代文学研究对他是重视不够的。研究的文字少，许多评价不能切中肯綮。好在近来已有人认识到，他的作品中蕴含着一种深刻的哲学，其中一些思考，不独与当时，而且与我们生活的当代仍密切相关。这是可喜的。一个作家及其作品，在出现若干年后被重新发现或重新重视，文学史上并不鲜见，如冯至喜欢的里尔克、荷尔德林等，即属此类。我并不想将他与里尔克、荷尔德林比同，而旨在提醒，他本人即属于这种年岁愈久愈会给人深味的作家。他对时代既"介入"又超越的思考，对宇宙、自然充满神启的感悟，对人的存在的本质探询，无疑将提供给人们新的发现、新的重视的可能，和重新阐释的可能。

　　另一点是，他的传记怎样写？在内在生活领域，冯至称得上一个巨人，毕生以巨大的耐力和探索，与众人区别开来。但他外在生活的经历，却平平凡凡，毫无传奇色彩，读书、思考、写作，填充了一生。所以他的传记，很难写成一些生动的、饱含可读性的"事件"，而更多的是一些思考的"材料"。因而，在写作中，我做的，更多的是"描述"，而非"刻画"，希望能通过对他一生几个重要过程的描述，揭示是什么促使他产生了这样的精神和作品。这目的是否达到，达到了多少，只能由读者评判了。我想说的是，在深邃、崇高的精神对象面前，自己常有力不从心之感。

　　1991年8月北京最热之时，曾就有关问题拜访冯至先生，承蒙他热情接待并惠赠资料，在此深表感谢。

1991年10月

　　由于自己当时一直幼稚地坚持传记与传主的距离性原则，尽量想通过传主的作品去叙述、去阐释他的生平与思想，所以书稿付梓前，并未拿去让冯至先生审阅。但忐忑、不安始终伴随着自己，经常想，冯至先生看到这本书了吗？他会认可自己对他的评价吗？看罢冯姚平女士的这篇文章，总算让自己松了口气。

　　今年3月份，疫情期间，我抽空又翻出29年前写的这本传记，重新读了一遍。在网上搜索了一下，发现这本书还真的有不少人读过，还被数十篇博硕论文和书稿、文章引用过，且多将之作为"第一本冯至传记"来评价，有人还将其列入了重读的书目，还有一位最高法院的研究所所长蒋先生，将这本书列为他年度喜欢读的两本书之一，他特别提到，正是冯至那不断否定自我的精神历程，那在"否定里生活"的生命故事，那尝试由"个我"走向"大我"的心路历程，给予了他深刻的启示。① 但也有学者指出了不足，如北京大学中文系张辉教授在《冯至：未完成的自我》中

----

① 《闲时觅伴书为止》，《法制日报》2008年1月13日。

写道："最早出版的王邵军的《生命的沉思——冯至》，篇幅虽短，但对冯至的一生做了很有意义的概括……更重要的是，他还将冯至界定为一个真正否定性的精神探索者"，"可惜的是，或许由于这本传记相对简略，所以并未完整地呈现冯至精神轨迹的独特性……冯至发现现代自我的精神历程——也并未成为这第一本冯至传记中的重要主题。"①

由此感到，他们不是喜欢自己的文字，而是由于传记引发了大家对冯至的思考，是书中深邃的对象吸引了共同的我们。新冠肺炎疫情将自己置于半封闭状态，但也因此有了更多时间，去读书、思考，我借机将冯至先生的作品重新读了一遍，随之浏览了这些年来的相关研究成果，又有了一些新的收获。且多年的人生沉淀，让我对冯至先生的精神历程，有了些新的感悟与认识，于是有了想重新修订这本书的想法。经过几个月的重新阅读、思考、写作，形成了目前这个样子。

本次修订、续补的重点，主要体现在几个方面。一是更加重视文学创作"场景"的叙写，将冯至放在独特的地理环境、家族家庭环境、朋友圈对其影响以及独特影响触碰等方面，挖掘是什么催动产生了冯至的思想及其作品，在这方面做了许多补充性描叙。过去一些较为模糊的推论式的叙述，因为新的资料的出现，代之以更翔实的史料印证。可以说，本书借助文学地理学的理论、视角与方法，更多地回归到了作家经历和创造的生命现场。二是更为系统地呈现了冯至思想精神轨迹。冯至自我精神探索的独特性，恰恰在于他的自我克服与不断否定。从早期的孤独，到对孤独的克服，到隐忍、坚守，再到断念、蜕变，到"人民性"，他的探索之路，展示了一个现代知识分子精神探索的轨迹，书中对此做了重点展示。三是对重点人物给予冯至的影响做了更多析解。冯至在晚年回答记者提问时讲，一生对他最有影响的作家是里尔克、歌德和杜甫。在这次修订、补充中，拿出了专门章节和更多篇幅，将这几位文学、哲学大师对其影响，分别进行了探讨，进一步挖掘了冯至的精神渊源。四是更加注重学术范式的

---

① 张辉：《冯至：未完成的自我》，文津出版社 2005 年版，第 11 页。

创新。冯至精神的探索历程，代表了我国现代知识分子个体意识的萌生、发展及其与社会现实的碰撞与融汇。值得庆幸的是，无论是冯至的单篇作品、诗集，还是评论与传记，冯至作为一个文学现象，引起了越来越多的人注意。较之 30 年前，文学理论思想研究有了新的发展，学术界正在日益向专业读者服务。这次重写，在保持冯至作品与精神理性探讨的同时，兼顾到内容、语境、文字对读者的代入，增加了同振共鸣的亲和力，目的就是将冯至推荐给更多的读者。

回顾这些年来，教书、从政、再回到高校工作，冯至先生对自己影响甚大。虽仅仅拜访面晤一次，但在写传记的过程中，先生于我，就如忘年之交的老前辈一般，立体而鲜活。他从不间断地思考，他的生活即思想，他思想中闪现的沉潜、坚忍、断念、舍离、决断、不断地自我否定、天地境界、人民性……这些精神之光，时常照到自己的内心，照亮前行之路。即便他精神探索的不足和缺憾，也留给自己深的启示。

特别致谢人民出版社原副总编辑于青、编辑室主任王萍两位先生给予的建议与指导。

王邵军

2020 年 9 月

责任编辑:郭星儿

封面设计:源　源

图书在版编目(CIP)数据

生命的思与诗:冯至的人生与创作/王邵军 著. —北京:人民出版社,2020.12
　(2021.7 重印)

ISBN 978-7-01-022593-7

Ⅰ.①生…　Ⅱ.①王…　Ⅲ.①冯至(1905—1993)-人物研究
　Ⅳ.①K825.6

中国版本图书馆 CIP 数据核字(2020)第 211807 号

生命的思与诗

SHENGMING DE SI YU SHI

——冯至的人生与创作

王邵军　著

人 民 出 版 社 出版发行

(100706　北京市东城区隆福寺街 99 号)

中煤(北京)印务有限公司印刷　新华书店经销

2020 年 12 月第 1 版　2021 年 7 月北京第 2 次印刷

开本:710 毫米×1000 毫米 1/16　印张:17.5　插页:2　字数:252 千字

ISBN 978-7-01-022593-7　定价:52.00 元

邮购地址 100706　北京市东城区隆福寺街 99 号

人民东方图书销售中心　电话 (010)65250042　65289539